新装版
事例研究の革新的方法
阪神大震災被災高齢者の五年と高齢化社会の未来像

大谷順子

九州大学出版会

はしがき

　本書は，日本の経済停滞時代における高齢化社会への関心から芽生えた探索的研究であり，被災地神戸をケーススタディ (case study) として，都市部の，伝統的な意味で機能した家族というものを失った低所得層高齢者について行った社会科学的研究である。
　彼らは日本や他の国で，将来ますます関心対象となるグループである。1995年阪神・淡路大震災で住まいを失い，つづく年月にさまざまなタイプの住まいを繰り返し移り住んだ。震災後の仮設住宅と公営災害復興恒久住宅（以下，復興住宅）といういわば特殊な生活環境で，彼らの生活復興を，住まいとコミュニティワークに注意を払いながら追った。

　研究は第1にメディア分析 (media analysis)，また兵庫県健康福祉部被災世帯健康調査報告書（以下，兵庫県健康調査）の二次分析 (secondary analysis)，そして仮設住宅や復興住宅でのエスノグラフィー (ethnography) によるフィールドワークを用いている。これらは，質的手法と量的手法の混合手法 (mixed methods) であるが，質的手法において，QSR社 (http://www.qsrinternational.com) の質的データ分析ソフト，Non-numerical Unstructured Data, Indexing, Searching, Theorizing (NUD*IST) シリーズの1つである NUD*IST Vivo（以下，NVivo）を応用した。英語圏の質的データ分析ソフトを非英語圏，日本語のコンテクストに応用した初めての研究であり，研究手法に関しても貢献している。従来重視されてこなかった社会政策におけるメディア分析を行ったことも重要である。
　兵庫県健康調査の二次分析を行い，またメディアのサンプルをとって，経時的変化を記述し，メディアの政策や世論の関心事の変容を分析した。兵庫県健康調査においては，高齢者，特に独居高齢者が特別の関心対象となった。メディア分析や兵庫県健康調査の二次分析は，フィールドノーツの分析

と比較して，ディスコース分析（discourse analysis）を行った。その結果，メディアが仮設住宅や復興住宅について報道した一般的イメージが一部では正しく，しかし現実には問題の解決のために他に多くの課題があることを示した。

「寂しい」という感情と「孤独死」のケーススタディでは，日本文化の価値観を分析する。兵庫県健康調査には欠けていたジェンダー分析（gender analysis）も用いている。ジェンダーに関する考察はメディアやフィールドでは重要であった。

災害は，金銭的財産や家族を持たない高齢者には影響が大きいものとなる。被災地ではさまざまな試みがなされてきており，本研究では，仮設住宅と復興住宅それぞれの試みについて比較を試みた。

行政の調査も，メディアも，それぞれの目的，解釈，偏見があり，フィールドのワーカーにもそれぞれの見解がある。復興住宅には様々な批判があり，それが成功か失敗かという結論はまだはやく，復興住宅での長期的な状況に関してはさらなる観察が必要である。研究手法に関しても考察し，今後の研究上の問いかけ（research question）についても論じた。

この研究は，日本をフィールドとしながらも，そのデータ作成，分析，執筆は英語で行ったものであり，本書を刊行するにあたり，日本語に書き直している。そのため，言いまわしが不自然なところが残っているかもしれない。また，巻末付録にあるテレビ番組データやフィールドノーツなどのデータ記録は，日本語に訳しきれず，英語のままのところもある。これは，日本語に訳し戻すと，本来の用語と異なってしまう可能性があり，原語を確認しきれないので，英語のままとしているものである。

第1章の「本事例研究の背景設定」に関しては，もともと1997年にロンドンにて英語で執筆したものなので，データが古い。ロンドン大学衛生熱帯医学大学院（LSHTM）健康政策学科の研究室はその当時にしては比較的恵まれたIT環境ではあったが，当時は日本語ホームページへのアクセスもままならず，海外からの日本の資料入手は現在よりももっと困難であった。

また，本研究で参考にした文献は英語で発表されたものに偏っている。本

はしがき

書刊行にあたってデータをアップデートした表もあるが，本書は研究手法の事例であり，第1章の記述は神戸でのフィールドワークをはじめるにあたっての研究設定の背景という位置づけなので，それでよしとし，最近の日本のエイジング課題としての介護保険・年金改革などの動向までは追わなかった。

質的データ分析手法の専門家 Lyn Richards 教授はもともと家族社会学者であるが，哲学者でありITが専門である夫 Tom Richards 博士とともに質的データ分析ソフト・QSR　NUD*IST と，そのシリーズの1つである NVivo を開発した。2006年9月に九州大学創立80周年記念事業国際学術交流基金により Lyn Richards 教授を招聘することができ，初来日が実現するが，その時期に合わせて本書が刊行される運びとなったことは喜ばしい。

Richards 教授の公開特別講演の案内には，九州大学の人間環境学，比較社会文化，医学，などの各研究院，看護学，臨床心理学，文化人類学，社会学，芸術工学，アジア総合政策センターなどさまざまな専門の学科・部署の研究者からだけでなく，東京，京都，神戸，名古屋，広島など全国各地，またニューヨークやロンドンなど海外在住の邦人研究者からも関心が寄せられ，問い合わせをいただいた。準備事務作業に手間がかかり大変であるが，日本の各地から飛行機で講演を聞きにこられる研究者がいらっしゃることにも，励まされる思いである。

また，Richards 教授の書 *Handling Qualitative Data : A Practical Guide* がロンドンの Sage 出版社から2005年に刊行されるとすぐに教授自ら送ってくださったので，翻訳作業を進め，『質的データの扱い：質的研究の実践ガイド』（大谷順子・大杉卓三　訳）を，北大路書房より近日刊行の運びとなった。そちらも併せてご参照いただきたい。

NVivo は NVivo 7 としてヴァージョンアップされ，2006年春発売開始されたが，初めて非ローマ字言語にも対応するように開発されている。これからも改良される必要があるが，それも使用者が増え経験を積むことで共に改善していけると言えるので，今後，このソフトを使ってみる研究者が日本にも増えることを期待したい。筆者は今後も英語質的データ分析ソフトの日本

とアジア（特に中国）のコンテクストへの応用など質的研究手法の研究（平成18～20年度文部科学省科学研究費補助金）を継続する予定であり，読者のご意見を聞かせていただければ幸いである．

　本研究は，一介の駆け出しの研究者がはじめたものであったが，海外で国際保健・社会開発の仕事をしながらの執筆であったこともあり，まとめるのに長い年月がかかってしまい，その間の各段階で，実に多くの方のお世話になった．それぞれの方の名前をすべてここにあげることはできないし，特にフィールドでお世話になった方々は匿名としなければならない．神戸で被災された方々との交わりから多くのことを学んだし，かえって私の心を癒していただいたことも多くあった．神戸の被災地で献身的に働いておられた方々からも多くを学んだし励まされた．

　1998年夏，映画「サウンド・オブ・ミュージック」のトラップ大佐の屋敷のロケ地となった小城で開催されたザルツブルグ・エイジング・セミナーに講師として招かれていた山崎史郎厚生省老人保健福祉局老人福祉計画課長（当時，現在は厚生労働省老健局総務課長）には，日本の高齢化問題についての資料をいただき，また，海外在住の私が，神戸のフィールドに入っていくために貴重なコンタクトを紹介していただいた．お礼を申し上げる．

　研究生活を金銭的に可能とした日本/世界銀行共同大学院奨学金，国連大学高等研究所博士フェローシップに感謝する．また，それに付随して，文部省（当時）による国立大学への国連大学派遣研究員として，大阪大学大学院人間科学部中村安秀教授にお世話になった．院生になった後も，世界銀行のソロモン諸島におけるマラリア対策プロジェクトや中国の保健開発プロジェクトにコンサルタントとして招いてくださるなど，いろいろな仕事の機会のみならず，この研究をはじめる機会を支援してくださった元上司であり長年メンターでありつづけた Janet Hohnen 医学博士（世界銀行），そして修士論文の指導教官であり，世界保健機関（WHO）勤務の上司でもあった Daniel Tarantola 医学博士（元 Harvard International AIDS Policy Coalition 研究所および WHO 部長，現オーストラリア・シドニーの The University of New South

Wales 教授）の温かい励ましと友情に感謝したい。彼らに巡り会えたことは私のキャリア人生に大きな意味を持った。仕事を通して文献検索・分析など研究の基礎スキルや研究プロジェクトにも役立つマネージメントを学んだし，しばらく音沙汰がなくても，私が難問に突き当たるといつもなぜだか突然現れて，光をなげかけてくれた。

　LSHTM 博士課程への入学によきアドバイスをくださった Gill Walt 教授，そして博士課程で励ましあい助け合った各国からの若手研究者仲間にも感謝したい。特に，Sukhonta Kongsin 博士，Sandra Reyes-Frausto Beaman 医学博士，Zsuzsa Varvasovszky 医学博士。世界銀行で同僚でもあった深瀬恵美子さん。また，ロンドンに戻ってくるたびに故郷に帰ってきたかのように迎えてくれた Anthony Giddens 学長（当時）率いるロンドン大学経済政治大学院（LSE）。特に，博士課程で励ましあい，卒業後，Lecturer in Social Policy となった李秉勤（Li Bingqin）博士には，ロンドンを離れた間の事務でも随分助けてもらった。WHO の中国代表事務所（北京）と本部（ジュネーブ）勤務は，エイジングや被災地のコミュニティ形成の国際的比較の現場の視野を広める機会ともなった。特に，ともに国連でエイジング政策の現場に取り組んだ Irene Hoskins 女史（元全米退職者協会（AARP）及び WHO 上級職員）に感謝する。

　質的研究の専門家 Lyn Richards 教授には，本研究全体ではないが，重要な部分をしめる質的研究手法でお世話になった。神戸で集めた質的データの分析にどのようにとりかかろうか初心者として戸惑っていたとき，シドニーでのオーストラリア全国から集まった博士課程学生たちへのワークショップで，この神戸のデータを素材に選んで使ってくださった。その演習での実際の分析がとても役に立っただけでなく，「これでいいのだから迷わず次にすすむべきだ」と大いに励まされた。その上，遠くロンドンからこのワークショップに参加した私をみて驚かれたそうで，シドニーハーバーでのディナーに連れて行ってくださるなど，特別にホスピタリティを示してくださった。

　最後に，最も感謝しているのはやはり LSE の Reader Emeritus in Social Policy and Ageing である Gail Wilson 博士である。彼女からは研究の進め

方や研究手法の指導はもちろんのこと，長い研究生活の中で，問題に直面したときに手を差し伸べ救ってもらったことが数えきれない程ある。多忙でありながら，手を出すタイミングを心得ていた。思いやり深い温かい心を持った人であるが，普段はそれを隠すかのように，決して手を出しすぎることのない厳しい人であるので，かえって研究プロジェクトを成し遂げた後には自信を持つことができた。賢く信頼の持てる人で，人として，研究者として，また女性としても成熟した理想的な人であり，筆者は彼女との長年の付き合いから多くのことを学んだ。

長年にわたる道のりを辛抱強く，海外に居る時も，こちらの都合でいきなり日本に帰ってきた時も温かく見守ってくれた家族，特に父・透と母・玲子に感謝している。瀬口郁子 Auntie Atchan には神戸大学図書館震災文庫へ連れて行ってもらい，ご馳走やメールで励ましてもらった。ロンドンに戻った後も神戸から資料を送ってくれたうえ，出版のアドバイスももらった。大正元年生まれの祖母・大谷文子には励まし支えてもらっただけでなく，祖母の生まれ育った素敵な神戸の街の絵をカバーのために創作してもらった。叔父・大谷弘と叔母・伊藤淑子にも絵の題材探しを助けてもらった。あきらめたくなると「苦しいときの神頼み」のようで恥ずかしいが，研究室に向かうロンドンの地下鉄に乗りながら，速水優 Great Uncle から彼のロンドン生活時代の思い出話と励ましの祈りと共に贈られた『誠実』（日本聖書協会，1997年）を，特に戦争時に家庭が受けた辛苦体験を乗り越え，さらに仕事上の苦難を乗り越える「土の器」の信仰について読みながら力を得た。研究者になることを楽しみにしてくれていた祖母の菅田睦子が本書の完成前に他界したことは残念であったが，天国から見守ってくれていることであろう。

はじめての単著を出版するにあたって，助成金の情報と励ましを下さった瀬口郁子神戸大学教授と，学術振興会出版助成申請書作成にあたりアドバイスを下さり，本書の題名を一緒に考えてくださった清水展京都大学（2006年9月まで九州大学）教授に感謝する。私の中途半端な日本語を忍耐強く読者が理解しやすくなるように校正下さり，刊行準備を手際よく進めてくださった九州大学出版会の永山俊二氏，奥野有希氏に深くお礼を申し上げたい。

なお，本書は独立行政法人日本学術振興会平成18年度科学研究費補助金

（研究成果公開促進費）の交付を受けて刊行されるものである。また，本書の内容は一部，独立行政法人日本学術振興会平成18年度第I期国際学会等派遣事業の助成をうけて，2006年7月に南アフリカ共和国ダーバンで開催された第16回国際社会学会世界社会学総会老年社会学委員会老年期におけるジェンダー不平等再考のセッション（XVI International Sociological Association (ISA) World Congress of Sociology, Research Committee (RC) 11 Session 7 'Rethinking gender inequalities in later life'）にて発表された。

2006年7月24日，南アフリカ共和国　ダーバンにて

大谷順子

目　次

はしがき ……………………………………………………………… i

第1章　本事例研究の背景設定 …………………………………… 1
　はじめに ……………………………………………………………… 1
　第1節　背景1：日本の人口高齢化 ……………………………… 2
　第2節　背景2：1995年1月17日阪神大震災によるダメージ ……… 18
　第3節　研究の目的と研究上の問いかけ（research questions）……… 22
　第4節　本書の構成 ………………………………………………… 23

第2章　文献レビュー ……………………………………………… 25
　はじめに ……………………………………………………………… 25
　第1節　阪神大震災と他国の自然災害の健康への影響 ………… 27
　第2節　政策形成と施行へのメディアのインプット …………… 36
　第3節　社会問題としての災害 …………………………………… 41
　第4節　家族の変容と脆弱性（vulnerability）…………………… 42
　第5節　国家とコミュニティのかかわり ………………………… 44
　第6節　住まい ……………………………………………………… 45
　第7節　孤立化 ……………………………………………………… 50
　第8節　ジェンダーと孤立化 ……………………………………… 53
　第9節　津波とハリケーン ………………………………………… 55
　まとめ ………………………………………………………………… 57

第3章　研究手法 …………………………………………………… 61
　はじめに ……………………………………………………………… 61

第1節　研究手法…………………………………………………………62
　第2節　データ資料………………………………………………………64
　第3節　研究者のジェンダーとその他の特徴の研究への影響 ………77
　第4節　データ分析………………………………………………………83
　まとめ……………………………………………………………………101

第4章　阪神大震災とその後──量的分析…………………………105
　はじめに…………………………………………………………………105
　第1節　兵庫県健康調査…………………………………………………105
　第2節　メディア資料の量的分析………………………………………113
　まとめ……………………………………………………………………117

第5章　仮設住宅………………………………………………………119
　はじめに…………………………………………………………………119
　第1節　仮設住宅でのフィールドワークの背景………………………119
　第2節　仮設住宅の分析…………………………………………………121
　第3節　高齢者の幸福……………………………………………………129
　第4節　高齢者の世話をすることとは…………………………………133
　第5節　友人をつくる……………………………………………………133
　第6節　出版された報告書などの紹介…………………………………135
　まとめ……………………………………………………………………139

第6章　復興住宅………………………………………………………143
　はじめに…………………………………………………………………143
　第1節　メディアの復興住宅報道………………………………………145
　第2節　復興住宅におけるエスノグラフィック・フィールドワーク …147
　第3節　活　　動…………………………………………………………151
　第4節　コミュニティワークの分析……………………………………161
　第5節　メディア報道の焦点とトーンに対する人々の見方…………172
　第6節　生活再建のための政策における成功のめやす………………175

　　　　　　　　　　目　次　　　　　　　xi

　　第7節　震災ボランティア……………………………………178
　　第8節　コミュニティと人々の健康……………………………181
　　第9節　独居高齢者と住まい……………………………………185
　　ま と め……………………………………………………………188

第7章　「寂しい」という気持ち……………………………………191
　　は じ め に……………………………………………………………191
　　第1節　「寂しさ」と高齢者……………………………………192
　　第2節　独りでいることと孤独を感じること…………………200
　　第3節　「寂しい」気持ちと孤独感……………………………202
　　第4節　高齢者とその成人した子供たちとの関係……………203
　　第5節　近隣の人との意味のある人間関係──Ｚ氏の事例──………209
　　第6節　人間らしいつきあい……………………………………211
　　第7節　ふ れ あ い…………………………………………………214
　　第8節　生 き が い…………………………………………………215
　　第9節　ジ ェ ン ダ ー………………………………………………218
　　ま と め……………………………………………………………221

第8章　「孤独死」………………………………………………………225
　　は じ め に……………………………………………………………225
　　第1節　Eye-catching/Attention-grabbing Headlines……………226
　　　　　　──人の目に留まる・注意を引く見出し──
　　第2節　震 災 用 語…………………………………………………228
　　第3節　将来への課題を提起する………………………………230
　　第4節　「孤独死」と家族の完全欠如…………………………233
　　第5節　コミュニティ変化に対する感情………………………236
　　第6節　老年期に対する感情……………………………………241
　　第7節　死に対する感情…………………………………………242
　　ま と め……………………………………………………………245

終章　本事例研究のまとめ ……………………………………247
　はじめに ………………………………………………………247
　第1節　明らかになったこと …………………………………249
　第2節　さらなる研究の必要性 ………………………………257
　第3節　本研究の独創性（originality）と
　　　　　知への貢献（contribution to knowledge）……………260
　おわりに ………………………………………………………262

巻末付録 ……………………………………………………………265
参考文献 ……………………………………………………………301
あとがき ……………………………………………………………329
索　　引 ……………………………………………………………335

第 1 章　本事例研究の背景設定

　　「復興住宅は，超高齢化社会となっている。それは被災地だけの問題でなく，直ぐに日本全体の問題となる。」(1999 年 1 月 13 日，関西テレビ，スーパーニュース関西「バリアフリー住宅を生活援助員が巡回——被災地が目指す住宅ケアの理想型」)

は じ め に

　本書は全地球的に同時に起きている 2 つの社会変容，すなわち，都市化と人口高齢化を扱う。焦点は，住まいと健康という観点からのコミュニティケアで，研究手法は，1995 年阪神・淡路大震災[1]（以下，阪神大震災）の後の 2 種類の住宅の生活の比較を行うかたちである。

　阪神大震災後の孤立した高齢者たちの状況は，日本の高齢者たちへの介護供給に関するより深い問題を反映している (Iliffe, 1997：519)。震災によりこの問題は表面化し，日本全体の問題として見られるようになった（2000 年 1 月 16 日，テレビ朝日，「エール 1.17　再生，神戸の知恵」)。

　本事例研究は，経済停滞時の高齢化社会への関心から始まった。都市部の低所得層の，伝統的な家族機能を果たす家族を持たない高齢者[2]たちについて報告する。このような人口グループはこれからの日本，また他の国々でますます社会の関心対象となる人々である (Wilson, 2000：17)。本研究の対象は 1995 年の大震災で住まいを失い，それに続く年月，いろいろな種類の住

---

[1] 震災当初は，阪神大震災と呼ばれていたが，現在は，阪神・淡路大震災が通名となっている。しかし，本書では，事例研究の対象地域が淡路までおよんでおらず，阪神大震災という名称を使用する。なお，本文中で「震災」とのみ表記する際は，阪神大震災を指す。

まいへの転居を繰り返した人々である。主要な調査研究手法は，テレビ番組や新聞などのメディア分析，兵庫県健康調査報告書の二次分析（secondary analysis），神戸市西区と中央区の仮設住宅と復興住宅でのエスノグラフィー・フィールドワークを用いた。研究の焦点は，震災後の高齢者の生活再建の過程であり，特に住まいとコミュニティワークに注意を払っている。第1章は，研究の背景を紹介し，研究上の問いかけ（research questions）[3]を特定し，本書の構成を説明する。

第1節　背景1：日本の人口高齢化

ここでは，日本の人口高齢化をデータをまじえて紹介し，高齢者への支援にますます強い関心が寄せられることを示す。日本の人口高齢化，医療福祉制度とコミュニティケアにわけて論じる。

日本の人口高齢化

日本の人口は急速に高齢化しており，その人口学的変化現象は1990年代初期からの経済停滞と随伴している。1997年の国民調査結果では，はじめて65歳以上の総人口が15歳未満の総人口を上回り（朝日新聞，1998年3月28日），少子化問題とあわせて政府や国民の関心を呼んでいる。日本の人口

---

2) 配偶者の有無，子供の有無にかかわらず，実生活において拡大家族のような機能を持たない高齢者のことを指す。家族を持たない高齢者が配偶者を亡くし独りになっても，拡大家族制度のなかではその中に独り暮らしの不便さと不安さも吸収され，社会問題として浮かび上がる例も少なかった。しかし，核家族が増え，多世代同居が減少し，独り暮らしの高齢者が増えると，たとえ子供がいても実際の生活の中ではそれぞれ多忙な現代社会の生活に追われ，拡大家族時代のような機能を持つ家族を持たない独り暮らしの高齢者が出現する。

3) research questionは，「リサーチクェスチョン」（佐藤，2002），「リサーチ・クェスチョン」（山本，2002），「研究の問い」（野田，2000），「研究上の問い」（操，1999），「研究設問」（小田，2002）などに和訳されており，探求的研究（exploratory research）である本書の事例研究では，「研究上の問いかけ（research question）」を採択する。

表 1-1 1970 年から 2025 年の日本における 4 つの年齢グループ別人口推移（1990 年の推定）

	0 - 14 歳	15 - 64 歳	65 歳以上	75 歳以上	全年齢	平均年齢
1970	25,153 (24.0 %)	72,119 (68.9 %)	7,393 (7.1 %)	2,237 (2.1 %)	104,665 (100 %)	30.3
1995	**22,387** **(17.5 %)**	**87,168** **(68.3 %)**	**18,009** **(14.1 %)**	**6,986** **(5.5 %)**	**127,565** **(100 %)**	**38.8**
2000	23,591 (18.0 %)	86,263 (65.8 %)	21,338 (16.3 %)	8,452 (6.4 %)	131,192 (100 %)	39.8
2025	22,075 (16.4 %)	81,102 (60.2 %)	31,465 (23.4 %)	17,367 (12.9 %)	134,642 (100 %)	43.3

注：各年 10 月 1 日付けデータ
出典：厚生省「厚生白書」厚生統計協会, 1989

　高齢化が政府や世論の大きな関心を呼ぶようになったのは 1970 年代である（Campbell, 1992：139）。かねてから高齢者向けの政策やプログラムが施行されてきたが，近年それがさらに必要とされている。
　日本は世界でもっとも急速な人口高齢化を経験している国のひとつである。日本の人口高齢化は他の先進国よりも後にはじまったが，進行の速度はずっと速い。1948 年と 1995 年の間に，出生時の平均余命は日本人男性で 56 歳から 76 歳に，日本人女性で 59 歳から 83 歳に伸びた（Ogawa and Retherford, 1997：62）。2001 年までにそれはさらに伸びて，男性 77.9 歳，女性 84.7 歳となった（WHO, 2002）。死亡率はすべての年齢で下がり，乳児死亡率（Infant Mortality Rate, IMR）は特に急速に下がった。合計特殊出生率（Total Fertility Rate, TFR）1950 年の 3.6 人から 1995 年には 1.4 人に下がり，人口置換率である 2.1 人よりずっと低くなった（厚生省[4], 1997）。
　1970 年に 65 歳以上人口の総人口に占める割合は 7 ％であったのが，1995 年には 14 ％にまで倍増した。この人口学的変化現象は，フランスでは 125 年かかって，すなわち，3 世代にわたって起きたものだが，日本ではその変

---

4) 厚生省と労働省が，2001 年の省庁再編成で厚生労働省としてひとつになったが，1997 年当時は厚生省。

表1-2　2000年から2050年の日本における3つの年齢グループ別人口推移（2002年の推定）

	0-14歳	15-64歳	65歳以上	全年齢
2000	18,505 (14.6%)	86,380 (68.1%)	22,041 (17.4%)	126,929 (100%)
2025	14,085 (11.6%)	81,102 (60.2%)	31,465 (23.4%)	134,642 (100%)
2050	10,842 (10.8%)	53,889 (53.6%)	35,863 (35.7%)	100,593 (100%)

出典：国立社会保障・人口問題研究所, 2002
http://www.ipss.go.jp/index-e.html
http://www.ipss.go.jp/Japanese/newest 02/3/t_1.html

化にはわずか25年しかかからなかった（厚生省, 1997）。言いかえれば, 日本では, 1世代のあいだにこの変化が起きたことになる（Ochiai[5], 1997：65）。75歳以上の人口は65歳以上の人口よりもさらに速く増加しており, さらなる人口高齢化が進んでいる。同様に急速な人口高齢化は, 中国, インド, タイ, スリランカなど他のアジアの国々でも起こり始めている。

　表1-1は1990年に推定された日本の人口推移予測である。しかし, 約10年後には, 実際の人口は, この予測よりもさらに高齢化していることが報告された（表1-2）。割合の変化は, 高齢者人口の予測よりも, 特に15歳以下の人口グループで顕著である。結果として, 高齢者の比率はさらに高くなっている。

　日本は非西洋国で最初に工業化し, 急速な人口高齢化を経験している国である。日本の人口学的変化における経験は, 人口変換（demographic transition）が社会, 文化, 政治的制度にどのように影響を及ぼすかという点において, 人口高齢化を体験している他の西洋の先進国に比べて特徴的である。

　日本の総人口に占める都市人口の割合は, 1945年の28%から1985年には77%に増加した（Sonoda, 1988）。2002年までには, それは, 年間0.3%増で, 79%となった（UN ESCAP, 2002）。この現象は家族構成, 生

5）原著の日本語版は1994年に発行され, 1997年は英語翻訳版。

表1-3 高齢者福祉の消費の総額と割合の変化

	高齢者福祉 への支出額 （億円）	全支出額 （億円）	高齢者福祉の割合 （%）
1973	15,641	62,587	24.99
1985	188,287	356,798	52.77
1995	407,109	647,314	62.89
1998	477,865	721,411	66.24

出典：国立社会保障・人口問題研究所，2001
http://www.ipss.go.jp/Japanese/toukeisiryou/toukeisiryou.html

活アレンジメント，職業・就業形態，社会保障・年金などにさまざまな影響を持つ。都市へ流入した人々の住まいは，農村部の人々の住まいより比較的小さくなり，多世代住宅としては不適当である。都市部における雇用機会も，農村とは異なる。

経済的状況

日本はバブル崩壊とその後の10年以上の不景気を経験し，これは，戦後史で最長かつ最も深刻な不景気である。日本社会であたりまえだった終身雇用制度も維持が困難となり，早期退職が珍しくなくなって10年以上となる。失業者やホームレスの数も増加している。

1998年5月，今回の事例研究のフィールドワークを行ったとき，失業率は4.8％を示していたが，これは戦後最高であった。失業率はそれからも増加し続け，2001年12月で5.5％のピークをむかえ，その後，少しずつ下降し，2002年4月では5.2％を示した（OECD，2002年6月）。不景気の結果，失業問題は労働力の中で比較的高齢な層，すなわち45歳から54歳の年齢層で深刻になった。その年齢層の失業率は1997年の7.1％から1998年5月には8.4％へと上昇した。40歳代と50歳代男性の自殺者数は，1997年の2万件から1998年には50％増の3万件以上に増えた。主な理由はリストラによる失職のための神経衰弱であった（朝日新聞，1998年）。また，不景気の結果，高齢者個人のための福祉予算は削減された。その政策の変化は後で述べ

表1-4　性別月額厚生年金受給額

厚生年金受給額／月	男　性	女　性
100,000円以下	3.1%	50.5%
100,000—150,000円	29.8%	39.5%
150,000—200,000円	39.1%	9.1%
200,000—250,000円	25.5%	0.9%
250,000円以上	2.5%	0.0%
平均月額	172,000円	107,000円

出典：社会保障研究所（編）『女性と社会保障』東京大学出版会，1993

るが，高齢者総人口が増えたぶん，予算のうち実際に使われた額は増加している（表1-3）。

高齢者の収入

厚生白書（1997）は，高齢者は若い世代よりも裕福であると報告している。その主な原因は，1970年代半ばの急速な年金制度の拡大により，日本の高齢者は近年，他のどの年齢グループよりも急速な収入拡大を享受したことである。1981年から1996年の間に，60歳以上の人口で，その主な収入源を年金と答えた人の割合は35%から57%に増加し，仕事による収入と答えた人は31%から22%[6]に減少した（Ogawa, 1997）。年金制度の拡大は日本において高齢者が経済的困難を訴えることが他のどの先進国よりも少ないという状況を生み出した（Palmore, 1993）が，これは不景気が始まる前の話である。日本の年金の男女格差を示すデータは少ない[7]が，一方で表1-4は，女性は1990年代でも男性と比較して公的年金がかなり少ないことを示

---

6) "The figure of 22% is still high by international standards, mainly because the development of the social security system is a recent one and because of the comparatively large size of Japan's agricultural and small-business sector" (Ogawa, 1997).

7) Izuhara（2000b）が英国の博士論文として北九州の質的な事例研究を行っている（94-98頁）。

表1-5 1996年にみる日本，アメリカ，ドイツにおける60歳以上高齢者の収入源

収入源	収入源としてあげた高齢者の割合（％）			主な収入源として回答した高齢者の割合（％）		
	日本	アメリカ	ドイツ	日本	アメリカ	ドイツ
仕　　事	35	26	7	22	16	5
公的年金	84	83	84	57	56	77
私的年金	8	33	24	2	13	10
貯　　蓄	21	24	21	2	2	2
資　　産	11	34	12	3	9	2
子　　供	15	3	3	4	0	0
公的扶助	1	2	1	0	0	1
その他	4	7	4	2	2	2
無回答	0	2	0	8	4	2

注：自己申告による。左側の収入源は1つ以上を選択していることが多いので，合計は100にならない。右側の主な収入源は合計が100となる（小数点以下省略）。貯蓄と資産の区別ははっきりしていない。貯蓄は日本では銀行などにあるものと考える。
出典：Management and Coordination Agency, 1996 (Ogawa and Retherford, 1997：73)

している。この状況は現在でも改善されたとは言えない。

　この男女格差はさらに広がっており，2005（平成17）年度高齢化社会白書によると，高齢者の個人所得の平均は，65歳以上男性は303.6万円，女性は112.4万円と，女性の所得は男性の3分の1強に過ぎず，所得のない者の割合も65歳以上の男性4.4％に対し女性16.5％と，女性が大きく上回っている。さらに，75歳以上をみれば，所得のない者の割合が男性7.0％に対して女性が19.1％と厳しい状況となっている。

　表1-5では，公的年金は高齢者の最大の収入源であり，私的年金は収入の少ししか占めていないことを示す。この表から，驚くべきことに，日本の高い貯蓄率にもかかわらず，貯蓄を主な収入源と答えた高齢者が，アメリカやドイツに比べて決して高くないことがわかる。これは，日本の高齢者の貯蓄は持ち家を含んでいることによるのかもしれない（Ogawa and Retherfo-

表1-6 1994年の日本,アメリカ,ドイツ,韓国,タイにおける60歳以上人口と,そのうち就労している人口と労働意欲のある人口の割合

		日本	アメリカ	ドイツ	韓国	タイ
年齢	60〜64	63.9	44.3	17.1	56.5	54.9
	65〜69	44.8	29.4	7.5	42.6	39.3
	70〜74	38.3	18.7	1.1	26.9	23.4
	75〜79	20.6	7.7	0.9	19.9	19.2
	80+	13.7	2.2	1.3	10.1	11.6
就労している高齢者の割合		43.6%	23.5%	6.8%	33.6%	37.1%
働きたいと希望している高齢者の割合(%)		89.4%	90.0%	69.4%	79.9%	82.8%

出典:厚生省,1997:51

表1-7 1985年の日本,ドイツ,イギリス,アメリカにおける65歳以上人口の就労率(%)

	男性	女性
日本	37.0	15.5
ドイツ	5.1	2.1
イギリス	8.2	3.0
アメリカ	15.2	6.8

出典:Labour Force Statistics, OECD (Hagemann, 1990)

rd, 1997:73)。それでは,誰が貯蓄に頼って生活しているのか。

貯蓄は,日本の高齢者の収入源の少なくとも21%を占めていることがわかるが,これは,他のどのOECD加盟国よりも高い割合である。1984年から1993年の間の日本の平均貯蓄率は32.8%であったが,イギリスでは15.9%にとどまっている。しかし,日本の貯蓄率も1970年ごろにピークを迎え,1984年までのデータは急速な下降を示している(Hayashi, 1992:63-78)。その下降現象は,若い世代でさらに顕著である。

仕事による収入は,1996年で日本の高齢者の収入源の35%を占めている。日本の男性高齢者の就労率は国際的に高いほうである(表1-6)。しか

表 1-8 1980年と1988年の65歳以上70歳未満人口のうち，子供の収入を主な収入源としている人口の割合（%）

	仕事のある男性高齢者	仕事のない男性高齢者	仕事のある女性高齢者	仕事のない女性高齢者
1980	14	37	37	52
1988	13	23	28	34

出典：宮島，1992

し，高齢者の働く意欲は上昇しているのに反して，その雇用率は下降している（厚生省，1997）。

男性の失業は，しばしば，生きがいの消失，社会的ネットワークを構築する機会の喪失をも意味する。人々は，日課として仕事を継続することは健康にもつながると考えている。長く働く人は，高齢になっても健康を享受している（OECD, 1996）。日本社会で，働かないことに対するスティグマ（汚名，恥辱）は大きい。特に戦後の高度成長期を支えてきた世代はそれを強く感じる傾向にある。日本男性の会社中心主義に見られるように，彼らは家族よりも会社に忠誠を誓うといわれた（Harada, 1996：6）。この忠誠心も，終身雇用制度によって支えられていた。しかし，経済停滞と時代の変化によりその制度も崩れてきている（Matsuzaka, 2002：1）。

高齢者の就労率の男女差は大きい（表1-7）。これは，収入や福祉に直接的影響があるだけでなく，健康保険の給付にも影響する。戦後日本で，企業と正式契約を結んでいる女性の割合は高くない。近年，増加してきてはいるが，収入，健康福祉サービスへのアクセス，受給資格などに大きな男女格差がある（Pennec et al., 1996）。表1-8は，1988年の高齢者の主な収入源として，女性高齢者のほうが男性高齢者より高い割合で子供の収入によっていることを示している。これは，年金の男女格差を反映している。1997年の男性の受ける平均年金月額は女性のそれの2倍近くであった。男性が20万7千円で，女性が11万9千円である（朝日新聞，1997年）。

平成17年度高齢化社会白書によると，高齢者の就業割合は，男性の場合，55～59歳で89.9%，60～64歳で66.5%，65～69歳で51.6%となってい

表 1-9　ドイツ，日本，イギリス，アメリカの 2000 年における低所得者層 25 ％に女性の占める割合（％）

	18 歳以上		75 歳 以 上		
	総人口（男女）	75歳以上（男女）	独居女性	配偶者と同居する女性	配偶者以外の者と同居する単身女性（世帯主でない）
ド イ ツ	20	31	43	15	**
日　　本	20	34	79	59	18
イ ギ リ ス	20	39	47	39	13
ア メ リ カ	20	35	56	23	19

**データなし
出典：Luxembourg Income Study のデータを使った OECD の計算（OECD, 2002：49）

る。また，60～64歳の不就業者（33.5％）のうち5割以上の者が，また，65～69歳の不就業者（48.4％）のうち4割近くの者が，就業を希望している。女性の就業者の割合は，60～64歳で41.5％，65～69歳で28.7％となっている。不就業者でも，60～64歳の不就業者（58.5％）の3割以上の者が，また，65～69歳の不就業者（71.3％）の2割以上の者が就業を希望している。

　日本人女性の平均未亡人年数は20年である。今の日本の女性高齢者は10歳ほど年上の男性と結婚していたことが多く，女性のほうが長生きもするので，配偶者を失う経験をする割合は女性のほうがずっと高い。女性が未亡人になることは，老年期貧困につながる要因である（Barusch, 1994）。住まいについては，女性がアパートを借りたり，家を建てたり，そのためにローンを組んだりすることは，男性が申請するよりずっと難しい。日本の年金制度は男女不平等の要因を含んでいる。女性は本人よりも，夫の年金制度への貢献度でその年金が決まる。日本の女性高齢単身者が貧困に陥る確率は，OECD加盟国の他のどの国よりも高い。表1-9は，日本で低所得者層25％にあてはまる女性高齢単身者の割合が，イギリス，アメリカ，ドイツよりも高いことを示している。

　男女不平等と同様，厚生白書は高齢者世帯の間の大きな収入格差も報告し

た。すべての世帯に対する低所得高齢者世帯の比率は高く，持つものと持たないものの大きな格差を実証している。

家族の変容

人口高齢化は，都市化とともに，家族構成，その機能と取り決めなどの変化に影響を及ぼし，家族のあり方の変容はまた，社会保障制度と絡み合っている。家族構成，家族の職種，収入パターンの変化は，高齢者世代と若い世代それぞれの高齢者サポート制度への考え方にも変化をきたしている（Hashimoto, 1996）。世代間における，自立することに対する考え方の多様性は重要である。家制度[8]は，戦後の占領軍による民主化の一環として，新しい法律で廃止された（Maykovich, 1978：381-410）が実際の慣習は残り（Yamamoto, 1998），長男が資産を受け継ぐ代わりに，長男とその家族，つまり嫁が，年老いた両親の介護をする。しかし，両親が長男との同居を望む伝統的な価値観は，年月とともに相当に弱まった（Ogawa and Retherford, 1997；Long and Harris, 2001）。

日本社会には，高齢者は社会の負担になるよりも自立しようという伝統的な考え方があり，これは，そうしない人々の肩身をせまくすることにもつながった（Powell, 1990）。元気な間は自立して，子供の負担にはなりたくないという高齢者は，それが家族との良い関係を維持することにも，高齢者自身の自由の確保にもつながると言う（Hashimoto, 1996：94-98）。彼らは，最期の本当に弱くなったときには子供を頼りにしたいと希望する（Wilson, 2000：89）。そのような考えの高齢者は，子供たちが，それ以前に高齢者の面倒をみることで疲れ果てて消耗することなく，本当に必要なときに助けてくれることを望む（Hashimoto, 1996）。高齢者が日々の援助を必要とするとき，どのような助けが必要か決定することは困難である。公的介護を促進する近年の傾向にもかかわらず，文化的価値観のバリアーは存在し，嫁がいる

---

[8] 家制度については，Ochiai（1994）が日本と英米との比較研究を行っており，Harada（1996）が社会保障制度の観点から法律的な面を考察している。Izuhara（2000）も家制度の歴史を要約している。

表 1-10　1975 年から 2003 年の 65 歳以上の家族を含む世帯の割合（％）

年	計	一人世帯	夫婦のみ	二世代世帯	三世代世帯	他の世帯
1975	100	9	13	10	54	14
1985	100	12	19	11	46	12
1995	100	17	24	13	33	12
2003	100	20	28	16	24	12

出典：厚生労働省統計

のに，福祉の介護を受けるのは恥だと感じる高齢者がいる（Yamamoto, 1997）。

　家族の介護といっても，実際は，ほとんどが女性によってなされる。2000年調査における介護者は，妻（19.8％），娘（19.7％），息子の嫁（29.0％）であった。合計 72.7％が女性で，その 3 分の 1 は彼女たち自身が 65 歳以上である。男性介護者は夫（8.4％）と息子（9.5％）である（2001 年度男女共同参画社会の形成の状況に関する年次報告，2002 年 7 月 1 日）。

　日本において家族と高齢者の同居は，減少してきているとはいえ，他の先進国よりもその割合がずっと高い。1960 年では他の世代と同居している高齢者の割合は 60％にも及んだ（厚生省，1997）。表 1-10 は 1975～2003 年の，65 歳以上の人を含む家族の割合である。その後，一人世帯が増加し，三世代世帯は減少している。

　日本の，既婚の子供たちと同居している高齢者の割合は他の先進国に比べて例外的に高い。ただし，その割合は，年間 1％ずつ減少している（Naoi, 1990）。このような同居[9]は，高齢者の重要なセーフティ・ネットともなっているが，これは同時に，高齢者介護などの公的な社会サービスプログラムの発展，制度整備が遅れてきたことの原因ともいわれている。同様に，高齢者向けの住まいの開発も遅れている（Izuhara, 2000a：89）。子供との同居が

---

9) 同居は，英語の文献では "co-habitation", "co-habitance", "co-residence" などの用語が使われている。Izuhara（2000）は多世代同居（intergenerational living）を，成人した子供たちと高齢者の両親が同居している状況と定義しており，"co-residency", "extended family living（拡大家族）" という表現も使用している。

高齢者のためのサービスの発展の阻害要因になっているとは，政府の言い訳でもあり，文化的価値観にも触れる課題である。公的福祉援助がすすめられるときでも，それを拒否し，日常生活の面倒は，嫁にみてほしいと主張する高齢者たちがいるが，そうでなければ，近所や親戚の手前，面子を失うというのが理由で，その嫁と精神的に親密な関係にあるわけではない(Yamamoto, 1998)。

日本社会の核家族化はすすみ，高齢者と子供世代が同じ屋根の下で暮らす割合は減少している。高齢者の40％は独居か夫婦で生活している（表1‐10）。厚生省の報告書は，家族に日々の介護を期待することはますます難しくなっていると報告している（厚生省, 1997）。農村と比べると，都市部での同居率はさらに低い[10]。若い世代は，親の世代との同居の慣習に疑問を持ちはじめ，親への愛情があることとその世話をすることとは，別の問題と考えている（厚生省, 1997）。同居率は下がっているが，1時間以内の比較的近所に住んでいる割合は，同居していない人たちの半分を占める。

ここでは，日本が超高齢化社会であること，高齢者を支えるためにさまざまな課題に直面していることを紹介した。個人の貯蓄率は下がって，家族のサポートは昔より弱まっている。工業化，都市化の過程で，雇用体系も変化した。高齢者は，ますます年金や公的支援に依存する。阪神大震災の被災者は不均衡に女性が多く，低所得者層が目立った。次に，日本の医療福祉制度がどのような課題に直面しているかを簡単に見る。

日本の医療福祉制度

ここでは，日本の1970年代からの社会保障制度の発展をおさらいする。国の政策によると，高齢者の医療福祉は，戦争の困難な時代を生き，戦後の復興に貢献した世代に対しては，特に保障されなければならない。Campbellは，日本は他のアジアの国々や他の先進国よりも，高齢者の雇用促進にはとても積極的で，余暇活動や配偶者のいる家族の援助にはさらに積極的であるとしている。しかし，社会サービスや住まいの政策は相当に遅れている

---

10) 全国73.2％，東京56.2％（宮島, 1992）。

(Campbell, 1992：18)。この事実は, 日本が, 高齢者の生活の質の確保をもとめる福祉国家として次の段階に入るにあたり, ますます関心を呼んでいる。

日本の社会保障制度

1926年, 日本は非西洋国で社会保障を導入した初めての国となった。日本の社会保障は2つの柱からなる（厚生省, 1996）。すなわち, 雇用ベースの保険（ドイツ式）とコミュニティベースの保険（イギリス式）である。日本の社会保障は前者としてはじまり（Ikegami, 1995）, 徐々に税金ベースの後者に移行してきた（Hiroi, 1998）。雇用ベースの保険は被保険者の職業・雇用形態によって加入する年金が決まる。コミュニティベースの保険は被保険者が居住している地理的場所によって決まる。2つの柱は, 違った保障グループを形成する。年金制度の弱点は, この2つのグループの間の福利価値や支払金の格差にある。コミュニティベースの国民保険の受給者には, 自営業や無職の者, 高齢者が多い（Hoshino, 1996）。国民保険は, 雇用者による支払い負担がなく, 加入者には比較的収入の低い人の割合が高い。この制度は, 国民保険の支払金のみでまかなうことができないので, 国家の助成に依存している。給付は国で一定であり, 支払金は中央に集められ, 各地方に配分される。そのとき, 不足分に対しては中央からの多額の助成でまかなわれる。

政府は1961年に国民皆保険を実現したと発表した（Hoshino, 1996; Yamasaki, 1998）。しかし, それは理論的な意味においてであることに注意が必要である。現実には, まったくカバーされていない人もいるし, カバーされていても, 最低限の生活水準を保つのには足りない額の給付しか受けていない人々もいる。

1970年代人口高齢化の高まりの影響

高齢者問題への関心は日本で1970年代初めにはじまり, 公共政策の方向を大きく変えた。世論は, メディア報道と同調して, 人口学的変化に敏感になった。続く人口高齢化と経済停滞は, 社会保障制度の財政に対する負担となった。高齢者の医療費支出も年月とともに変化した。1973年, 高齢者の

ための医療費全額給付が始まり,同時に年金の急速な拡大がなされた[11]。医療費全額給付は,1985年に一部負担が導入されるまで,10年以上続いた。一部負担は少額であるが,負担割合は増加傾向にある。国民保険加入者の負担する額はより多額である。よって,一部負担増加の影響は,女性や低所得層に大きくなる。

社会保障の支払金は1970年より急速に増えたが,バブル経済が1990年に終わり,国民年金制度を支えるために,政府は1992年に消費税3％を導入した。さらに1997年に消費税は5％に上がった。

1989年ゴールドプランと1994年の新ゴールドプラン

高齢化社会に対応するべく,資源を増加させるための政策や計画が作られた。老人ホームの床数,ショートステイのプログラムや施設,高齢者の自宅介護支援サービスの増加という目標が立てられた。1989年の計画は10年をかけて達成する目標でつくられたが,5年後には達成されたので,1994年に新しい目標を掲げたプランが立てられた。公的支出は劇的に増加した。このプランは,福祉の質を改善するためだけでなく,長期的な医療費支出の削減を狙っている。

医療費支出増加の主な原因は,高齢者の「社会的入院」[12]であり,日本社会で一般的な現象である。高齢者は老人ホームよりも病院に入院する。医療費があまりかからなければ長期入院も可能だからである。日本社会の老人ホームのイメージが良くないことと,高齢者の面倒は家族がみるものだという社会通念から,高齢者を老人ホームに入れておくことに対する偏見が強

---

11) これは1973年の第1次オイルショックの直前である。それまで日本は高度経済成長と税収入の増加を享受しており,このような高齢者優遇対策は問題なく議会を通過した。オイルショックにもかかわらず高齢者を優遇する対策が推し進められたのは,自由民主党が政治的支持を失うことを恐れたからであり(西村, 1993),また,厚生省が他の選択肢を提供することができなかったからである(Campbell, 1992)。

12) 日本ではいわゆる「社会的入院」のために平均入院日数が他のOECD諸国平均の4倍もあり,これは,急性疾患の病床も高齢者の長期入院に使われている実情を示唆している(今井, 2002：7)。

い。しかし，もし医学的な問題で入院しているというのであれば，高齢者へ敬意を払っていないということでもなく，見捨てているということでもないので，家族のそして高齢者自身の面子が保てるという理由で，社会的入院は多い（Campbell, 1998）。日本では，老人ホーム入居は受け入れがたく，病院入院は受け入れられている（Wilson, 2000：146）。日本政府の目的は，この社会的入院を廃止することにあった（Campbell, 1998；Yamamoto, 1998）。論点は，どうやってこれを廃止し，他にどのような選択肢をつくることができるかである。

1970年代初めから1985年に起こった高齢者の医療費全額給付と年金の急速な拡大に伴って，若い世代は両親の面倒をみる負担から解放された（Yazawa and Kunihiro, 1999）。その世代は，その自由を失いたくない。特に，自分の時間を持つことができるようになり，子育てや自立した収入につながる仕事につくことができるようになった女性からの抵抗は強い。高齢者のための国家支出を抑えるために，高齢者介護の負担を家族に戻そうとする政府の動きは，女性団体からの反対を受けた（Campbell, 1992：221）。

度重なる社会保障制度改革は人口高齢化と経済停滞から起こる諸問題に対応するべく施行されてきた。日本政府は伝統的家族の義務や高齢者介護のコミュニティ協力の発想を利用して急速な人口高齢化の財政的影響を抑制しようとした。続いて起こる改革は，財政問題に対応するだけでなく，医療福祉制度の質を改善しようとするものである。これらの改革と，利用可能なサービスのタイミングや変化は，被災高齢者たちの健康福利や生活再建過程に影響を及ぼす。

日本のコミュニティケア

政府が，高齢者が「家族」によって介護されているというとき，それはしばしば「女性」を意味する（Osawa, 1995：135-136）。女性は年老いた両親，舅姑の介護をすることが期待されている。しかし，女性が日本社会での主な介護者である一方で，家族だけが介護者ではなかった。介護者のひとつである民生委員には男性も多くいた。Hashimoto（1995）は，民生委員の長い歴史における重要な役割を紹介している。

第1章　本事例研究の背景設定

「いうまでもなく，日本の福祉制度におけるすばらしいシステムのひとつに，民生委員ボランティアネットワークがある。今世紀初め──それ以前にまで──にさかのぼる歴史をもって，ネットワークは全国に20万人にものぼる会員をもって拡がっている。民生委員は権威（行政）と住民，必要としている人々の間の置き換えることのできない大事なリンクとなっている。それは，東の国に存在する隣人愛と責任が助け合いとなった最高にすばらしい例である。」(Hashimoto, 1995：190)（筆者訳）

民生委員が重要な存在であり続ける中，日本社会が高齢化社会のコミュニティケアづくりを目指すために，その役割も転換期にあるかもしれない。震災の経験は，そのニーズに光を当てた。

国家財政が限られる一方で増大する高齢化人口の医療費に対応するため，厚生労働省の研究所を含め日本の研究者らは，高齢者介護を緊急な課題とし，イギリス，スウェーデン，ドイツなどのヨーロッパ諸国の経験からその対応法を模索している。ヨーロッパでの経験も議論されており，医療制度とその財政に焦点が当てられている。しかし，サービスを受ける側の人々の視点については，まだまだ議論されていないし，研究されていない。英語の単語Communityはそのままカタカナとして神戸で頻繁に使われるようになった。コミュニティは地域ケアの研究にもっとも多く使われる言葉であるが，その定義，概念についてはさまざまである。日本のコミュニティケアの概念や実施はまだまだ発展途上にあるが，本書は震災がその発展の刺激要因となったことを紹介している。

次の研究背景2では，1995年1月17日の阪神大震災によるダメージとその後について紹介する。阪神大震災被災直後の身体と精神の両方の健康への影響を，フィールドワークに入る前に収集した，公表・非公表の文献をもとに紹介する。

第2節　背景2：1995年1月17日阪神大震災によるダメージ

阪神大震災は，マグニチュード7.2で，1995年1月17日午前5時46分，神戸市を中心に阪神地域を襲った。近年，社会経済機能が集中した現代の大都市に起きたものとしては，その被害のスケールからも，珍しい災害ともなった。

阪神大震災は，160万人が居住する，神戸市と兵庫県，大阪府の近隣市町村に及ぶ東西20キロ，南北1キロの地域を破壊した。40万戸の住まいが全壊と診断された。1995年1月23日，震災後1週間で，31万7千人の避難民が，1,150ヶ所の避難所に記録された。死者は6,400名に上り，その半分以上は60歳以上で（Tanida, 1996：1133-1135），死者の60％は女性であった。

震災の物理的ダメージは，同じマグニチュードの他の震災と比べると，先進国より，むしろ発展途上国のケースと並ぶ有様だった。1990年の調査で，被災地の60歳以上の住民の割合は17.8％で（Tanida, 1996：1133-1135），死傷者数から言うと，神戸の高齢者には多くの被害者が出た。震災で受けた傷害や震災が引き起こした病状として報告された一般的なもののすべての症状が，65歳以上の高齢者から多く報告された。

震災に続いて，住まいの供給と再定住が緊急課題となった。震災から1ヶ月以内に，1万世帯の仮設住宅が神戸市と大阪市に建設された。その年の8月までには5万世帯の仮設住宅が無料で提供された。仮設住宅には高齢者用の特別なものも建てられた。続いて，復興住宅として現代的な技術を施した高層マンションビル群が建てられ，多額の助成金にまかなわれた低家賃で被災者に供給された。

それらの優先権は高齢者に与えられた。これは，日本社会の伝統的価値観に寄与するところと，統計的証拠から見積もったニーズによるところがある。震災直後のメディア報道が，高齢者犠牲者を大きく報道したことも影響していたかもしれない。神戸市中央区では2ヶ所の高齢者用の設備や介護スタッフが伴うシルバーハウジングが建設された。そのうちのひとつは，本研究のフィールドである。

第1章　本事例研究の背景設定

　被災者の恒久住宅としては，さまざまな種類の住まいが建てられた。復興住宅への入居を選んだものもいれば，一般の賃貸住宅に入居したものもおり，数人で寄り集まってグループホームを建てた人たちもいる。

　震災から2週間で，4,500人が仕事を失った。職場が破壊され，小さなビジネスはなくなった。医療施設も破壊された。222の病院のうち，191が大きなダメージを負い，15が全壊した。4,578の診療所のうち，2,479の施設が崩壊した。加えて，震災は都市のライフラインすなわち水道管，電線，コミュニケーションライン，ガスパイプ，道路などを損傷した。このようなダメージは救援活動にも影響し，二次災害を引き起こした。

　阪神大震災は自然災害であるのみならず，人災であるとも言われた（1999年，テレビでの報道）。震災は戦後に建てられた表面的には近代化された都市の中で，古い家の立ち並ぶ密集地帯を直撃した。中産階級は神戸の山の手や近隣の西宮や芦屋に住んでおり，被害は比較的少なかった。阪急線よりも南側，阪神線海側の下町はより密集した地域で，もっとも被害をこうむった。全壊した地域は，終戦間近の爆撃でも残った古い地域とも一致していた。その古い家々は近年の耐震設計基準にはあっていないものだった。

1995年阪神大震災への政府の対応

　1995年の阪神大震災後に，中央政府は，阪神地域の高速道路や新幹線などの主なインフラの復旧に加えて，兵庫県と大阪府及び各市に生活環境とサービスの再建のために，9,000億円を投入した。巨額の緊急支援にもかかわらず，中央政府は，被災者には直接の見舞金がないと批判された。

　兵庫県には21の市があるが，神戸市には県庁があり，人口百万人を超える政令都市である。それは，兵庫県から独立し，中央政府に直接訴えることが可能であることも意味する。しかし，被災救援法では神戸市は兵庫県下にあり，緊急対応時に県と市の間の緊張を高めることにもなったといわれた。

震災後の住まい

　本書は，被災地の仮設住宅と復興住宅のコミュニティを1995年から2000年まで調査した。震災で40万世帯が住まいを失い，仮設住宅へ入居した5

応急仮設住宅建設地一覧

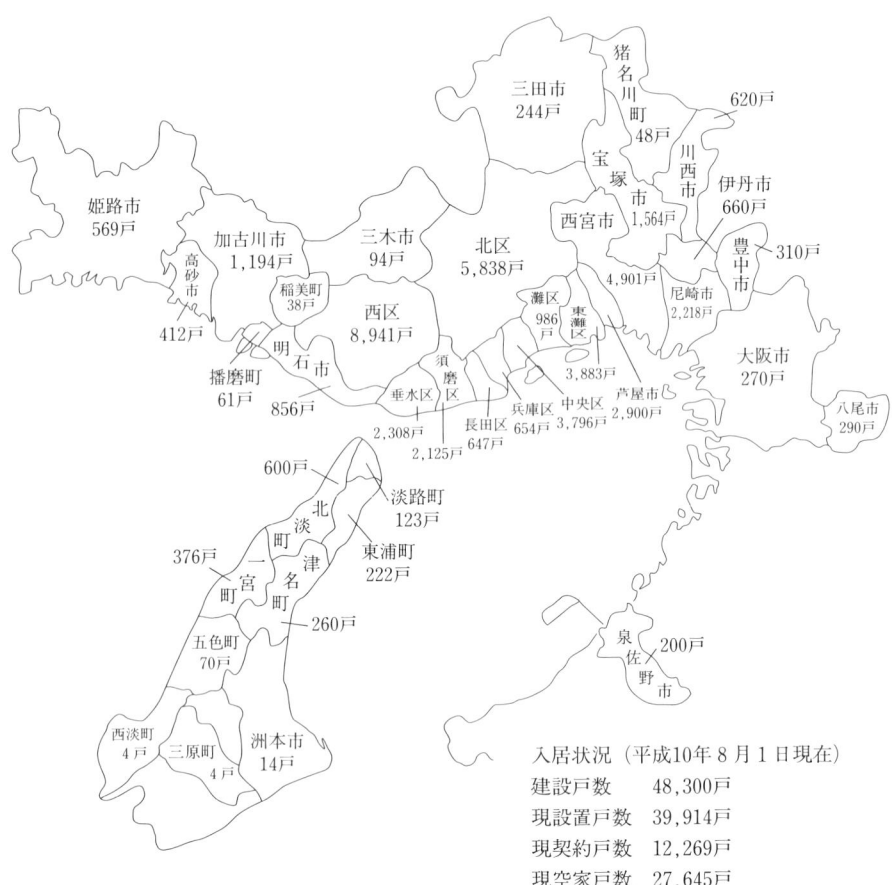

入居状況（平成10年8月1日現在）
建設戸数　　48,300戸
現設置戸数　39,914戸
現契約戸数　12,269戸
現空家戸数　27,645戸

第1章　本事例研究の背景設定　　　　　　　　　　　　　　21

震災の帯（震度7の領域）

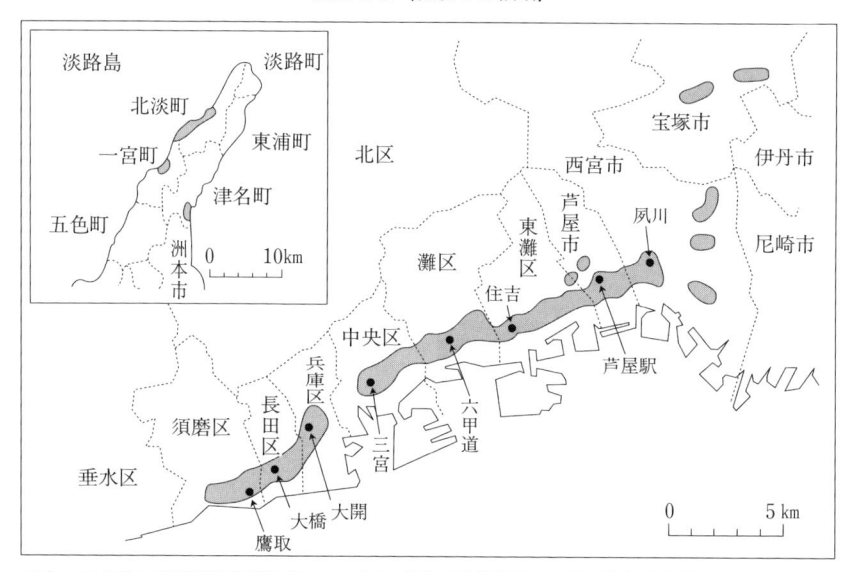

出典：立命館大学震災復興研究プロジェクト（編）『震災復興の政策科学』有斐閣，1998年，92頁。

液状化の発生地点の分布

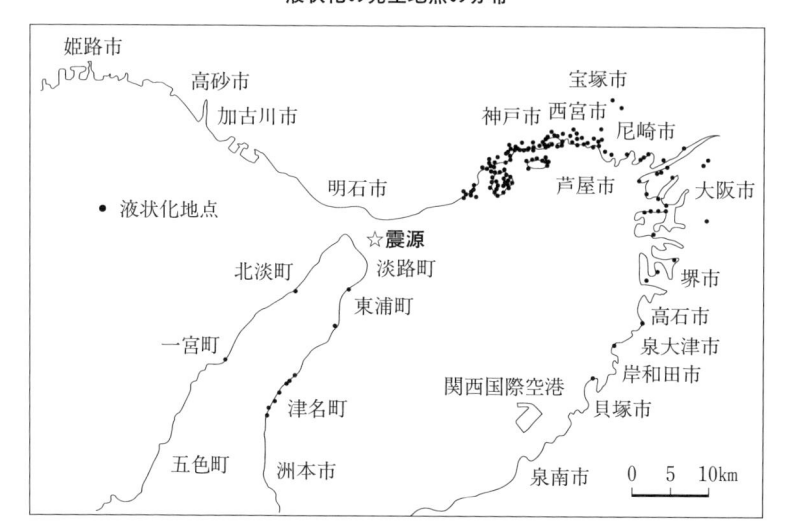

出典：立命館大学震災復興研究プロジェクト（編）『震災復興の政策科学』有斐閣，1998年，270頁。

万世帯には，低所得者層が多かった。彼らは，仮設住宅を出た後，復興住宅などへ再定住していった。復興住宅は，3万8,600世帯建てられた（朝日新聞，2002年1月5日）。仮設住宅は平屋の長屋タイプで，一方復興住宅は高層マンションビル群であった。

第3節　研究の目的と研究上の問いかけ（research questions）

本事例研究の目的は，1995年阪神大震災に続く，仮設住宅，そして復興住宅への再定住の過程を考察することである。焦点は，高齢化社会の将来像であるとメディアが強調し注意を促した，伝統的な家族としての機能を持つ家族を持たない高齢者たちに当てた。研究上の問いかけ（research questions）は，「震災後の高齢者の生活復興の過程はどうであったか，特に住まいとコミュニティワークの視点から」と「復興住宅に再定住した高齢者たちの問題としてどのような課題が浮かび上がったか——住まい，幸福，「寂しい」という感情など——」である。

本事例研究は自然災害に続く過程を見つめた。これらの過程は同様な災害においても観察されるかもしれないが，そのプロセスのサイズや度合について一般化を試みるものではない。大きな自然災害の複雑性は，共通の要素もたくさんあろうが，それぞれのケースが特徴的であることを意味する。

震災が，高齢者のケアのために大きなコミュニティを巻き込む必要性を投げかけたことから，本研究の目的のひとつは，いろいろなコミュニティワーカーと彼ら・彼女らのそれぞれのスキルを活かしたアプローチを記録することにある。震災後のコミュニティづくりにおいて，より効果的に働いたワーカーたちがいた。スキルの発想は重要である。補足的な研究上の問いかけには，「スキルは同定することができるか，それは重要か」がある。

本研究の全般的な目的は，超高齢化社会に予期しない大きな災害が起きたとき生じる課題に，健康と福祉制度の政策決定者たちにより敏感になってもらうことにある。本研究は，阪神大震災を事例として調査した。研究プロジェクトは，震災に続く高齢者の経験の複雑性を図化（mapping）し，福祉制度が高齢者個人のニーズに合わなかったところを探索し，これからの伝統

的な意味での機能を持つ家族を持たない高齢者が急増する将来に備えようとするものである。

第4節　本書の構成

　第1章は，研究の背景となる設定と，研究上の問いかけ（research questions）を提示した。日本の人口高齢化を人口学的に，そして，関係する健康と社会ケア政策について述べた。本事例研究の背景設定においては，公共政策の変遷を追い，それがどのように高齢者の健康福祉に影響を及ぼすかを見ながら，都市部での高齢化人口への社会政策に関する現在の議論のより大きなコンテクストに対比させた。そして，もうひとつの研究の背景として，研究の題目となる1995年の阪神大震災とその後について簡単に紹介した。
　第2章は，英米の関連文献を中心に文献レビューを行う。日本と，他の国のコミュニティの社会的違いも紹介する。第3章は，本事例研究で用いた研究手法の概要を説明し，その研究手法について議論する。第4章は，1996（平成8）～1998（平成10）年度の兵庫県健康調査報告書を紹介し，その3年間の調査の結果の経時的比較など，二次分析（secondary analysis）を行う。高齢者に注意を払っているので重要である。第4章ではまた，メディアデータの量的分析結果も紹介する。メディア分析（media analysis）の質的分析の結果は続く第5章から第8章にわたって，他のデータ分析とあわせながら紹介する。メディアデータはテレビと新聞の両方を，約2年半にわたって収集しており，そのトーンや焦点の変化と，経時的変化を分析している。またジェンダー分析（gender analysis）も行っている。
　第5章と第6章は，住まいのタイプの違いに関して得られた所見を報告する。メディアの話，専門家の話，人々の話，筆者の話と，ディスコース分析（discourse analysis）を用いる。第5章は，仮設住宅が住民にどのように割り当てられたか，低所得者層や高齢者が極化し，彼らの問題が復興の過程を通してどのように表面化したかを説明する。第6章は，高層マンションビル群の復興住宅を紹介する。ここでは，シルバーハウジングや他のタイプの住宅を紹介する。住民や行政などそれぞれのアクターがどのように住まいを見

るか，コミュニティケアづくりの過程と健康の認識の影響，世帯構成や家族の関係，仲間の関係などを議論する。第6章は，コミュニティづくりに関心をおき，主に3ヶ所でのフィールドワークをもとにして，それぞれのコミュニティづくりの過程のダイナミズムを提示する。それぞれの行為者（actor）たちの成功と失敗のめやすについても言及する。続く第7章と第8章では，被災地で頻繁に用いられた2つのキーワードにそれぞれ焦点をあて，成功のめやすと日本的価値観をさらに詳しく述べる。第7章は，「寂しい」という感情，人間的接触，友達づくり，生きがいなどについて，第8章は，「孤独死」について述べる。「孤独死」を「家族が完全に欠如した事例」のケーススタディとして議論し，メディアと日本の文化，サービス提供の問題を結びつけたものである。

　終章では，本書の様々な結論を要約する。また，批判的老年学（critical gerontology）を論じ，さらなる研究上の問いかけを挙げる。本研究のオリジナリティ（originality）と知への貢献（contribution to knowledge）もまとめておく。

第2章　文献レビュー

はじめに

　2004年12月26日のインド洋沖津波にはじまり，2005年は自然災害の年となった。2005年9月のアメリカ南部に被害を出したハリケーン・カトリーナ[1]とリタ，10月4日中米を襲ったハリケーン・スタン，10月8日のインド・パキスタン地震と大きいものだけでもこれだけ続く。2006年にもインドネシアでの地震など国際援助を必要とする大災害が発生している。世界的な大災害には数えられないが，2004年10月から繰り返し発生した新潟中越地震，2005年3月20日と4月20日の福岡西方沖地震によっても，仮設住宅での生活を余儀なくされた人々が出る被害が生じた。大きい自然災害は決して新しい現象ではなく，予知されるものでもあり，国際社会の関心は予防対策や社会開発という課題に向けられてきた（UNDP, 2004）。地震，洪水，ハリケーン，台風，サイクロン，旱魃。そして，1995年シカゴ熱波，1998年上海熱波，2003年のフランスをはじめとするヨーロッパ諸国を襲った熱波。それぞれの自然災害における，最も脆弱性の高い[2]人々（vulnerable population）やコミュニティは，しばしば貧困層に見られ，日常生活では目立たなかったかもしれないが，被災を機に，国際援助やメディアをはじめ社

---

1) ハリケーン・カトリーナでは，多くの被害が防げるはずのものであったにもかかわらず対策を怠ったり，被害が出た後の救済活動が遅れたことに対する責任は，連邦危機管理庁（FEMA）ブラウン長官の退任につながり，再選を果たしたブッシュ政権に打撃を与えた。2006年5月中期には，6月1日から11月30日のハリケーンシーズンには，例年平均以上のハリケーン発生を予測する警告声明が発表された。

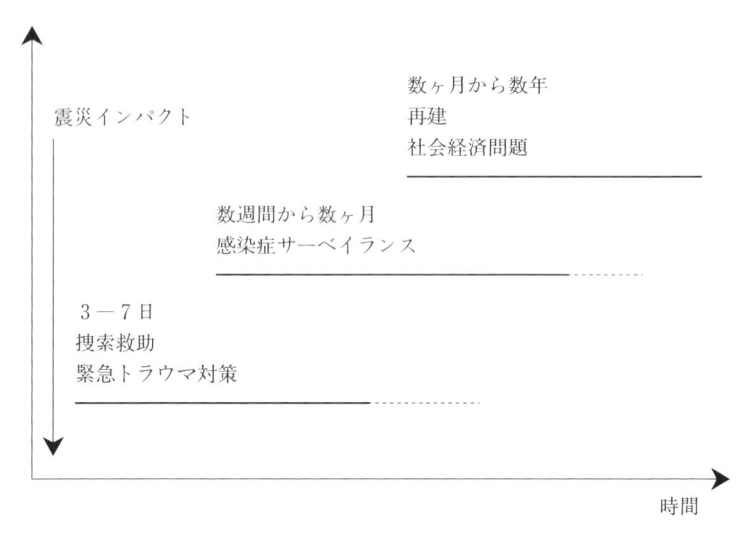

```
         ↑
         │          震災インパクト              数ヶ月から数年
         │                                    再建
         │                                    社会経済問題
         │                                    ─────────────────
         │
         │                    数週間から数ヶ月
         │                    感染症サーベイランス
         │                    ───────────────────────── ⋯⋯⋯
         │
         │        3－7日
         │        捜索救助
         │        緊急トラウマ対策
         │        ──────────────────── ⋯⋯⋯
         ↓
         └──────────────────────────────────────────────→
                                                        時間
```

図 2 - 1 地震後の被災者の経時的健康ニーズ

出典：Redmond, 2005

会の注目を浴びることとなる (Otani, 2004)。多くの場合，それは子供たち，孤児，高齢者，障害者，貧困層の人々である。また，公的統計には数えられない労働移民であることもある (Wilson, 2005 ; Fletcher et al., 2005)。しかし，社会からの注目も長く続かず緊急援助の時期を過ぎると，まだ被災者の生活再建に大きな努力と助けが必要であることも忘れ去られていく。図 2 - 1 は，Redmond (2005) が震災後の被災者の経時的健康ニーズを示したものである。これは，地震に限らず津波など他の自然災害にも当てはまる。

　災害の後，医学的症例報告や疫学研究は大量に報告される。しかし，長期的に見守った研究は極端に少ない。国際援助が去った，あるいはその援助熱と援助に必要な金銭的および人的資源が燃え尽きた後，被災者が生活復興を

---

2) vulnerable（脆弱性の高い（者））は，日本の文献でよく使われる「社会的弱者」が，近い意味の言葉とも考えたが，日本の福祉では，「社会的弱者」という言葉が高齢者，障害者，独り暮らしの老人を指すのに対して，vulnerable には，その範疇だけに限らずもっと広い意味があるので，国際保健学で用いられるこの用語を用いる。

どのように行っていけるかという問題が残る。長期的な社会・心理的ニーズや対策，コミュニティ・インフラやコミュニティの幸福・健康・福利（well-being）の長期的発展，生活再建について，もっと研究される必要がある。

本章では，1995年阪神大震災と他国の自然災害の健康への影響，社会政策形成におけるメディアの役割，社会問題としての災害，災害後のコミュニティづくりのテーマについて，英米の文献を中心に文献レビューを行う。

第1節　阪神大震災と他国の自然災害の健康への影響

ここでは，阪神大震災の健康への影響について発表された報告書，学術誌論文，新聞記事などをレビューし，また他国の自然災害の研究とも対比する。

阪神大震災の健康面についての影響の報告は，第4章で紹介する兵庫県健康調査報告書のほかは，ほとんどが事例報告であった。災害後の研究の目的について，Noji (1997) が定義している。それは，被災者のニーズを査定し，効率よく資源をニーズに合わせ，さらなる健康への影響を予防し，プログラムの効率性を評価し，偶発計画を施行することである (Noji, 1997)。しかし，理論的科学的アプローチは，緊急状況下では難しく，高齢者を特別のグループとすることもまれである。（アメリカとアルメニアでの災害の研究について Armenian, Noji et al., 1992 and 1997 ; Goenjian, 1997 ; McDonnel, 1995 ; Melkonian, 1997 を参照。）様々な研究が，アメリカやアルメニアに加えて，イタリア，トルコ，イラン，インド，フィリピン，オーストラリア，韓国，中国，メキシコ，グアテマラ，ニカラグア，エジプトなどでのいろいろな災害についてなされ，英語で発表された (Carr, 1995 and 1997 ; Karanci, 1995 ; Lima, 1992 ; Noji, 1997 ; Vanholder et al., 2001) が，いずれも疫学的なものではなかった。これらのほとんどは，アメリカの大学かアメリカ疾病管理予防センターとの共同でなされたものである。最も多くの報告がされた災害は，1995年阪神大震災，1994年のカリフォルニア州ノースリッジ大震災，1988年のアルメニアの大震災，1992年のアメリカのハリケーン・アンドリューである。

阪神大震災を扱った研究の対象人口は高齢者が中心であったのに対し，アルメニア大震災とハリケーン・アンドリューに関するほとんどの研究の対象人口は子供たちや思春期年齢層であった。アルメニアからの報告は心的外傷後ストレス障害（PTSD）[3]に集中しており（例えば，Armenian et al., 2000），特に子供たちを取り扱っていた（Goenjian, 1993 and 1997 ; Pynoos et al., 1993 and 1998 ; Najarian et al., 1995 and 1996）。その疫学的研究は震災から18ヶ月後に行われており，子供と高齢者の両方を対象としているものもあった（Goenjian, 1995）。研究対象人口が大きく子供に偏っていたことは，アルメニア大震災の犠牲者の3分の2が12歳以下であった事実に関係しているのであろう（Azarian, 1996 ; Miller, 1993）。

　阪神大震災は，他の先進国で起きた同じマグニチュードの震災に比べて，比較にならないほど多数の犠牲者を出した。1990年代のアメリカ西海岸やオーストラリア北部での震災は，公衆衛生の学術誌にほとんど報告されない。なぜなら，先進国におけるほとんどの震災死者数は1桁で，65,000戸以上の住まいを破壊した1994年ノースリッジ大震災でも死者数は57名であったからである（Teeter and Pharm, 1996）。この違いは，工業化の度合いや経済発展の度合いというよりはむしろ，人口密度や住まいや市街の環境に拠っているといえる。

　さまざまな社会経済背景や住まい環境下にある人口グループの健康への影響を考察することは，震災の健康への影響をよりよく理解するために役立

---

3) 心的外傷後ストレス障害（PTSD ; post-traumatic stress disorder）とは，心に加えられた衝撃的な傷が元となり，後に様々なストレス障害を引き起こす疾患のことである。心の傷は，心的外傷（トラウマ）と呼ばれる。トラウマには事故・災害時の急性トラウマと，虐待など繰り返し加害される慢性の心的外傷がある。洪水，火事のような自然災害，または戦争，監禁，虐待，強姦といった人災によって生じる。PTSDと診断する為の3つの基本的症状では，事故・事件・犯罪の目撃体験等の一部や全体に関わる追体験（フラッシュバック），トラウマの原因になった障害，関連する事物に対しての回避傾向と，精神的不安定による不安，不眠などの過覚醒症状である。アメリカでは，ベトナム戦争に出兵した兵士たちから多く報告され，研究されるようになったが，日本では，この言葉は阪神大震災，地下鉄サリン事件のころからよく使われるようになった。

つ。震災の健康状態への影響において，それぞれのグループが違った傾向を示すことが言われている。しかしデータに基づいた実証研究により示された証拠（evidence）はあまり報告されていない。日本では，短期的な健康への影響は避難所に住む人々の健康状態を見ながら記述・報告されている（神戸大学震災研究会，1997；岩崎ら，1999）。たとえば，多くの被災者は混雑した学校の体育館にプライバシーもなく置かれた。地震は1月に起きたので，とても寒かった。また，緊急用に設置されたトイレは校庭にあった。そのため，多くの高齢者は，夜中に隣の人を起こしたり，外の寒く居心地のよくないトイレまで歩いていかなくていいように，飲食の量を制限した。これは，脱水症状や栄養失調の症状につながった（Tanida, 1996）。

さらに，自然災害の影響の報告は，一般的にその災害の起こった直後の様子に限られており，中期的な精神面への影響が報告されることは例外的である。この分野でも，長期的影響は，短期的影響ほど多くは研究されておらず，後発性の症状やはじめは隠れている症状もある（Bland et al., 1996）ので，さらなる長期的なフォローアップ研究が必要であると提言されている。Blandは，Gleser（1981）によるニューヨークのバッファロー・クリーク災害被災者の研究の所見を紹介しているが，その研究によると症状が14年にもわたっている例もある（Bland et al., 1996）。心理学分野以外で，心臓病などの疾病に関しても死亡率と疾病率が長期的に増加していると提示する研究もある（Melkonian, Armenian et al., 1997）。

長期的影響の研究を行うことは，時間がたつと焦点が拡散することや，被災者を続けて追うことが困難になるなどの理由で，さらに難しくなる。研究資金がつかなかったり，また，被災者は，避難所・仮設住宅を離れ，それぞれの生活に戻っていき，連絡先もわからなくなったりする。日本では，仮設住宅の生活を経験した人々に短期的また長期的な健康への影響があったと報告された。短期的な影響は，時にすぐには症状が現れないような病因を生じ，それが後に長期的な影響により表面化することもある。

長期的影響には健康問題だけでなく，経済的問題もある。神戸新聞の調査報告は，阪神大震災により仕事を失った人々は，はじめの1, 2年は再興していったかに見えたが，3年目に入ると，やはり経済的に落ち込みはじめ，

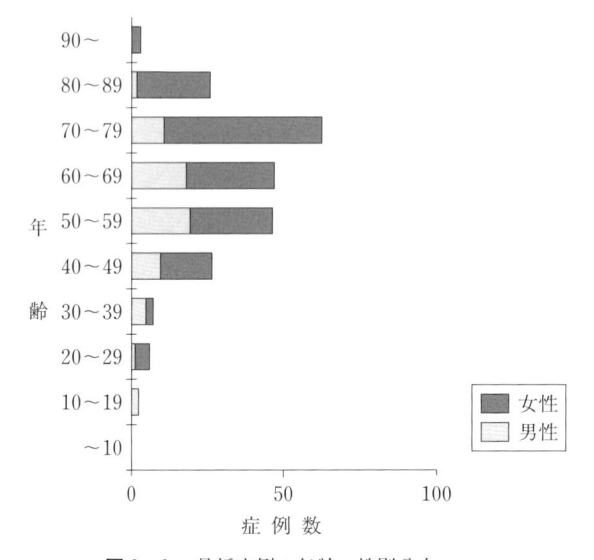

図 2-2　骨折症例の年齢・性別分布

出典：Maruo and Matsumoto, 1996

　コミュニティ全体も震災の影響で人々が戻ってこないような破壊的影響に苦しむ中，ビジネスも打ち切らざるをえなくなった例を挙げている。

　阪神大震災の身体的な影響は，疫学的な研究報告はほとんどなかったが，臨床事例は多く報告された。(1)クラッシュ症候群[4]や脊椎損傷，急性腎臓失陥[5]，火傷などの傷害，(2)高血圧，心臓冠状動脈疾患などの循環器系疾患，

---

[4] 交通事故や地震災害などで，救出や搬送が遅れたため，救出後に急性腎不全や心不全を起こす全身障害をいう。「挫滅症候群」ともいう。初期症状として尿が茶色に変わり量も減少するのが特徴。傷ついたり圧迫されたりした筋肉から出るたん白質であるミオグロビンやカリウムなどが，急激に全身に広がり，腎臓や心臓の機能を悪化させるものとみられている。外傷や意識の有無には関係ない。日本では，阪神大震災の際に注目されたもので，救出から治療を始めるまでの時間が，患者の予後を左右するとされている。早期発見，早期治療という災害医療の原則が，これほど当てはまる障害はないので，日本救急医療学会などでは，実態調査を行いその対策に乗り出した。

[5] これは，イランの震災による被災者を対象とした研究でも報告されている。

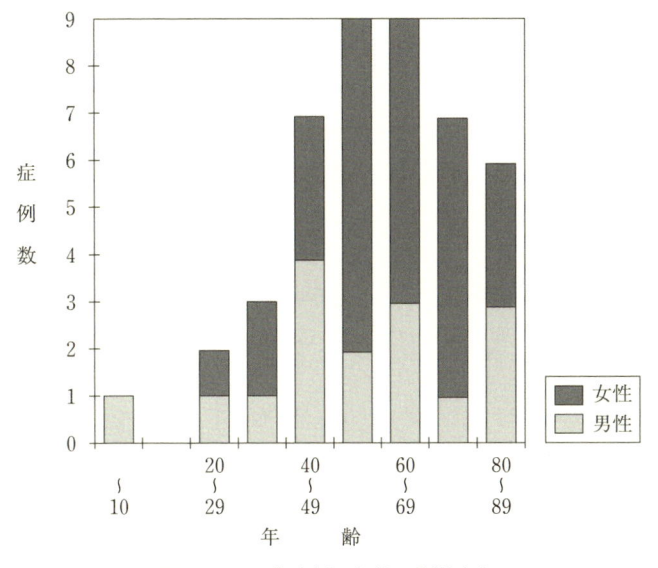

図 2-3 火傷症例の年齢と性別分布

出典：Nakamori, Tanaka et al., 1997

(3)出血性胃潰瘍や消化性潰瘍などの消化器系疾患，(4)肺炎や気管支炎などの呼吸器系疾患，(5)糖尿病などの代謝性疾患，(6)精神ストレスの引き起こした内分泌性疾患など。すべてが，不均衡に高齢者から多く報告された。神戸大学病院はそれぞれの状況の悪化が，震災による影響であると予想できるという見解を出している（山本・水野，1996）。

神戸大学病院の報告は，さまざまな障害の中で，腕や足，脊椎，頭部の損傷など予期された症例に加え，クラッシュ症候群が特に被災地の高齢者に顕著であったことを報告している[6]（山本・水野，1996）。大阪大学医学部の研究班は震災後14日以内に被災地周辺部の95の病院に入院した患者のカルテ

---

[6] 高齢者にクラッシュ症候群の症例が多かった理由は，医学的理由というよりも，日本の家屋では，他の家族は2階に寝ても，高齢者は1階の畳の上に敷いた布団に寝ることが多いという生活様式を反映し，震災のときに彼らは家具の下敷きになりやすかったのであろうと論じられた。

をレビューした（鍬形・小田ら，1997）。図 2-2 はインタビューに応じた 230 症例の年齢と性別分布を示している。140 症例が脊椎骨折で，100 症例が骨盤骨折である。平均年齢は 62.9 歳で，162 症例（70％）が女性であった。

この研究は，242,769 人の死者と 164,851 人の負傷者を出した 1976 年の中国の大震災と比べられている。そのときの三大傷害は，クラッシュ症候群，骨盤骨折と脊椎損傷であった。脊椎損傷が多い理由は，中国の石造りの建造物の崩壊によるとされる。木造の日本の建造物と対照的である。25,000 人の死者と 3 万人の負傷者を出した 1988 年のアルメニアの大震災では脊椎損傷の報告は比較的少なかった。日本では，1,675 の骨折症例のうち，脊椎骨折は 995 症例（59％）で，21 症例（2.1％）だけが脊椎損傷であった。これは，日本では畳の上に敷いた布団に寝ていて，震災で起き上がろうとしたときに，損傷を受けるからではないかと考えられる（Shimazu, Yoshioka et al., 1997）。

阪神大震災の火傷の報告については，504 症例が火傷を主訴とした。この数字には他の症状を主訴としてさらに火傷を負っていた症例は含んでいない（Nakamori, Tanaka et al., 1997）。前述の大阪大学医学部研究班がレビューした 2,718 症例のうち，44 症例（1.9％）が火傷で入院したものであった。図 2-3 はその 44 症例の年齢と性別分布を示す。年齢が上がるほど疾病率は上がり，被災地域の人口に照らし合わせると 50 歳以上がもっとも高い。

神戸大学病院は，阪神大震災後に高血圧や心臓冠状動脈疾患などの循環器系疾患も増加しており，それは，過度のストレスや緊急時の過度の労働と相関関係があるとの見解を報告している（山本・水野，1996；Kario, Matsuo, 1995）。吉川（1995）は，阪神大震災後の緊急心臓症例を報告している。充血性心臓疾患はおもに呼吸器感染や気管支炎を患った高齢者の心臓病の原因となった。他の問題は，震災後の非常事態下では，普段，規則的に摂取していた薬を摂ることができなかったことである。被災者の平均年齢は 70 歳であった。喉頭炎の高い疾病率は，避難所での寒さとストレスによるだろう（吉川，1995）。

1994 年のカリフォルニア州ノースリッジ大震災のデータから，精神的ストレスと突然の心臓停止の相関性が報告されている。この震災の発生日，心

筋梗塞による突然死の報告数が急増しているが，これは，震災後6日の間に，平常時の報告数に戻った。Leor et al. (1996) は，震災は，心臓疾患が原因の突然死を引き起こすと結論付けている。

神戸大学病院や他の研究者は出血性胃潰瘍や消化性潰瘍などの消化器性疾患の疾病率の増加と，居住環境の悪化と食生活による精神的ストレスの増加の関係を論じている（山本・水野，1996；Takakura, Himeno et al., 1997）。また，神戸大学病院は，阪神大震災後数週間の肺炎や気管支炎などの呼吸器系疾患の増加を報告している。これは，冬のもっとも寒いときに起きた劇的な環境変化によって説明できる（山本・水野，1996）。Takakura, Himeno et al. (1997) は，阪神大震災の肺炎や気管支炎への多様な影響について報告している。外科的な骨折などの問題をかかえた犠牲者がすぐに病院に駆け込んだのに続いて，呼吸器系患者，特に高齢者が，被災から1ヶ月の間に急増した（Takakura, Himeno et al., 1997）。

精神的健康への影響は3つに分けることができる。1つは震災のショックによる短期的な失調，震災によるショックやストレスが引き金となった潜在的な疾患の顕在化，そして，PTSDを含む震災によって引き起こされた症状。2つ目の範疇にもっともよく報告されたのは，精神的ストレスと生活環境の変化によって引き起こされた老人性痴呆，アルコール依存症がある。3つ目に，湿疹やアレルギーも精神的ストレスやそれに起因した免疫システムの低下によって引き起こされ，報告された。

日本は，しばしば自然災害に見舞われるが，災害による心理的影響については，それまであまり研究されてこなかった。火山噴火の影響を研究したものが少しあるのみである（Kato et al., 1996）。しかし，阪神大震災後は，PTSDについて，多く報告された。これは，それまであまり知られていなかった西洋の学術語が震災のあと，日本社会に広まった例である。臨床心理学カウンセリングの書物もたくさん出版された。アメリカ社会と違って，日本社会においては人々は精神科の診療を受けるのを躊躇する。身体的問題への医療を求めるのは受け入れられるが，精神科の疾患に対してはまだまだ高い壁がある。

災害の心理学的影響に関する研究のほとんどは，短期的というより長期的

影響を扱ったものである。身体的影響に関する研究が短期的なものを扱っているのがほとんどであるのと対照的である。多くの国々から，震災の心理学的影響に関する研究が報告されている。エクアドル（Lima et al., 1992 a and 1992 b），アルメニア（Goenjian et al., 1994 a and 1994 b），サンフランシスコ（Cardena and Spiegel, 1993），イタリア（Bland et al., 1996 and 1997），トルコ（Karanci and Rustemli, 1995；Yazgan et al., 2006），オーストラリア（Carr, Lewin et al., 1995, 1997 a and 1997 b），インド（Sharan, Chaudhary et al., 1996）の震災，また，アメリカのハリケーンなど（McDonnell, Troiano et al., 1995 b），他の自然災害を扱った研究もある。

災害が高齢者の精神的健康に与える影響に関する研究のいくつかの文献からは，相反する結果が見出された。高齢者はその人生におけるそれまでの経験のために，災害に対して心の準備ができていて強いとする理論と，反対に高齢者はその弱った身体的健康状態や，愛着のある所有物や長年住み慣れた環境への精神的な執着から，若い世代に比べて脆弱性（vulnerability）が高くなるとする理論とがある（Yazgan et al., 2006）。また，高齢者は，尋ねられないと自発的には不平を言わない傾向にあるので，その脆弱性が高くなるとする理論もある（Tanida, 1996；Gerrity and Flynn, 1997）。さらに相反する結論を出した研究もある。Robertson（1976）は，高齢者や貧困者は利用可能な資源を使うことを躊躇しがちで，自然災害のショックは高齢者の間で長引く傾向にあるとしている。加藤らの阪神大震災後のPTSDに関する研究の結果所見は，予想に反して，高齢者は災害からのストレスに若い世代よりも強かったとしている。3週間後の第1回の評価では，60歳以下の対象者も60歳以上の対象者も，不眠，精神衰弱，過度敏感，イライラ感を報告しているが，8週間後の第2回の評価では，それらの症状を訴える人の割合は若い世代では減少せず，一方，高齢者では，10症状のうち8症状で，顕著に下降した（Kato, 1996）。

加藤らは，その結果に3つの説明をしている。第1に，退職して年金をもらっている高齢者に比べ，若い避難者たちは，生活再建，家族の生活，新しい就職先探しに大きな心理的ストレスを感じていたのではないか。本書の事例研究のフィールドである仮設住宅で出会った高齢者たちの多くは年金や貯

蓄，あるいは，生活保護で生活しており，震災の前も後も，就職先探しは課題ではなかった。第2に，高齢者たちは，その地域に長く住んでいるので，避難所や仮設住宅でうまく社会的ネットワークを作れたのではないか。第3の説明は，以前の災害経験にある。震災当時60歳以上の人々は，1935年以前に生まれており，第二次世界大戦における空襲爆撃，そしてその後の急速な経済復興を経験している。神戸の被災地の破壊はしばしば終戦頃の破壊と対比された。それにひきかえ，若い世代にとって，このような大規模な破壊は初めての経験である。経験のある高齢者よりも心理的打撃から回復するのにさらに時間がかかったかもしれない。筆者が研究フィールドで実際にインタビューした高齢者にも，またテレビで紹介されていた高齢者にも，これが3回目の大惨事経験であったと言う人たちがいた。1回目は，1917年の神戸の大洪水，2回目は第二次世界大戦である。加藤らは，データの解釈や比較コントロールのない手法など彼らの研究の限界も書き留めている。不眠やイライラ感などの症状はかならずしも心理的傷害から起こるとはかぎらない。

　最後に，Knight (2000) は，災害の後の精神的健康問題は災害だけによるものとはいえないとも指摘している。たとえば，1994年のノースリッジ大震災の後の高齢者の精神的健康の研究において，震災の前の経験は，震災後の神経衰弱とは関係がうすく，震災後の精神状態にもっとも影響があったのは，震災前の精神状態であったとしている (Knight, 2000)。神戸では，仮設住宅の高齢者住民が，震災前から低所得者層で独居であった割合も高かったかもしれないし，震災前から，すでに孤独感や孤立に起因する精神的鬱に陥っていたのかもしれない。

　今まで見てきたように，災害の精神的健康への影響の研究報告はいろいろあるが，それでもまだ明らかにされていないこと (knowledge gap) がある。特に，孤独感や孤立は長期的な精神的健康問題なのかは明らかでない (Gerrity and Flynn, 1997)。イタリア，ウンブリアの1997年の震災の研究で，プレハブの住宅に住んでいた人々は老人性精神鬱診断テストや，ハミルトンの心配症度診断テストで高いスコアを示し，恒久住宅に住んでいる人々よりも健康問題を多く訴えた。どちらの人々も震災による不都合や居心地の悪さを経験しているが，仮設住宅に住む不安定さは，震災前にプレハブに住んでい

た人々のほうが高い苦痛を感じていると言える（Mecocci, 2000）。これは，本研究において，神戸の仮設住宅で観察されたことと一致している。

第2節　政策形成と施行へのメディアのインプット

　震災後の被災者の生活復興の様子を追う研究にメディアの影響が重要なことは，研究を開始する当初から明らかだった。日本のメディアは日本の人口高齢化問題を日々取り上げてきたが，阪神大震災後はその頻度はさらに高くなった。日本の新聞に人口高齢化や高齢者問題に関連する記事が載らない日はない。それも普通，1つではなく，複数の話題が載っている。地方新聞やテレビ局が震災後何年も被災者を取り上げ続けたことの理由の1つに，被災者が高齢であったことがある。世論の人口高齢化に関連した課題への関心はひときわ高い。また，日本のメディアの特徴に，健康問題が日々取り上げられるということがある（Lock, 1996：208）。しかし，社会政策分野におけるメディアの役割については新聞にはほとんど書かれていない。Campbell が1992年に日本の高齢化社会の医療政策について行った研究で，その政策における変化の重要なアクターのひとつにメディアをあげている（Campbell, 1992 and 1996）。この研究は，開拓的業績で，さらなる研究が期待される。

　一般的にイギリスの社会政策学の教科書を含む書籍・文献はメディアについて議論していない。ロングマン・現代英国の社会政策学シリーズの『現代社会の高齢者』第4版（*Older People in Modern Society*, 4th edition, Longman Social Policy in Britain Series）にも載っていない（Tinker, 1997）。以下のイギリスの社会政策の教科書的書籍を調べてみたが，メディアの章はなかった。

* Pete Alcock (1996) *Social Policy in Britain : Themes & Issues*, Macmillan Press.
* Vic George and Steward Miller (ed.) (1994) *Social Policy towards 2000 : Squaring the Welfare Circle*, London and New York, Routledge.

* Michael Hill (2000) *Understanding Social Policy*, 6th Edition, Blackwell.
* Jochen Clasen (ed.) (1999) *Comparative social policy : Concepts, Theories and Methods*, Blackwell.
* Pete Alcock, Angus Erskine, and Margaret May (eds.) (2001) *The Student's Companion to Social Policy*, Blackwell.
* Ken Blakemore (1998) *Social Policy : An Introduction*, Open University Press, Buckingham.
* Bob Deacon (1997) *Global Social Policy : International Organization and the Future of Welfare*, Sage.
* Cliff Alcock (2000) *Introducing Social Policy*, Prentice Hall, Pearson Education Limited, Essex.

John Baldock et al.（編）の社会政策学の教科書 *Social Policy* (1997) にはメディアの章はなかったが,「第19章 芸術と文化の政策」(Mark Liddiard) のなかにメディアについて論じているページがある (498-508 頁)[7]。その内容をまとめると以下のとおりである。

● メディアは多様な理由により社会政策に重要な役割を持っている。社会政策に関する論争形成に影響的な役割を演じるという理由だけではない。テレビの発明により, 人類史上なかったほど, あらゆる事柄がメディアに暴露されることとなった。これにより, メディアは我々が世界をどのように理解するかにきわめて重要となり, 報道の内容によっては, 攻撃的すぎるとか不適切だとか批判され関心を呼ぶようになったのも, 驚きではない。

---

7) 副題は, マス・メディアの世論への影響；メディアの政策形成への影響；プレスの規則？；衛星, ケーブル, デジタルテレビ, インターネット (The impact of the mass media upon public attitudes ; the impact of the media on policy-making ; regulation of the press? ; Satellite, Cable, and Digital Television ; The internet.)

- メディア関係の機関やコメンテーターにはメディアが世論を変えたり，社会政策の改定などを誘導するという仮定を含むことがしばしばある。しかし，これは本当だろうか。メディアはあらゆる社会問題への世論にどんな影響があるのだろうか。第1に，メディア自体が単一なものではないということを認識する必要がある。
- メディアは（公平な真実を報道するよりも）メディアそのもののアジェンダにのっとって動いていることを認識する必要もある。
- 大多数の人に届き，彼らを社会政策への関心にむけることができる能力は軽視されるべきではない。しかしながら，社会政策課題を報道するメディアが世論形成や政策形成過程に直接的影響があるかどうかは疑問が残るところでもある。

 この Liddiard の最後の論点に続いて，Klinenberg（2002）はシカゴの熱波災害の研究で，ジャーナリストたちの中でも，報道においてどのような役割をするべきか，そのニュースを取り上げると決めたとき，どのような政策が続くのか，意見が分かれているとしている。
 前に述べた社会政策学の教科書にメディアの章はないにしても，メディアと社会政策について書いている文献（Pharr, 1996；Franklin, 1999；Rubinstein, 1985）はある。Franklin はメディアの影響の20の事例を紹介している。1つの事例は，根拠のないプレスの批判やソーシャルワークの間違った報道が重大な結果を引き起こしたことを紹介している。それらの批判や報道は，ソーシャルワーカーの倫理を下げ，その働きぶりに影響を与え，また世論を誘導することで，ソーシャルワーカーやその利用者たちに関する社会政策に影響を与えている（Franklin, 1999：3）。イギリスのメディアがソーシャルワーカーたちに負の影響を与えたのに対し，日本のメディアは生活支援員という職種の発展にポジティブな影響を与えた可能性があることが述べられている（Franklin, 1999 の第6章参照）。
 Campbell（1992）がいうように，日本ではメディアは世論形成に重要な影響を持っている。本研究でインタビューをした神戸市職員たちもメディアが人々の見方に影響していると考えていた。特に高齢者にはメディアの影響

が大きいかもしれない。Cooper-Chen は，日本の女性高齢者は毎日平均 6.5 時間，男性高齢者は 60 歳代で 4 時間，70 歳代で 5 時間テレビをみているという調査結果を発表し（Cooper-Chen, 1997：106），日本においてほかの高齢者向け福祉活動がないところで，テレビが高齢者福祉の一端を担っていると結論付けている（Cooper-Chen, 1997：127）。高齢者とのインタビューもメディアがイメージを形作り，高齢者が自分自身をどう見るか，ほかの人々が高齢者をどう見るか，に影響を与えている（Biggs, 1993）。ニュースというものは，速報，特報などのストーリーをすばやくとらえ考えることを要求しており，ジャーナリストは時間のプレッシャー下にある（Klinenberg, 2002：210）。ニュースの特性として重要なものはまた見出しや視覚イメージの選択にある。見出しは，たくさんのニュースの中からそのニュースが選び出され，どれがもっとも重要か示すために，重要である。ほとんどの人はすべてのニュースを読む時間はない。見出しや写真が目を引いたものだけを読む（Klinenberg, 2002：213）。

　Klinenberg はシカゴの熱波災害の事例研究から，メディアが必ずしも現実世界を反映しているとはいえないとして，編集者やプロデューサーはいつも第 1 面やリードストーリーを飾る劇的なイメージを探していることを指摘している（Klinenberg, 2002：217）。たとえば，阪神大震災後被災地のニュースにおいて，「孤独死」という言葉が見出しやトップニュースタイトルに最もよく使われた。なぜ，「孤独死」が日本の読者の関心となるのかについてのディスコース分析（discourse analysis）[8]は第 8 章を参照されたい。

　2002 年に Klinenberg は，*Heat Wave : A Social Autopsy of Disaster in Chicago* を出版した。この事例研究の書は，メディアの重要性を強調している。災害はジャーナリストが追うものであり，ニュースの対象として彼らが

---

8) ディスコース分析は，社会言語学において談話分析と和訳されたり，話をするという意味のフランス語の発音からディスクール分析と呼ばれたりしている。社会学などの分野で用いられるものは，ディスコース・アナリシスあるいはディスコース分析と訳され，言語に限らず広い意味をもつ。ある言葉や行いが，それが語られたあるいは行われたコンテクストの中で，何を意味し，またなぜそれを意味するようになるのか，なったのかを分析する概念。

もっとも好むもののひとつである。Klinenbergは、メディアの影響が重要であった理由を2つあげている。第1に、メディアは高齢者たちの犯罪に対する恐怖感をあおり、外出を躊躇させた。犯罪ニュースを毎日ラジオで聞き、テレビで見たことは、高齢者たちに外出をせず「閉じこもり」になることを促した（Klinenberg, 2002：51）。日本社会での凶悪犯罪率はアメリカのそれとは比較にならないほどに低く、阪神大震災被災地での犯罪ニュースもほとんどなく、高齢者への影響が大きい問題とはいいがたい。しかし、高齢者を狙った押し売り詐欺のニュースもあり、復興住宅では、知らない人が訪ねてきても、たとえそれが助けとなる可能性のある訪問者であっても扉を閉ざす傾向にあったと報告されている。

　メディアの影響に関する第2の問題は、政府の広報関係との摩擦から起きた。シカゴ市行政は、危機の深刻さを否定し、公衆衛生的危機に関する行政の責任を小さく見せようとして、市の災害対策を推進するマニュアル的広報活動を行った（Klinenberg, 2002：168）。このような災害対応管理のキャンペーンは、シカゴ熱波のメディアによる報道に影響があった（Klinenberg, 2002：184）。この点も、日本の阪神大震災の事例では重大な問題になることもなかった。メディアに報道されなかった行政と地域社会の間の緊張はあったが、政府の制度的に生じる問題は発見されなかった。「政府だけではすべてはできません」というのは、政府の言い訳とだけいえるものでなく、現実なのだ。

　前述した、8冊のイギリスの社会政策学の本にメディアは扱われていないが、日本社会の社会政策にメディアは重要な役割を持っている。阪神大震災後のメディアは、都会の独居貧困高齢者の存在を浮き彫りにする貢献をした。あたりまえと思って見てしまうメディアの映像を注意深く観察することは、我々の理解の正確さを確認することに役立つ（Cirillo, 1994：173）。メディアデータを用いたディスコース分析は、現実の世界とメディアがどのように反応し合っているか、メディア報道の内容や分析が経時的にどのように変化するか、その社会政策への影響の度合いがどのように違うかを示す（Liddiard, 1999）。日本社会におけるメディアの重要性の明らかさとは裏腹に、高寄（1999）は、『阪神大震災と生活復興』の中で、社会問題が起こる

とき，メディアと研究者は，政策実施の改善を目指すよりも，感情的な批判に走ったとみている。

第3節　社会問題としての災害

自然災害の後に発表される公衆衛生学文献には疫学的研究（epidemiological study）が多い。しかし，研究手法としてまっとうな疫学的研究が行われることはほとんどない。また，高齢者を研究対象にした研究もほとんどない。例外は，前述の社会学者 Klinenberg が 2002 年に発表した，1995 年のシカゴ熱波災害の研究である。アメリカの疫学的報告書は，災害時の死亡率・疾病率と社会人口学的指標の相関関係を立証している。しかし，なぜ，どのように関係があるのかという，より深い因果関係の説明まで追求した質的研究はほとんどない。疫学的研究は，1995 年シカゴ熱波災害において「社会的接触（social contact）」は脆弱性（vulnerability）の決定要因の1つであったと結論付けている。そこで，Klinenberg は，どのような社会的条件が強い，効果的なソーシャルネットワークを作り出し，一方でどのような社会的条件が弱った高齢者をさらに搾取や孤立の状態に追い込むのかを研究した（Klinenberg, 2002：33）。「つながり」という社会的接触は，神戸の民生委員やボランティアたちが被災者，特に高齢者たちと接する際に，目指していたものである。新聞ではほとんど使われなかったが，震災後のテレビ報道は「つながり」という単語をよく番組の題に使った。

災害の社会的側面については Morrow（1999）も研究している。災害犠牲者の脆弱性は社会的に組み立てられた，すなわち，日常生活の社会経済的環境から生じているというのである。彼女はハリケーン・アンドリュー災害の研究において，災害対応の過程で，高齢者，貧困者，女性が世帯主である世帯と，最近その地域に引っ越してきた世帯が，最もリスクにさらされたと結論している。これらの集団は，平常時でも社会的に脆弱性の高い集団といえる。これらの集団が地域社会のどこに居住しているかを把握することが，効果的な緊急時危機管理への大事なステップであると Morrow はみた。Morrow は，世帯を，健康と身体的能力，その事柄に関係のある経験，教育，

脆弱性と戦うための時間とスキルなど，違った人的資源を持つ単位であると理論付けている。集団として，高齢者のほうが災害に効果的に対応するのに必要な身体的および経済的資源を持っていない傾向にあり，健康に対する被害を受けやすく，回復にさらに時間がかかる傾向にある。その高齢者世帯の中でも，年齢，健康状態，家族構成及び経済状況はまたさまざまである。

　災害という非一般的事例の脆弱性分析（vulnerability analysis）についてもう一点重要なことは，日常的世界で見えなかったものが，災害によって突然，表面化されるという側面である（Varley, 1994）。しかし，社会は，特にメディアは，何を取り上げ，何を取り上げないかを自分たちの方針に合わせて決める。神戸では，メディアは，「家族」，「コミュニティ」，「孤独」を取り上げたが，「貧困」についてはあまり取り上げなかった。シカゴの事例では，メディアははじめ市行政によって管理されたが，のちに自らの判断により，裕福なアメリカの都市部で，貧困状態にある独居高齢者や，独りで死んでいく高齢者たちに注意を払うようになった。

第4節　家族の変容と脆弱性（vulnerability）

　家族のあり方の変容というのは，災害が起きるまで，高齢者が脆弱性として認識しないことの1つである。日本の研究は，強い家族の絆を仮定している（Shanas, 1979）。Hashimoto（1996）は，女性高齢者の自立と家族関係を含む幸福について調査しているが，コミュニティのつながりの側面については深く研究していない。Yamamoto（1998）は，家族生活として，老義母とケア供給者である嫁との家族関係に焦点を当てている。他にも，ジェンダーの視点からの研究がさらに必要である。Morrow（1999）は，先進国においては，家族が第1のケア供給者ではないとしている。しかし，災害緊急時には家族が大事な基本となる（Kendig et al., 1991 ; Haines et al., 1996）。日本の家族や親戚は，ほかの先進国よりも，日常生活においてより活発に高齢者のケアをしていると言われる。しかし，震災下では，多くの犠牲者に家族の支援がないため，それに頼れないと仮定され，このことは公的支援がよく発展した社会においてよりも，高齢者のケアがより深刻な問題であることを意味する。

高齢者に影響を与えるコミュニティケアやコミュニティの関係における学術的研究は，日本においてはイギリスのように多くなされていない (Ninomiya, 1989)。しかし，高齢者のケアにつながるコミュニティに対するメディアの関心は高まっている。退職者コミュニティやグループホームに関する研究も日本では限られている（鳩山・山井, 1999）。英語の書籍の翻訳も緩慢であった。たとえば，Ungerson (1987) の *Policy is Personal* は平岡公一，平岡佐智子によって紹介されたが，その邦訳は 1999 年にようやく出版されている。しかし，近年では，ICT (Information and Communication Technology) などの進歩により，洋書の邦訳が出版されるまでの年月は縮まる傾向にある。

　Morrow (1999) は，被災者たちの対応にジェンダーによる違いがあると論じている。ハリケーン・アンドリューへの対応のジェンダーによる違いは，アセスメント，対応，世帯の準備，避難，社会的及び家族のネットワークの活用にあらわれているという。研究地域は，アメリカ・テキサス州南部であり，アメリカの他の地域より保守的な社会であるため，危機の時にそのような背景がさらに強調された可能性がある。Morrow は，各自の家族においてと危機対策組織においての両方で，女性がケア供給者として重い責任を持つことに注意することが大事だと述べている。日常生活での典型的役割や，その役割を担うことへの期待の男女差は日本社会において，さらに強いであろう。インフォーマルケアはほとんどが主婦によってなされている。ボランティア団体のメンバーもほとんどが中年専業主婦か，働いているとしてもパートタイムの女性である。このような差は，女性被災者のほうが災害時に頼れるネットワークを広く持っていた可能性も意味する。ネットワーキング能力のジェンダー差は多くの社会で見られている (Alpass, 2003；Perren et al., 2003) が，日本社会も例外ではない (Otani, 2000；Yazawa, 1999)。

　メディアは，神戸では，シカゴの事例のように，女性よりも災害時における脆弱性が高く，弱い立場に見えた男性高齢者にも注意を払っている。Klinenberg は，男性はさらに孤立してしまうリスクが高かったと論じている。高齢者，特に孤立した男性，ソーシャルネットワークから無縁となった者，閉じこもりで病気がちとなった者は，晩年になると，老人を狙ってだま

そうとする者が存在する際や引越しの際，さらに苦悩する。女性高齢者は，晩年の男性よりも，実際に財政的にはより貧しく，病気もし，独居となることが多いのにもかかわらず，男性ほど孤立しない傾向にある (Klinenberg, 2002：230)。だからといって，女性高齢者に独りで老いていくことに関係する問題がないというわけではない。メディアは独居高齢者が弱者であるとし，注意を促している。日本社会では，独居高齢者に対して，社会的弱者であり行政の福祉対象として注意を払うという社会・文化的見方があるので，これは当然のことである。神戸においても，これらの高齢者は社会的弱者とみられ，市行政の保健福祉部からも特別の注意を払われていた（1996（平成9）年度から1998（平成11）年度の兵庫県健康調査；1996年の兵庫県立看護大学による仮設住宅と復興住宅の調査；1998年の神戸市西区保健部報告書）。

第5節　国家とコミュニティのかかわり

　住まいとインフラの破壊は災害のもっとも顕著な破壊ではあったが，インフラの喪失以上に住まいの喪失には意味があった。住まいの崩壊によって，住まいに関連する地域のつながりやネットワークも破壊された。中産階級の高齢者にとって，持ち家は主な財産で，貧困に陥ることを防ぐ資産であろう (Moser, 1997)。震災の打撃を最も受けた神戸市長田区の震災前の生活保護受給者の割合は全国平均よりも高かった。長田区からの被災者は，仮設住宅に多く見られた。仮設住宅における生活保護受給者の1割は，仮設住宅入居後に申請し，受給を開始した。仮設住宅から復興住宅に移った入居者は震災前から生活保護受給者であった割合が高かった[9]（同志社大学報告書，1997：12)。これは，1994年の福祉受給者が日本全人口のわずか0.7％であることと対照的である（厚生省，1996)。

　現存する福祉制度では，災害危機の後，需要の増加により，支出は増える。仮設住宅も復興住宅も，被災者の貧困度を緩和するために大事な役割を

---

9) 民生委員は住民の約90％が生活保護受給対象に該当すると把握していたが，そのデータを入手することはできなかった。

果たした。失業保険受給者や福祉受給者は震災後に増えた。中央政府は地方政府の福祉行政を通して、福祉財政を補った。

被災直後、被災者には医療が無料で供給された。緊急医療は1995年12月まで供給されたが、長期的医療には補助金がなかった。被災地の高齢者は、長期的医療の分担金を高額でも払い続けねばならず、震災による引越しに伴う遠方からの交通費も払わなければならなかった。急な移動先の多くは都心から離れた不便な場所であり、高齢者は新しいかかりつけの医者を探さねばならなかった。それは、新しいかかりつけの医者が患者個人の既往歴をよくわからない医者であったり、その医者と患者のラポール（信頼関係）づくりからまた始めなければならないことを意味した。多くの人は診療所や医院自体が被災していても可能な限り以前からかかりつけであった町医者に通う傾向にあった。診療所も被災し破壊され、カルテは失われた。医療の継続性が失われたことも、震災後の地域コミュニティ・ネットワークの破壊の一例である。Bowling (1991) は、英国における高齢者の健康に対するコミュニティ・ネットワークの重要性を実証している。

まだ年金を受給できる年齢に達していない年齢層は、医療を受けにくくなった。震災によって雇用を失っても、年金受給年齢に達するまでに新しい仕事を見つけられる可能性は低い。年金受給年齢に達する前の高齢者への補助は特になかった。しかし、メディアが高齢者だけでなく、その少し下の50歳代などの苦労を報道し始めたことは、何らかの対策を講じるように政府に促すことになるかもしれない。

第6節　住 ま い

日本社会において、階級はイギリス社会ほど大事な問題ではないが、収入・経済格差の増大は近年の課題である。本研究のフィールドワークを行った地域には、日本社会において貧困層に属する人々が多かった。貧困であるということは、孤立化を促す（Klinenberg, 2002：71）。震災前から、神戸においても経済格差による住居地域の差、極化は存在していたが、震災後、さらに顕著になった（Hirayama, 2000）。政府は復興にあらゆる段階で関与し

ている。住居の再建のための資金の必要性に対応して，地方政府は被災者が家を再建するための特別なローンを用意した（高寄，1999：48）。これらのローンはある程度の資本金を，すでにお金を持っている人に貸すものである。家を再建するためには，年齢が問題となる。基本金がない者はこのようなローンも利用できない。公的ローンでは必要な全額を借りることはできず，いくつかのローンを組み合わせなければならない。高齢すぎてローンを借りられない者は，子供の名前を借りてローンを組むことも少なくなかった。これは，子供が被災していないか，余裕がある場合には可能である。子供がセーフティ・ネットとして機能した一例であった。

持ち家を建て直すことも高くつくが，賃貸の場合も状況は簡単でない。崩壊した家・アパートが建て直されたとき，それに伴い家賃が高くなりすぎてしまい，元のところに戻れない人たちもいた。

住居政策は住まいのデザインに関係する。仮設住宅や多くの復興住宅は核家族世帯用の間取り・広さであった。仮設住宅に入居した家族には，震災前は一緒に住んでいたものが，仮設住宅に入居するに当たって，分散した家族もあった。震災後のこのような住居環境は核家族世帯を増加させ，高齢者の家族支援を難しくした側面もあった。家族のいない高齢者や，家族はいても遠くの街に住んでいたり絶縁状態にあるといった理由で，いわゆる伝統的な家族として機能していないなどいろいろな事情があり身を寄せる先のない高齢者たちは，独りで仮設住宅に入居した。仮設住宅は，このような独居老人を集めるようなかたちとなり，経時的に，さらにこの集中は増し，偏った集団となった。震災後1年にTanida（1996：1133-1135）の*British Medical Journal*で発表された報告は，以下のように述べている。

「高齢者たちは仮設住宅で孤立化した生活を余儀なくされている。仮設住宅を配給するときに，高齢者や障害者が優先されたため，独居高齢者や障害者が多いコミュニティを形成する結果となった。」（筆者訳）

震災後4年を経て，仮設住宅の住人は徐々に終の棲家として復興住宅や別の家などの，他の場所へ移り住んでいった。復興住宅のインフラは，震災前

の公営住宅とは比べ物にならないほど，現代的な技術を兼ね備えた立派なものである。これは，新技術が開発されたということもあるが，震災後，耐震対策の基準が強化されたことにもよる。また，高齢者に適当な住まいを供給する必要性に注意が払われたことにもよる。高齢者のための住まいという概念は日本では比較的新しい。

平屋タイプの仮設住宅から高層の復興住宅への住居を配当する過程で，棟によってはすべてあるいは部分的に，独居高齢者が集中的に入居することになった。Taylor (2003) はイギリスにおいて第二次世界大戦後に起こった郊外にあるニュータウンのコミュニティへの入居について研究している。このような施設もまだ整っていない，また以前からのネットワークがない新しい街への大移動は，「孤立化」と他の多くの問題を引き起こした (Taylor, 2003：19)。神戸でも同じような問題が起こり，地方政府はコミュニティ形成と自助力，地域支援ネットワークの形成を促す必要性を認識した。コミュニティワークは，コミュニティのつながりと地域活動を発展させることで住民の助け合いを促すことを目的としていた。また地域住民が個人や組織的なスキルを磨き，自分たちの問題を提起する能力をつけることも目指した。第3章以降で紹介する本書の事例研究のフィールドとなった夏秋復興住宅（仮名）は，郊外のニュータウン地域への入居の例である。そこへの入居者が感じた寂しさや孤独感は，Taylor のイギリスの事例で紹介された感情と似たものがある。しかし，イギリスの事例の住民の年齢は偏っていなかったのに対し，神戸の事例では，50歳から90歳の入居者たちがほとんどであった。年齢の偏りや高齢者の集中は，新しいコミュニティ地域づくりに困難をもたらした。

新しい住居のスタッフやリーダーたちの活動目的として仮設住宅や復興住宅の高齢住民への支援をするべきかという課題に，行政，学者，メディアの間で，必ずしも同じ見解があったわけではない。「寂しさ」・孤独感は高齢者の住まいに関する課題において最も重要なものの1つである (Heywood et al., 2002：58-59)。しかし，あまり動けず，かなりの介助を必要とする人への支援は困難なことで，そのために作られた組織にとってさえも簡単なことではない (Taylor, 2003：105)。西洋キリスト教国においては，近隣の教会

が，最も孤立し孤独を恐れている住民に手を差し伸べる（リーチアウトする）役割を担ったりする。しかし，地域の教会も資金源や物資がないとその活動を継続することはできない（Taylor, 2003：105）。

　日本社会において，民生委員はその長い活動の歴史により，人々の信頼を得ている（Takahashi, 1997）。民生委員は，無給のボランティア活動であり，公式の選定過程を経て任命される。人々の助けとなり，思慮深く，分別があり，賢く，尊敬されている人柄の人物でなければならない。第6章で見るように，民生委員がコミュニティ形成や活動に影響を及ぼしてきた。民生委員の仕事には，住民と地方行政に連絡をとり，また戸別訪問をすることも含まれている。民生委員の有無が本研究のフィールドワークのサイト選びの要因のひとつであった（第3章と第6章参照）。

　民生委員の仕事はよく発展しているものの，震災後の復興住宅への再入居に際しては新しい課題に直面した。地域コミュニティの形成には新しいスキルが必要だった。キャパシティ・ビルディング（組織的な能力の開発）の必要性は，個人にもコミュニティにも言える（Taylor, 2003：198）。Taylorは，コミュニティ参加についての研究において，個人とコミュニティはそのパートナーシップ形成によってうまくいくのであるが，そのパートナーシップのための基本的キャパシティが広範囲に欠如していることを結論付けており，また，パートナーシップがうまくいくためのスキルを評価することにはとんど考えが及んでいないことを指摘している。一方，Morrow（1999）は，災害後管理と対策において，特に決定権をもつ役割に，女性がうまく登用されていないことを認識することが重要だとしており，草の根活動から緊急管理までの成否が女性にかかっていることを記している。たしかに阪神大震災後はコミュニティでの女性の役割が拡大された。生活支援委員（以下，LSA）はほとんどが女性であり，民生委員の役職には，男性がついているとはいえ，活躍している民生委員は女性であったりする。この事例研究は震災後5年の被災地を見ており，被災後のボランティア活動の維持可能性を左右する一要因である女性の働きの重要性についても触れている。

　持続可能な発展プログラムには地域レベルでの参加やリーダーシップが必要である。重要な概念が，災害の場面でうまく応用されないことがある

(Morrow, 1999)。被災期を過ぎても持続可能な再興プログラムが維持される必要があるが，これは難しい。復興住宅でもこの点は問題として認識された。この問題の対策の鍵は，リーダーシップが外からの押し付けではなく，コミュニティの内から出ることである (Otani, 2000 a)。コミュニティ形成におけるボトムアップアプローチは，Taylor によると，コミュニティメンバーの参加とエンパワメント，適当な財政的・人的資源の確保，地域のリーダーの形成につながるものである。Taylor の理論によると，貧困とコミュニティの分裂は権威に反して形成される過程の闘争アプローチである。日本のアプローチは，行政や公務員は人々のために最善を尽くしていると仮定するコンセンサスのひとつである。一方，Taylor は違った方法で取り扱われるべき問題があるとしている。しかし，コミュニティ形成の主な問題は，復興住宅において，アパシー（無関心）や自立しない依存的な姿勢からきているものであって，コミュニティワーカーの態度からきているものではない。神戸被災地でのコミュニティ活動の目的は，住民を茶話会やほかの伝統的な地域活動クラブに引き出すことであった。トップダウンの関係が続くのは，基本的力構造がシフトされないからであった。神戸における，住民が社会的義務を果たすことによるコミュニティ形成の強調は，Taylor の闘争状態のエンパワメント理論に反するものであった。

以上のことは，コミュニティリーダーシップの持続性が問題にならないということを示すのではない。Taylor (2003) も記しているように，成功的なコミュニティリーダーシップは他の人がついていくのが難しいような方法で行政によって適用され促進されていた。これにはいろいろな要因がある。例えば，行政やその他の活動主体は，自分たちが一緒に仕事をしやすい人，もっともアプローチしやすい人を選考しがちである (Taylor, 2003 : 133) ということもその要因の1つである。

コミュニティを持続させるためには，あらゆる集団が共通の見方を持つようになるための場を供給する連合体を作る必要がある。住民を分断してお互いに反駁しあうことによって，力を持つ者が一方的に支配するようにはしないということである (Taylor, 2003 : 189)。第6章では近隣や共通の目的を持つ集団などの連合体を成長させる「見守り委員会」について紹介する。こ

のような委員会は，闘争的というより，コンセンサス形成を目指し，知識が最大限に活用される重要な場を提供している（Taylor, 2003：200）。

第7節　孤　立　化

　Klinenberg（2002）は，1995年シカゴの熱波（heat wave）災害において，1995年の阪神大震災時の日本のメディアと同じように，被災者の孤立化と死という課題を指摘した。第1の問いかけは，なぜ，シカゴの熱波のとき何百人ものシカゴの市民が独りで死んでいったのだろうか。第2の問いかけは，熱波を切り口に，なぜそんなに多くのシカゴの市民が，特に高齢者が，社会とのつながりもあまり持たず，支援ネットワークも弱く，独りで生活していたのだろうかということである。Klinenbergは，都市のガバナンスの4つの特徴について，探索している。(1)医療や支援サービスをそれを行うために本来編成したものでない軍隊的機関に託したこと，(2)各機関のサービスプログラム間のコーディネーションの効果的制度の欠如，(3)脆弱な市民たちを社会的に守るために必要な，医療ケアやエネルギーなど基本的資源を供給する公的コミットメントの欠如，(4)社会的弱者や高齢市民が，活動的であり，公共財について熟知している消費者であるだろうという期待。
　これらのシカゴの事例の特徴である点はいずれも，神戸の事例と無関係ではない。しかしいずれも次の神戸で見られた項目ほど顕著でない。(1)家族の欠如，(2)孤独死，(3)コミュニティサービスの発展，(4)公営住宅の再興。この違いの原因の一部は阪神大震災のスケールが大きかったことによるし，政府がはじめから対策に動き出したことにもよる。また，日本とアメリカの重要な違いもその原因の1つとしてある。神戸とシカゴの違いの1つは，犯罪率，コミュニティの安全性の違いである。第2の相違点に，人種問題がある。シカゴでは，白人のコミュニティと，黒人やヒスパニックといったマイノリティのコミュニティの死亡率の間に大きな差があった。熱波災害の被害はこれらマイノリティに集中していた。日本は，実際はまったくの単一ではないのだが，一般的に単一民族社会といわれ，伝統的な社会階級の違い[10]，移民などはほとんど議論されない。震災は周辺に押しやられた社会のメン

バーの存在を表面化した。また，メディアは家族のつながりの弱まりを報道し，貧困にも触れた。しかし，日本社会の単一性のなさについては特に取り上げていない。シカゴと神戸における災害前の社会的結合力の強さはまったく違っていた。都市中央部の社会変容の急激さや個人主義の高揚，家族のつながりの断絶は，日本社会において，アメリカ社会のように進んでおらず，その進行度は比にならない。神戸において震災の被害が大きかった地域も，シカゴにおいて熱波の被害が大きかった地域も，裕福でない層，それも高齢者が多く住むところであり，神戸では，シカゴのように圧倒的に多くの高齢者が家族がない状態，あるいは家族と離れて独居していた。しかし，災害前のコミュニティのつながりは日本のほうがずっと強かった。シカゴにおける貧困，孤立，孤独感は長期的な問題で，日本のメディア報道はこれを，将来の日本のモデルとして取り上げた。

　高齢化や孤独死の問題は日本において，1990年代のはじめにはすでに注意を引いていた。阪神大震災の前である1990年代のはじめに，神戸市健康福祉部はすでに「孤独死」を取り上げていた（岡本，1994）。独り住まいは世界中で増加しており，現代社会の社会人口学的特徴のひとつである。しかし，独り住まいということ (living alone) と，孤立していること (being isolated)，孤独感を持つということ (being lonely) は，同義ではない。Klinenberg はもうひとつ加えている。独り住まいということ (living alone) と，孤立しているということ (being isolated) と，世俗を捨て隠遁しているということ (being reclusive) と，孤独感を感じるということ (being lonely) は，それぞれ違う。彼は，独り住まいということは同じ世帯，家にほかに住んでいる人がいないということ，孤立しているということは社会的つながりがとても限られていること，世俗を捨て隠遁しているということは家にほとんど独りで閉じこもっているということ，孤独感を持つということは独りであると感じる客観的状態を言うとしている (Klinenberg, 2002：43)。しかしながら，これらはお互いに関連している。Klinenberg は次のように言う，「独り

---

10) 2005年ごろになって，日本社会の経済的格差の拡大に注目が集まるようにはなってきた。

で生活しているひとは，高齢者も含め，ほとんど孤独であるとか社会的つながりが閉ざされているわけではない」。これは重要な意味をもつ。活発な社会的ネットワークをもつ高齢者は，閉じこもりがちな高齢者よりもずっと健康に長生きする傾向にある。孤立化している，世俗を捨て隠遁しているということは，単に独りで生活している以上にネガティブな結果につながる。独居高齢者はほかに一緒に住む人がいる高齢者より鬱になりやすく，孤立化しやすく，貧困に陥りやすく，犯罪を恐れ，サポートとなるはずのつながりからも離れてしまう傾向にもある。

独居高齢者は，急性危機やトラウマ的結果に対してさらに脆弱である。なぜなら，迫っている問題を認識する助けをし，迅速なケアや活発な支援ネットワークを用意する誰かがいないからである（Klinenberg, 2002：43）。Klinenbergは，独居高齢者の増加現象に政策の関心がないことを憂いている。一方，神戸の地方行政は独居高齢者に「孤独死」のリスクがあると見て，平常時より特別の注意を払ってきた（岡本，1994）。健康調査などの公的文書から震災被災者に注意が払われていることがわかる。神戸は，突然表面化した大多数のリスクを持つ高齢者と，それによる対策の需要の大きさという過度な事例に直面しなければならなかった。

1995年熱波時に被害を受けたシカゴ市民は，日課的に外出しなかったり，健康問題がすでにあったり，寝たきりであったり，エアコンがなかったり，交通機関へのアクセスや近所の社会的つながりがないという脆弱性が高かった（Klinenberg, 2002：80）。社交クラブの会員であることでも，ペットを飼っていることでもいい，とにかく何か社会とのつながりを促すようなものがあればそれが死のリスクを減少させた。独居は死のリスクを2倍とし，日課的に外出しないことはさらにリスクを増加させた（Klinenberg, 2002：46）。

一方，ペットは阪神大震災の被災地で問題にもなった。コミュニティワーカーたちは，ペットを飼うことが閉じこもりがちになる独居高齢男性を外に連れ出し，人と会話をする機会をつくっている大きな励みと見ていた。テレビでもトラウマ経験を癒す力をもつペットたちが紹介された。しかし，規則としては公営住宅でペットを飼うことは禁止されていたし，公共の場での糞

尿の始末や，特に夜の鳴き声などは近所の苦情やけんかの原因になった。

第8節　ジェンダーと孤立化

　行政によって同定された脆弱性のある集団の特徴のいくつかは，世界共通の性質を持つ。それは貧困，高齢，障害などである。ほとんどの社会において，弱者とは女性（Moser, 1997），特に女性高齢者を含む。日本では，貧困者というよりも高齢者や障害者に注意がなされている（総務省，1997）。日本におけるジェンダーやその課題への意識はまだまだ低く，西洋と同じレベルでは意識されていない。たとえば，兵庫県健康調査は高齢者に注意しているが，性差に関してはほとんど分析や考察を行っていない。女性のほうが男性より老年期に独居になりやすく貧困に陥りやすいが，一方で，女性のほうが社会的支援ネットワークを持っている傾向にあり，男性は孤立しがちである（Jerrome, 1992 ; Orloff, 1993 ; Arber and Cooper, 1999 ; Otani, 2001 ; Perren et al., 2003）。

　Klinenbergは，1995年シカゴ熱波災害時の州や郡の死亡登録データは孤立化のパターンをしめす有用な情報を提供しており，女性高齢者のほうが独居になりやすいが，男性のほうが社会的つながりから切れやすいことがわかるとしている（Klinenberg, 2002 : 74）。女性は独居でも社会的つながりを持つのに対し，男性は独居であればさらに孤立し社会的ネットワークを持たなくなるリスクが高まる（Orloff, 1993 : Chapter 3 ; Fischer, 1982 : 253 ; Hoch and Slayton, 1989 : 128）。Klinenbergはなぜ男性のほうが家族や親戚とも親密な人間関係を持つことに苦労しているのかを分析している（Klinenberg, 2002 : 75）。労働の男女分担はほとんどの家族の家庭における責任や友達づくりの努力を女性に託し，男性は職場での人間関係を中心とするようにした（Jerrome, 1992）。男性は，もはや仕事がなくなると，一家の大黒柱的稼ぎ手としてのアイデンティティを失うだけでなく，仕事関係のネットワークもなくなり，配偶者の社会的つながりや支援ネットワークに頼るようになる（Connel, 1995 : 21-27）。このパターンは日本においても珍しくない。妻を亡くした男性や離婚した男性は健康を失い精神的にも落ち込みがちであるが，

夫を亡くした女性や離婚した女性は逆に社会的ネットワークを得，変化による健康への影響は比較的少ない（Rubinstein, 1986：20-21）。男性に伝統的に求められる男らしさ，タフさ，自立といったものは，男性が友達を作り親密になることの足かせになっていることもあり，人とのつながりを育てることが難しくもなる。独りで生活する男性は個人主義と彼らの経験を示す分離・孤立をいつも強調する（Klinenberg, 2002：75；Jerrome, 1999）。

　Klinenberg は高齢者が独りで生活することに伴う問題を提起し，孤立した高齢者が社会とつながるように援助する在シカゴの機関を紹介している。そのサービスは孤立化や孤独感という問題がある者に向けられる。長年の友が亡くなったり，遠くへ引越したりして，社会的ネットワークが途切れる。寂しいので一緒に何かをする人や友人が必要だという。その機関の役割はそのような高齢者が失った，持っていなかった，あるいは遠のいてしまった家族や友達というものになることである（Klinenberg, 2002：52）。神戸ではそのような目的の NGO が設立されたが，それは被災地でのボランティア経験から生まれたものであった。

　老年期や高齢者に的を絞ったヘルプやサポートについて書かれた文献にもかかわらず，本事例研究は，ジェンダーの視点から見ることにより，ほかの年齢層がもっと弱い立場にあるかもしれないことも示している。被災地で，メディアからの注意をひかず，また高齢者の受ける公的サービスを受けることもできず，高齢者より脆弱性の高かったかもしれない年齢層集団もいる。孤独死の症例は 50 歳代の男性と 70 歳以上の女性に集中している（第 4 章参照）。男性は定年退職前の年齢層である。

　Klinenberg は，増加する，高齢で貧困状態にあるアメリカ人の脆弱性に寄与する要因を 4 つ挙げている。(1)人口高齢化の人口学的変化，(2)犯罪率の高さとそれに起因する恐怖の文化，(3)公的スペースや公営住宅，特に貧困，暴力，病気が集中する地区の消滅を含む街の変化，(4)ジェンダー格差，すなわち，高齢男性，特にアルコール依存症や麻薬中毒の，子供のいない独身男性が，年をとるほど，社会的ネットワークを形成する可能性を失うこと（Klinenberg, 2002：48）。これらはアメリカ社会で起きているレベルの暴力への恐怖や麻薬中毒以外の全ては，日本社会にも当てはまる要因である。

Klinenbergはまた1998年のCommonwealth Fundの報告書, *Aging Alone : Profile and Projections* を紹介している。その報告書はアメリカ社会の高齢化に光をあて, アメリカ政府の注意を引いた。内容は以下のとおりである。人口学的事実としては独居高齢者の多くは女性で, 3分の2は未亡人である。階級ステータスの低さは孤立化と独居に陥る重要な決定要因である。貧困にある高齢者の3分の2は独居で, これは危険な状態である。貧困にある高齢者は財政的に安定している高齢者より病気がちで, お風呂に入ったり服を着替えるなど日常の身の回りのことをするのに限界があり, 週に1回は鬱状態に陥る。孤立化と鬱状態の組み合わせは, 断ち切ることの難しい悪循環となる。つまり, 独りでいると鬱状態になりやすいので, 人とのつながりをつくる力が低下するし, そうなるとまた鬱状態になりやすい (Klinenberg, 2002：49)。

第9節　津波とハリケーン

 災害時の緊急対策や医学的症例報告は被災後1年ほどで学術誌に発表される (CDC, 2006 ; Nishikiori et al., 2006 ; Byleveld et al., 2005)。保健政策の観点からの論争や提言も同様である (Rosenbaum, 2006 ; Mattox, 2006 ; Falk and Baldwin, 2006 ; Fletcher et al., 2005)。イギリスの国際NGOであるHelpAge International (2005 b) はインド洋沖津波の高齢者への影響に関する研究報告をまとめた。この研究報告は, 差別, 人権, 生活保障, 社会保護, 参加, などの観点から行われている。対象は高齢者に絞っているが, その研究枠組みはその他の脆弱性の高いグループにも当てはめることができる。ハワイ東西センター (アメリカ連邦政府研究機関の1つであるHawaii East-West Center) はインド洋沖津波による被災諸国において人権の観点から社会学的クロス・カントリー調査研究を行い, 政策提言を行っている (Fletcher et al., 2005)。この津波とハリケーン・カトリーナなどの災害の長期的影響に関する研究も今後発表されていくであろう。しかし, メディア報道や活動日誌的な報告がたくさんあっても (Bhalla, 2006 ; Stone and Kerr, 2005), 中長期的社会学的研究はまだない。学術誌は, 精神保健の分野の研究の必要性を訴

活動レベル

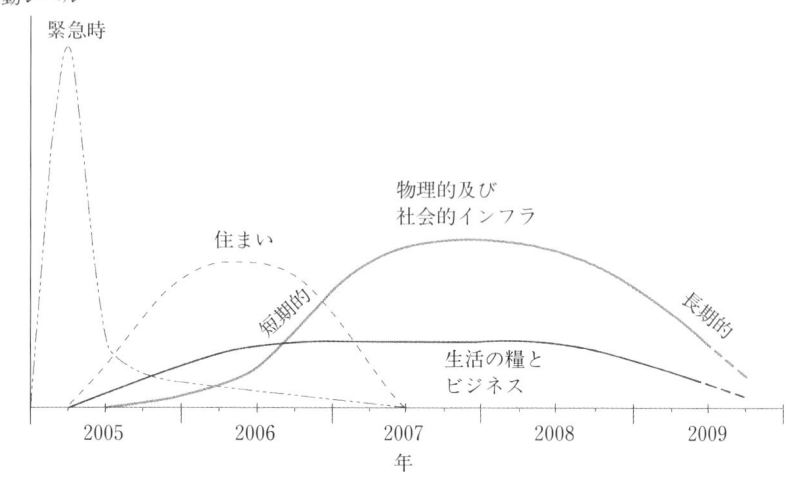

```
緊急時
              物理的及び
              社会的インフラ
     住まい
          短期的          長期的
              生活の糧と
              ビジネス
2005    2006    2007    2008    2009
              年
```

図 2 - 4　緊急対応と再建努力の経時的流れの図式

出典：BRR and International Partners, Dec., 2005

えたり（Cheng, 2006 ; Bender, 2005 ; Kostelny and Wessells, 2005 ; Chattergee, 2005 ; de Jong et al., 2005），公衆衛生リーダーシップに関する研究の必要を促している（Quinn, 2006 ; Nates and Moyer, 2005 ; Atkins and Moy, 2005）。災害から学んだことは文書化されなければならない。それによって次に襲ってくる災害によりうまく対応できることにつながるし，自然災害による二次的な，人為的ともいえる災害を避けることができる。1999 年アメリカのハリケーン・フロイドから学んだコミュニティ再建のための事柄は 2005 年ハリケーン・カトリーナによる被災のあとすぐに，雇用者がコミュニティ再建を助けるマニュアルとして出版された（Weyerhaeuser, 2005）。しかしながら，緊急時が過ぎたあとのコミュニティ再建と被災住民の生活復興のためにさらなる研究が必要である。そのテーマとしては，被災民やコミュニティの自助グループの設立，孤立化した脆弱性の高い人々へのホームケアのアレンジ，現金収入機会の創出の支援などがある（HAIa, 2005）。

図 2 - 4 は，津波のあと，国際機関共同報告書が示した，どのようなタイ

プの緊急対策と再建努力が必要かの経時的流れを示している。神戸での経験などを参考にすると，住宅ニーズの解決には実際はもっと時間がかかるかもしれない。阪神大震災の仮設住宅は1年期限のものとして用意されたが，実際に閉鎖開始したのは3年後であり，最後の1戸が閉鎖されるのに5年かかった。貯金などのセーフティ・ネットのあった人々は1年以内に仮設住宅を出ることができたが，社会的弱者は長く出ることができなかったし，復興住宅が当たれば幸運であったが，自力では出ることができない者が多く残った。

まとめ

自然災害に関する研究の文献レビューから，災害の長期的影響の分析には，まだ研究されておらず研究が必要なこと（「研究のギャップ」）が多くあることがわかった。精神保健についての研究はあるが，社会的コンテクストにおいて被災者たちを追う研究がさらに必要である。阪神大震災は，先進国において起こった大規模の災害という重要な意味を持つ。死傷者数は先進国の事例としては異例の多さであった。また，都市部で緊急の，大規模な住宅供給を必要とした。犠牲者・被災者に高齢者が圧倒的に多かったこともほかの災害と異なる点である。震災後5年経過時に仮設住宅にまだ住んでいる，あるいは，転出した生存者はほとんどが女性高齢者であった。本事例研究における1996（平成8）年度から1998（平成10）年度の兵庫県健康調査の二次分析によって，女性高齢者が生存者の多くを占めていたが，その調査分析にはジェンダーの視点が欠如していたことが示される（第4章参照）。本書で紹介する研究は震災直後でなく，5年後を対象としている。この章で行った文献レビューによると，高齢者に焦点を当てその問題を検討する研究，理論枠組みにジェンダーをいれる研究がまだ行われていないことがわかる。また，社会政策の分野におけるメディアの研究もまだ足りない。Campbell（1992）が日本の医療政策形成過程におけるメディアの役割を分析しているが，ほかに社会政策形成過程のメディアの影響についてもっと研究がされる必要がある。Klinenbergが2002年に出版した1995年シカゴ熱波災害の事例研究は，

神戸の事例に重複する点も多く含んでいる一方，シカゴと神戸の社会文化的相違背景を映し出すのに意義のある比較であった。

　Morrow（1999），Taylor（2003），Takahashi（1997），Klinenberg（2002）の研究は，阪神大震災の仮設住宅と復興住宅でのフィールドワークのための研究枠組み（research framework）を形成する。Morrowや他の研究者は自然災害被災者の家族の重要性を強調するが，阪神大震災の事例では，伝統的な意味での家族そのものの欠如が課題であった。これは，Klinenbergや日本のメディアが焦点とした社会的孤立化の課題とつながる。「孤独死」は日本のメディアとコミュニティワーカーたちに重要視されており，その研究も必要である（第8章参照）。コミュニティ形成に関する文献は，震災後の再興を理解するために必要な「緊張」について論じていた。

　Taylor（2003）のような西洋の学者はボトムアップ式アプローチを好む。日本の伝統的コミュニティ参加はトップダウンで，男性主導であり，ジェンダーによる力の格差は分析の必要があるというよりも自然に受け止められている感もある。しかし，震災はこの日本の伝統的モデルに挑戦する新しい必要性と新しい条件を考察する課題を投げかけた。文献レビューで取り上げたのは年齢や性差の偏らないコミュニティの事例であったが，阪神大震災5年後の事例は，仮設住宅でも復興住宅でも，家族のいない高齢者の割合が格段に大きいコミュニティの事例であった。彼らの多くは年金が受給できる年齢の女性であり，低所得者であった。高層住宅である復興住宅への入居に躊躇しても，他に行き場がなく入居した独居高齢者たち。そこでは，伝統的なコミュニティ形成の形態がうまくいかず，新しい試みが必要となった。コミュニティづくりの事例研究にはジェンダー分析も重要である。

　本章で紹介した，社会問題として災害をレビューしたアメリカやイギリスにおける，メディアの影響，住居，孤立化，孤独感，コミュニティワークについての文献は，日本社会を理解するのに有益であった。「コミュニティ」や「ボランティア」など西洋で使われる用語が日本でも使われているが，その意味は日本のコンテクストに沿っており，必ずしも意味するものや使われ方が統一されてはいない。それらの用語は，西洋の社会文化背景に沿っており，日本の災害事例に直接翻訳できるものではない。本章の文献レビューは

また，日本と他の国の社会的相違を同定した。日本では，暴力・犯罪率はアメリカのように深刻ではないし，アメリカやイギリスのような社会構造に組み込まれた人種問題，階級差別も深刻でない。

第3章 研究手法

はじめに

　第2章では，日本の人口高齢化と，それに伴う日本の社会政策形成に高齢者が大きく関与していること，また，高齢化の問題は，単に人口学的変化というだけでなく，医療福祉制度の歴史的文化的背景にも関係があることを述べた。また，1995年阪神大震災の事例から，高齢者や日本社会へのこの震災の短期的インパクトを紹介し，高齢化する日本社会の未来への課題を提起した。また，本事例研究の設定の基盤となる背景を紹介し，この研究対象の人々が重要である理由，すなわち彼らが日本で史上まれに見る速さと規模で増加する重要なグループであることを示した。

　第3章は，研究手法について述べ，研究データとその資料についても批評する。資料は，兵庫県健康調査，メディア資料，フィールドノーツ[1]とインタビューである。それぞれのデータの分析における問題についても議論する。本研究は，英語圏以外でQSR社の質的データ分析ソフト，Qualitative

---

[1] 佐藤（2002）は『フィールドワークの技法：問いを育てる，仮説をきたえる』（新曜社）で，用語説明において「フィールドノーツ」に関して，「日本でふつうに「フィールドノート」と単数形になるが，これでは，「野帳」という訳語が示す「調査地で見聞きしたことを書きとめた帳面」（つまり正確には「フィールド・ノートブック」）という意味と「調査地で見聞きしたことについてのメモや記録（の集積）」という意味の区別があいまいになってしまう。本書の議論の中心は後者にあるので，あえて一般にはあまりなじみのないフィールドノーツという用語を用いることにした」とし，その本文中第4章にもさらに詳しく説明している。本書でも，「フィールドノーツ」（field notesという複数形）を用いる。

Analysis Software, Non-numerical Unstructured Data, Indexing, Searching, Theorizing (NUD*IST) シリーズの1つである NUD*IST Vivo (以下，NVivo)[2] を応用したはじめての研究であるので，英語の質的データ分析ソフトを非英語圏，日本語のコンテクストに応用した際の課題についても論じる。

第1節 研究手法

本研究は量的分析と質的分析の混合手法 (mixed methods)[3] を用いた (Robson, 1993 ; Cresswell, 1994)。本研究は，仮設住宅や復興住宅に住む被災高齢者に何が起きているのか調べ，そして，高齢化する日本社会の未来に活かせる経験を学ぶために始まった探索的 (exploratory) 研究であり，生活復興過程にあるいくつかのコミュニティの事例研究である。本研究では，柔軟な (flexible design)[4] 複合手法を用いた (Robson, 1993)。事例研究には，第6章のS夫人やT氏，第7章で紹介するZ氏などの個人事例や，仮設住宅や復興住宅のコミュニティ事例がある。S夫人とT氏の事例はコミュニティの

---

2) 哲学者で IT 専門家である Tom Richards 博士が，社会学者である妻，Lyn Richards 教授のために質的データ分析のためのコンピュータソフト Non-numerical Unstructured Data, Indexing, Searching, and Theorizing (NUD*IST) を 1981 年に開発した。その後，3回の改良を重ね，1995 年には QSR 社 (QSR International Pty Ltd) を創設した。1997 年に NUD*IST 4 (N 4) を発表，1999 年にはウィンドウズデザインのユーザーフレンドリーに刷新した NUD*IST Vivo (NVivo) を発表した。NVivo が発表された後も，NUD*IST シリーズの改良は重ねられ，2000 年に N 4 の改良版である N 5, 2002 年に N 6 が発表された。NVivo シリーズも改良を重ねられ，2002 年に NVivo 2, さらに，2006 年に NVivo 7 を発表している。
http://www.qsrinternational.com/aboutus/company/company_history.htm
3) mixed methods を「混成調査法」と訳しているのも見かけるが，本書では「混合手法」を用いる。量的 (quantitative) と質的 (qualitative) 手法を併せて用いるものを「混合手法 (mixed methods)」という。近年では「混合研究法」が定着している。
4) 固定した研究デザイン (fixed design) に対比する。研究開始当初に手法を固定してしまい，そのままその通りに最後まで遂行するのと違って，実際にフィールド調査を行う過程などで，小さな発見をしていくことにより，より的確な研究手法を適用していける柔軟性を持たせた研究デザインのことをいう。

リーダーシップを見るのにも取り上げる。Z氏の事例は，コミュニティにおける孤独感についてのディスコース分析（discourse analysis）にも使われる。仮設住宅や復興住宅でのいくつかの事例研究は，コミュニティ形成について理解することも目的とした。登場人物は低所得層に属する人が多く，日本全般の一般的人物像を代表するものでは必ずしもない。しかし，それでもなお，これらの事例は日本の未来を予想するのに役立つ。復興住宅は，震災前の日本の伝統的な木造家屋ではなく，現代的高層マンションビルである。近未来の高齢者が住む住居もこのようなものが増えていくであろう。なお，これらの研究デザインはおもに *Real World Research*（Robson, 1993 and 2002）に沿って組み立てられている。

　本研究には，多元的方法（multiple methods）[5]（Robson, 2002：370）を用いた。質的方法が主であるが，量的方法も用いた。量的方法は，兵庫県健康調査と，メディア資料の分析（media analysis）に用いた。兵庫県健康調査は兵庫県健康福祉部によって3年にわたって施行された。この調査の二次分析（secondary analysis）によって，本研究の事例研究の対象である仮設住宅や復興住宅の住民たちの背景となる情報を得た。またこの調査について，その設問項目と設問内容からどのように情報を集めようとしていたかを推測し，その結果についてどのような定義や理解を行っていたかを見ることによって，行政がどのように被災民のニーズを見ていたのかを分析することができる。この分析から，たとえば，ジェンダー格差への注意がほとんど払われていなかったことなどがわかる。また，メディア報道と呼応して，経時的に調査の内容も変化していることを対比してみることもできる。すなわち，この兵庫県健康調査は，行政の理解の仕方や彼らが何に注意を払っていたか知るひとつの手がかりとなる。

　この兵庫県健康調査では，生存者が抱えていると想定される問題に注意が払われていたことがわかった。この兵庫県健康調査の結果，震災が高齢者たちに残した長期的問題が多いことや，健康や社会的対策のニーズが高いことが明らかになっている。

---

[5] 量的，質的にかかわらず，複数の方法を併せて用いること。

まとめると，本研究の主な手法はメディア資料の質的および量的内容分析（content analysis）と参与観察（participant observation）[6]を含むエスノグラフィー（ethnography），インタビュー（interview），兵庫県立看護大学の報告書（1996年8月）や神戸市西区保健部の報告書（1998年）の文書分析（document analysis）など多元的方法を用いた事例研究である。

第2節　データ資料

メディア資料

日本社会において，メディア報道はとても影響力を持つ。Campbellは，日本の1980年代の高齢者無料医療制度政策形成にメディアの果たした重要な役割を示した（Campbell, 1996：187-212）。筆者がもともとこの研究を行おうと興味を持ったのも，テレビで見た高齢者に焦点を当てたニュースがきっかけであった。メディア資料はテレビ，新聞，報道関係者のインタビューから収集した。特に1999年1月と2000年1月という震災4周年と5周年の震災記念日前後8日ほどを中心に収集しており，ほかにも新聞社やテレビ局から出版された報告書，書籍なども参考としている。Altheide（1996）のメディア資料の時間ベースのサンプリング方法に沿って，1998年末から1999年1月にかけての報道を「1999年の波」としてひとかたまりのデータとし，1999年末から2000年1月にかけての報道を「2000年の波」とする理論的サンプリングを用いた（Altheide, 1996：19）。震災が1月17日であったので，1月9日頃から震災特集がはじまった。テレビ報道はすべて

---

[6] participant observationは参加観察とも訳されているようだが，参与観察と訳されるほうが多い。participant observationにも，研究者のその研究対象とのかかわり方がいろいろあり，さらに分類される。本研究では，後の本文中でさらに詳しく述べるが，ボランティアとして活動に参加しながら，フィールドに入り込んでいる直接観察（direct observation）と，あくまで研究者として後ろに一歩引いて観察している間接観察（indirect observation）とあり，あわせて参与観察という訳語を用いる。直接観察と間接観察の間にも段階があり，研究していることをどこまで伝えるか，フィールドノーツを目の前で取るか後で取るかなど，さらにいろいろな手法に分類される。

第3章 研究手法　　　　　　　　　　　　　　　　　65

録画し，テキストデータ（transcription）を作成した。1999年のビデオテープの長さは27時間55分となり，2000年は38時間55分となった。他に，この「波」期間以外の重要な特集として，1998年11月24日と1999年6月13日に放送された特別番組を録画し，テキストデータを作成した。テキストデータ作成には，ナレーターによる説明の言葉をそのまま起こして，それを英訳し英文テキストデータを作成した。報道内容の考察と，映像の描写も英文で行った。これは，映像メディア資料の分析の際に用いる枠組みを作るのに役立った（Altheide, 1996：20）。テレビはニュース番組，特集番組，ドキュメンタリーが主であった。巻末付録の表3-5-1(1)(2)にまとめたので参照されたい。

　新聞記事は第1面のヘッドライン記事と，中面の地域版ニュースのところに掲載されたもの，他に社説として取り上げられた記事も収集した。新聞は朝刊と夕刊のみであるが，テレビは1日中放送されている。しかし，震災関係のニュースや番組が放送される時間は大体決まっていたので1日24時間データ録画をしていたわけではない。

　1999年はすべての震災関係のニュースのテキストデータを作成していたが，2000年は，その内容の変化に合わせ，ビデオ録画は震災関係の報道すべてに行ったが，テキストデータの作成は，住まい，健康，高齢化した住民などの課題を扱ったものだけにし，防災などを扱ったものに関しては行わなかった。阪神地域でのテレビ報道（NHK，民放各社，全国ネットと地方局，すなわち，朝日，毎日，読売，関西，サンテレビ，テレビ大阪）をすべてチェックした。報道陣へのインタビューもインタビューノートとして英訳テキスト化したデータを作成した。

　メディア資料収集は，フィールドワークを行うのと並行して行った。これは，メディアのディスコースと，筆者本人のディスコースをつくる機会を促した。テレビで報道されていた人に，フィールドで出会うこともあった。

　新聞記事も1月の震災記念日の前後のピーク時を中心とする理論的サンプリング（theoretical sampling）で収集し，英文に翻訳した。主に，朝日新聞と神戸新聞から収集した記事を英訳したが，毎日新聞や読売新聞など他の新聞記事も収集した。社説は，その英字新聞にEditorialとして英文が掲載さ

れているものも入手した。朝日新聞は，日本で多くの講読者を持つ新聞で，1995年に全国で1,260万人以上の購読者を持っていた[7] (Cooper-Chen, 1997：52-53)。朝日新聞の北大阪版を中心に毎日チェックした。この版をチェックすることで，1面記事と中の地域限定の記事の両方に目を通すことができた。神戸新聞は，その名前からもわかるように地方新聞で，阪神大震災をより身近に捉え，報道を続けた。

　巻末付録の，2000年1月の朝日新聞の震災関係記事リストを参照されたい。1999年については，本研究に引用紹介したもの以外は，逐一掲載していない。内容も繰り返しが多く，その翻訳に費やす時間はあまりに無駄であると判断したため，また，それらの記事は見出しをはじめとする断片的な文章と，孤独死数，仮設住宅と復興住宅の世帯数という断片的なデータ紹介で，パラグラフをなすものはほとんどない記事であり，そのテキストを直接英訳し，データ分析ソフトであるNVivoに入力しても，意味のある分析ができないと判断したからである。新聞の見出しは文章としては完結せず，インパクトのある言葉や数値の寄せ集めである。それらを直訳しても，それを見た人には何の意味かわからないため，翻訳作業の際には，それがどういう意味か肉付けをして説明を加えなければならず，そうなれば，それはすでにデータを超えて，分析の段階に入っている。そのため，新聞記事の資料は，テレビ資料ほど広範囲にカバーされていない結果となった。NVivoに新聞記事資料がデータとして入力され，プロジェクトの他のデータと一緒に分析できたのは，社説・Editorialだけである。

　一般にメディアは一見して目立ち，人の心に訴えるドラマティックなイメージや出来事を狙って捉え，報道する傾向にある（Altheide, 1996：9； Klinenberg, 2003：217)。これは，神戸の被災者たちのメディア報道にも当てはまると言えるだろう。筆者が研究フィールドとしての仮設住宅に行った

---

[7] 2000年の日本の人口は約1億2,700万人（総務省統計局）で，アメリカ合衆国の2億8,000万人（US Census Bureau）の半分以下である。米国の主な新聞には，USA Today, The Wall Street Journal, The New York Times, The Los Angeles Timesがあり，1994年後半でそれぞれ100万から200万の発行部数であった（Cooper-Chen, 1997：52)。

時期は仮設住宅閉鎖が間近という時期で，残っていた住民はより問題を抱えた人々や世帯，いわゆる特別ケースの割合が高くなっており，日本の一般世帯を代表するケースとは言えなくなっていた。しかし，経済の停滞する日本社会の将来において，このような人々は，増えることが予想される。比較して，復興住宅の住民に関するメディア報道は，筆者がフィールドで実際に観察したケースからかけ離れていたとは言えない。

彼らにとって，仮設住宅から出たことは，震災後の緊急非常事態時期に終わりを告げ，平常の生活に戻っていったことを意味する。生活復興という意味ではまだこれからも復興途上過程にあるのだが，被災における主な喪失課題であった住居に関してはとりあえず落ち着いた状態と言える。

1996（平成8）年度から1998（平成10）年度の兵庫県健康調査

1996（平成8）年度から1998（平成10）年度の兵庫県健康調査の報告書を資料として用いた。兵庫県健康調査は研究対象人口についての一般的な背景データを提供し，フィールドで出会うケースよりも大きなコンテクストに当てはめてみるのに役立った。1996（平成8）年度から1998（平成10）年度までの3年間の調査報告書は年度毎に作成されて3冊あり[8]，3冊を比べることで経時的に二次分析をすることができた。筆者はこの兵庫県健康調査における設問事項について考察した。設問は毎年同じではなく，前年の調査結果をもとに年毎に修正されていた。よって，経時的に単純比較をすることはできない設問が多かったが，同じ内容を扱った設問がどのような訊き方に変化していったか，あるいは削除されたかというように設問自体を比較することで，その設問に反映された行政保健部の焦点と視点を分析することができた。また，兵庫県健康福祉部が何を重要としているか，健康の側面から生活復興の過程をどのように記述したか，健康とコミュニティ活動を含め，過程

---

8) この健康調査は1999（平成11）年度までの計4回行われ，4冊の報告書が作成されているが，本研究では，フィールドワークの時期の関係上，はじめの3冊までしか用いていない。4年目の調査をしてみたところ新たな発見がなかったことと，仮設住宅も閉鎖された経過もあわせて，5年目以降の継続がなくなったと予想できる。

表 3-1 1996（平成 8）年度から 1998（平成 10）年度の兵庫県健康調査の年別住宅種別回答率

	1996（平成 8）		1997（平成 9）		1998（平成 10）	
仮設住宅 有効回答数/配布数	5,315/ 9,315	57.1%	3,644/ 6,451	56.5%	817/ 1,769	46.2%
復興住宅 有効回答数/配布数			3,165/ 4,465	70.9%	6,248/ 10,982	56.9%
一般住宅 有効回答数/配布数	902/ 2,714	33.2%	1,029/ 3,772	27.3%		

注：回答されたアンケート調査表数/配布されたアンケート調査表のうち有効回答数（％：回答率）
出典：1996（平成 8）年度から 1998（平成 10）年度の兵庫県健康調査報告書より筆者作成

をどのように測っているかを見ることができた。

　表 3-1 は 1996（平成 8）年度から 1998（平成 10）年度までの兵庫県健康調査を，住宅種別のサンプリングとその回答率でまとめたものである。

　1996（平成 8）年の健康調査の対象人口は，まだ復興住宅が建設されていなかったので，仮設住宅世帯と一般世帯のみであった。1997（平成 9）年の調査は，仮設住宅世帯，復興住宅世帯，一般住宅世帯の 3 種であった。1998（平成 10）年の調査では，一般住宅世帯は対象から外され，仮設住宅世帯と復興住宅世帯のみであった。

　アンケートの回収方法は，仮設住宅では行政の保健師[9]によるインタビュー形式が主流で，留守の場合はアンケート用紙を置いていって郵送返送を頼んだ。復興住宅では，インタビュー形式と，郵送回答の混合で，一般住宅では郵送回答であった。

　この調査が復興住宅世帯や一般住宅世帯で用いた，郵送や自記式というアンケート回収方法の回収率が高くないことは明らかであった。また，設問の理解が間違っていたりしてもそれを是正することがないままの回答となる。

---

9) 当時は保健婦という名称であった。同様に，当時，看護師は看護婦という名称であった。

一方，一つひとつインタビューをしながら回答記入してもらう方法では上の問題は改善されるが，大きなサンプルの調査には労力がかかりすぎる。大きなサンプルの調査には郵送による回収が一番簡単である。比較的安い経費で，短期間に，大量のデータを集めるのにもっとも効果的な手法である（Robson, 2002：233）。調査対象が広範囲に広がっている復興住宅の初期や一般世帯の調査には特に有効な回収方法であるし，匿名性を保つにも適した回収方法である。

インタビューをしながら回答記入し回収する方法では，上で述べたように設問の意味がわからないところを説明できるし，インタビュアーがいることで，調査への参加と回答を促すことができる。仮設住宅世帯に保健師がインタビュアーとして訪問して行うのに適した回収方法であった。回答者の状況を理解している保健師たちは正確に回答するように助けることもできた。一方，保健師の理解や視点がバイアスをかけて，住民本人の視点からずれた回答をする危険もある。

一般に調査において回答率は70％を超えなければ有効とはいえない。研究専門家によっては，90％を超えなければバイアスを克服した有効な結果を得られないとしている（Robson, 2002：251）。この健康調査の回答率は1997（平成9）年の復興住宅を除いて，70％を満たさなかった（表3-1）。前述のように住宅種別にサンプリングやアンケート回収方法は違っていた。無回答が多ければ回答にバイアスがかかるし，これは，大きな調査によくある問題でもある（Robson, 2002）。この調査対象がよい事例に偏っているのか，問題のある事例に偏っているのか，住宅によってその傾向が違うのか，二次分析からはわからない。

1998（平成10）年の調査における仮設住宅世帯の回答率は46.2％と落ちた。全世帯数が減ったので回収のための保健師の労力は少なくて済むはずである。考えられる理由としては，第1に，1998（平成10）年は世帯数が減ったために，毎日訪問していた行政の保健師や看護師の訪問が週1回に減らされた。フィールドでの観察からすると，行政の保健師や看護師は，ボランティアの保健師が築いたような住民との人間関係があったようには見えなかった。行政の看護師・保健師は，「ボランティアの保健師のほうがよく知っ

ている」と現地の状況の説明を頼んだり意見を聞いたりしていた。2つ目の理由は，行政が1998（平成10）年にまだ仮設住宅にいる世帯を「問題のあるケース」と呼んでいたように，仮設住宅を出て自立した生活をすることをあきらめたような人々の割合が多く，アンケート調査に答える気力も下がっていたと考えられる。こうした理由で無回答率が上がっていることが考えられるため，これらが結果にバイアスをかけているとも想定され，一般的な状況は回答で得られた結果よりも悪い状況であったと考えられる。

もっとも高い回答率が得られたものは，1997（平成9）年の復興住宅世帯からであった。このグループが回答率70％を超えた唯一のグループであった。このグループは，復興住宅に入居したばかりで，新しい生活への期待と不安が入り混じっており，このようなアンケート調査は自分たちの意見を表現するいい機会と受け取られたとも推定できる。保健師との人間関係は仮設住宅時代のほうがあったと思われるが，アンケート回収率は復興住宅からのほうがずっと高い結果となった。

1996（平成8）年と1997（平成9）年の間で，設問デザインが経時的に変化した。1996（平成8）年の設問は，それ以降の調査のための試験的調査（pre-test survey）の様相を持っていた。1997（平成9）年に設問は大きく具体化される形で修正された。1996（平成8）年は記述回答式設問（open-ended questionnaire）とし，1997（平成9）年以降はその回答の中から選んだ回答を選択肢とした設問をつくり，回答選択式設問（multiple choice questionnaire）に修正された。

調査がサンプリングした対象人口は，メディアで報道されたものよりは，日本の高齢化人口の代表的な人口に比較的近かったといえる。テレビ報道は，仮設住宅と復興住宅の「不幸せな高齢者」に焦点を当てるかたちで報道する傾向にあった。1996（平成8）年と1997（平成9）年は一般住宅世帯からもサンプリングを行ったが，調査世帯数も少なく回答率も低い。代表的なものを集めようとしたのではなくあくまで参考程度にということであろう。このことから，行政の関心が仮設住宅と復興住宅に集中していたことと，一般住宅に入居した被災者は自立したとみなしたと予想される。Hirayama（2000）は，阪神大震災後の住宅復興政策は多くの被災者を自立グループに

第3章 研究手法

分類し，被災者救済法のもとでの仮設住宅を必要としていないとみなしたと指摘している。仮設住宅に入居していたことが，ほとんどの復興住宅への入居を申請するための前提条件や優先条件になっていたので，仮設住宅に入居しなかった被災者，できなかった被災者は，必然的に復興住宅の入居権を勝ち取る機会をも失ったことになる。自力で家を建て直すことのできる中産階級の人々だけでなく，仮設住宅に入居できなかった人々も，一般住宅のなかに吸収され，拡がり，調査が届きにくいところに住んでいたかもしれない。

より複雑な一般住宅のサンプリングのバイアスはさらに大きくなる。調査報告書からだけでは，一般住宅の様子がわからない。一般住宅の住民のほうが，より日本の平均的な将来像に近かったのかもしれない。一般住宅は，仮設住宅および復興住宅との比較のためのコントロールサンプル的側面が大きい。

1996（平成8）年度から1998（平成10）年度の兵庫県健康調査報告書の二次分析の結果は，第4章にて紹介する。

インタビュー

1999年1月26日，筆者は，神戸市保健部のY部長，保健師長をふくむ職員4名を1時間インタビューした（巻末付録3-1-3参照）。厚生省老人福祉計画課長の紹介であった。保健部長は被災者への公衆衛生プログラム，特に復興住宅での健康活動について，また，復興過程についての彼の見解や将来への優先事項について説明してくれた。他の職員が，活発なコミュニティリーダーが活躍しているところとして夏秋復興住宅（仮名）と冬山復興住宅（仮名）を訪問するように紹介してくれた。また，もう1つ紹介されたシルバーハウジングのある復興住宅については特に訪問する必要もないような口調で話されたが，比較のためにも見ておきたかったのでお願いして紹介してもらった。筆者は，そのもう1つの復興住宅を，1度訪問し，そこの第1回夕食会にも参加したが，それ以外に特にコミュニティ活動もなかったため，その後継続して観察はせず，夏秋復興住宅と冬山復興住宅をフィールドに選び，継続して観察した。夏秋復興住宅や冬山復興住宅での活動を観察しているときに，2月のインタビューでは会わなかった保健部の職員たちがその活

動にきていたため，合間にインタビューをした。

　研究上の問いかけ（research questions）からすると，このエスノグラフィーのフィールドリサーチの場所の選択は，神戸市保健部に紹介されようとされまいと，違いはなかったといえる。なぜなら，フィールドを探していた時期に，コミュニティ活動をはじめていた地域は，これらの復興住宅のみであったからである。しかし，これがフィールド選択のバイアスを生んだとはいえない。紹介されたことで，そのフィールドに入りやすくなったという点は重要であった。神戸市保健部の保健師たちと冬山復興住宅の自治会長はとても協力的な体制にあった。保健師たちは，もし筆者が保健部の上司から紹介されてきたのでなければ，研究観察に協力的であったかどうかは疑問が残る。冬山復興住宅の自治会長T氏の，取材に来た人にいい印象を与えたいという気持ちのために小さなバイアスが起きる可能性もあるかもしれないが，彼は自分の信念や考えをオープンに話してくれたし，筆者にコミュニティの誰とも――彼のリーダーシップを批判するような意見を言う住民も含め――自由に話をさせてくれた。LSAは他にも報道関係者などからのインタビューを受けることも少なくないのだろうか，筆者のような外部のものがやってきてインタビューをすることに慣れていたようで，自分たちが何をしているかを聞いてほしいと熱心に話し，筆者が何を知りたいかを知っているかのように話し続けた。

エスノグラフィーのフィールド

　エスノグラフィーを行うコミュニティは理論的サンプリング（theoretical sampling）で選んだ（表3-2）。理論的サンプリングの方法についてはArber（1993）やFlick（1998），また，Robson（1993 and 2002）を参考にした。本研究は探索的研究（exploratory research）であるため，確率サンプリング（probability sampling）ではなく，理論的サンプリングを採用した（Arber, 1993：72）。理論的サンプリングでは，個人や集団は理論形成のために新しい視点を提供する能力が期待されるか否かで選択される（Flick, 1998：65）。選択の過程にあたっては，場所，設備の条件，アクターのタイプ，活動の種類などが考慮された。個人のアパート，グループホーム，シル

表 3-2 エスノグラフィーを行ったフィールドの3つの場所の特徴比較

	第2春山仮設住宅	夏秋復興住宅	冬山復興住宅
場所	郊外	郊外	市内中心部
神戸市	西区	西区	中央区
建築	平屋・長屋タイプ	高層	高層
世帯数	250 世帯	夏山復興住宅 700 世帯（11 棟） 秋山復興住宅 500 世帯（3 棟）	550 世帯（2 棟）
シルバーハウジング			200 世帯 （1 棟の下の方の階）
リーダーシップ	保健師ボランティア （O夫人）	近隣の民生委員・自治会長・NGO 長など兼任の女性（S夫人）	男性自治会長 （T氏）
研究手法	参与観察	不参与観察	不参与観察

バーハウジングなど各種の住まいが見られたのは，それが，コミュニティ形成は住まい環境の種類によって違うのか，「寂しい」という感情は，住まい環境によるのかという研究上の問いかけにおいて，住まいという視点からの描写に必要であったからである。

仮設住宅での参与観察（participant observation）には次のアプローチを用いた。まず，直接観察（direct observation）は，健康調査やメディア報道では見えてこない話（story）を語る。仮設住宅は4ヶ所訪れたが，神戸市西区の郊外の春山仮設住宅をフィールドに選んだ。残り3ヶ所のうち他の2つはまさに閉鎖するところで，コミュニティ活動が終了しており，住民もほとんどいなかった。そこで活動していたボランティアと民生委員も，もうそこを規則的に訪れなくなっていたが，筆者に見せるためだけに，足を運んでくれたような状況だった。もう1つの仮設住宅は，住民も減ってきているとはいえ，まだ茶話会などの活動もあり，住民もいたが，フィールドに選ばな

かった。その理由は，後に述べるリーダーシップの違いによる影響のためである。

春山仮設住宅に入るのは比較的簡単であった。そこの保健師ボランティアリーダーは「誰でも人の役に立つことができる，誰でもボランティアができる」という信条を持っている人だった。はじめて見学に行ったときから，すでに活動に参加することになった。

一方，もう1つの仮設住宅は，メディアにもよく紹介される大規模な仮設住宅だったが，はじめに見学に行ったとき，ボランティアリーダーの看護師は，「ここでの活動はアマチュアにはとても手のつけられない難しい状況であり，ここでボランティアとして働きたいならまず訓練を受けてもらわないといけない」という信条を持っていたためである。他のボランティアと，全盛期をすぎてなお仮設住宅に取り残されている問題をかかえた高齢者を一度訪問してみることは許してくれた。このリーダーは，病院の婦長職を辞めて，この仮設住宅に住み込んで，住民の世話をしていた。オフィスとしていた部屋には他のボランティアたちがおり，彼女たちは看護大学の学生であったりした。責任感の強いリーダーのマネージメントスタイルだろうか，オフィスの雰囲気は厳しいものがあった。

これらのそれぞれの仮設住宅では，このようにリーダーシップの違い，行政との連携の仕方の違いなどが見られた。しかし，筆者がフィールドワークに入るときは，すでにコミュニティ形成時期ではなく，コミュニティが消えていく時期であり，この研究としてのフィールドワークには，このもう1つの仮設住宅でフィールドワークを行っていたとしても，あまり新しい視点をくれるデータが収集されたとは思われない。

春山仮設住宅では，1998年3月，4月と1998年8月から1999年2月の間にわたって，保健師ボランティアの戸別訪問に影のようについて回った。この春山仮設住宅を仮設住宅のフィールドとして選択した理由の第1は，本研究のはじめの段階から訪れた場所であったことがある。第2に，ここでは，まだ茶話会が開かれていた。第3に，保健師ボランティアが築いた住民との人間関係のおかげで，このフィールドに入っていきやすかった。第4に，春山仮設住宅は，地理的に夏秋復興住宅とおなじ地下鉄の駅の範囲にあり，行

政でも同じ管轄下にあった。第5に，この仮設住宅のみ，神戸市西区保健部がそのコミュニティ形成と健康活動についての2冊の報告書をまとめていたところであり，その報告書をデータとして使うことができた。それは，フィールドの対象人口の一般的な背景の理解をするのに役立ち，また，かつては活動していた他のNGOたちの情報も得ることができた。そして，第6に，春山仮設住宅でのフィールドワークは，第7章に紹介する個人のケーススタディ，春山仮設住宅から夏秋復興住宅に移り住んだZ氏を追うことを可能にしたためである。

　春山仮設住宅では，筆者は保健師ボランティアの影のようについていくshadowing手法を用いた。また，春山仮設住宅は，実際は3つの部分からなっており，第2仮設住宅が250世帯でもっとも大きく，そこのふれあいセンターでボランティアが行っていた毎週水曜日の茶話会で，ウェイトレスとして1998年11月から1999年5月まで働くという参与観察を行った。

　復興住宅でのフィールドワークは，先に述べた夏秋復興住宅（夏山復興住宅と秋山復興住宅）と冬山復興住宅の2ヶ所で行った。他にも3ヶ所の復興住宅を訪問したが，本研究のフィールドには選ばなかった。この選んだ2ヶ所は神戸市保健部に，コミュニティ活動が活発であると紹介されたところでもある。1つは，民生委員ががんばっているところ，もう1つは，自治会長ががんばっているところで，またシルバーハウジング世帯も持っているという特徴があると紹介された。本研究のフィールドに結局選ばなかった3ヶ所の復興住宅のうちの1つは，前述のとおり，もう1つのシルバーハウジングがあるという復興住宅で，神戸市保健部に頼んで紹介してもらって訪れた。他の2つを訪れたのは，1999年NGOが行っていた生活復興対策として雇用機会の聞き取り調査に参加したときである。どちらも，コミュニティ活動といえるものはなく，コミュニティの活動力もなく，火の消えたようなところであった。

　民生委員が活発と紹介された夏秋復興住宅が，主なフィールドサイトとなった。1999年の2月に5回，7月に4回訪問し，午前と午後の両方の活動に参加した。夏秋復興住宅は，夏山復興住宅と秋山復興住宅の2つに分かれる。夏山復興住宅は11棟の高層マンションビルからなる700世帯で，独居

高齢者の割合が70％を超える高さであった。秋山復興住宅は3棟の高層マンションビルからなる500世帯で，平均の1世帯の間取りも比較的大きく，家族向けの間取りである。集会所は，夏山と秋山の各復興住宅に別々にあった。この2つの仮設住宅は，春山仮設住宅と同じく，神戸市西区保健部の報告書に取り上げられていたので，いくらかの一般的背景の情報もその文書から得ることができた。

自治会長が活発な活動をしていると紹介された冬山復興住宅には，1999年2月に3回訪れた。神戸市中央区に位置し，規模は夏秋復興住宅よりも小さかったが，住民たちは，（震災前に住んでいたところよりも）大きなところに越してきたという見解をもっていた。2棟の高層マンションビルと，集会所からなっていた。550世帯あり，そのうち220世帯がシルバーハウジングであった。復興住宅として神戸市中央区に建設された2つのシルバーハウジングのうちの1つであった。

これらのケーススタディは，コミュニティ住民や行政などの各々のアクターは，何を成し遂げることができるか，また，カリスマ性のあるコミュニティリーダーが直面した問題にはどんなものがあったかを明らかにした。夏秋復興住宅で活躍するコミュニティリーダーであるS夫人は特別のものを持っていて，そのような状況下で高齢化社会において住みやすいコミュニティ形成のために何ができるかを示した。

夏秋復興住宅での経験を他の復興住宅，あるいは，他の高齢化コミュニティに生かすことができるかどうか，また，個人の特性が決定的で不可欠であるかどうかについては，もっと長期的な観察研究が必要である。

環境はコミュニティ形成が上手くいくかどうかに影響する。これらのフィールドワークの場所は，震災後のコミュニティ形成を考察する機会を提供してくれた。いくつかの場所を比較観察することで，リーダーシップや住まいによってのコミュニティ形成の過程における同一性と相違性を見ることができた。

復興住宅の選択が，行政からの紹介によるというバイアスがあるかもしれないという限界があるが，他の復興住宅も訪れてみた結果，行政の紹介がなくても，最終的には同じ場所を選んだと確信でき，妥当なサンプリング方法

であったと結論付けられる。
これらフィールドリサーチで発見したことは,第5章以下で論じる。

第3節 研究者のジェンダーとその他の特徴の研究への影響

ここでは,研究者のジェンダーや他の特徴が研究の過程にどのように影響したかについて論じる。ジェンダーは重要な属性であり,特に,公の場での観察を行うにあたって,そこへのアクセスや,自由に動きまわれるかということに影響を及ぼしたりする。また,例えば,女性の視点はフィールドや資料へアクセスする際に存在しうる限界に,しばしば男性よりも注意を必要とする。この要因により女性研究者の見方や気付くことは男性研究者とは違ったものになることがある (Flick, 1998)。

以下の項目は, *Gender issues in ethnography*, 2nd edition (Warren and Hackney, 2000) を参照しながら,本研究の場合を考察した。

研究フィールドに入るに当たって

仮設住宅では,筆者はボランティアとして受け入れられ,復興住宅では大学院研究生として受け入れられた。筆者は阪神地域の出身であるが,対象地域そのものは,生まれ育ったコミュニティと異なる。

春山仮設住宅でのボランティア活動は,1998年4月と,1998年11月から1999年8月に行った。クリスチャンNGO保健師ボランティアについて回るかたちで戸別訪問をした。この仮設住宅には,その保健師ボランティアが3年かけて築きあげた住民との信頼関係があった。彼女は,最初にフィールドに入ったときは,かならずしも信頼を得ることが簡単でなかったと話している。「X夫人がかけてくれる言葉にどれだけ励まされて続けられたことか。他の人たちが私のようなよそ者を必ずしも受け入れていないときに」。仮設住宅ふれあいセンターの完全閉鎖を防ぐために,その集会所での毎週水曜日の茶話会を継続しようとする保健師ボランティアに,他の保健師ボランティアO夫人を派遣しているクリスチャンNGO (JOCS:日本キリスト教海外医療協力会) のメンバーたちがボランティアとして一緒に加わり,ウェイトレス

として働くのに，筆者も加わった。

　その保健師や他のボランティアたちよりも，筆者の年齢が若いことは，はじめは意識していなかったが，やはり何らかの影響があったことに後で気付いた。高齢者住民の中には，「いつも年寄りばっかりやから，あのやさしそうな若い人（にお茶やコーヒーを出してもらうほう）がいい」と筆者を指名してくることもあった。自分の息子の嫁を思い出して，その文句をいいながら，筆者が嫁だったらと言う人もいた。2人の看護大学生もボランティアグループにいた。彼女たちは礼儀正しく感じのいい20歳前後の女性で，仮設住宅住民のために何かしたいと，掃除など一生懸命働いた。しかし，筆者のように，住民の横に座ってじっと話を聞いてあげるということをしなかったし，高齢者も話し相手になってもらうには年齢が離れすぎていると思ったのか，人間関係を築くには至らなかった。

　夏秋復興住宅には，仮設住宅で行ったような参加型観察者としては入らなかった。厚生省から紹介された神戸市健康福祉部の紹介で，神戸市西区の民生委員が紹介され，彼らが，夏秋復興住宅というフィールドに入るための門番の役割を持つ人（qatekeepers）であった。筆者はこの人たちについて回った。第6章で紹介するように，彼らはさまざまな地域活動のイニシアティブをとりながら，住民をたきつけ，コミュニティ形成を目指していた。

　ジェンダー

　復興住宅での健康増進プログラムにおいて，若い女性は，震災特別基金でできた任期付きポストに新しくついたものか，看護学生が訪問しているか，あるいはボランティアのいずれかであることが多かった。仮設住宅でも，若い女性は，やはりボランティアの看護学生か，福祉学科の学生であった。筆者もそのうちの1人と間違えられることが多かったが，一度，駅から仮設住宅に向かうタクシーの中で，運転手に新聞記者と間違われた。一方，男性の訪問者は，医学生か，医者，行政の職員と思われることが多いようであった。

　冬山復興住宅の活動の一環として，隣接するカトリック教会の食堂で朝食サービスプログラムが持たれていたが，そこでは，住民は筆者について，行

政の職員が視察にきていると間違えたようであった。神戸市保健部の紹介で，自治会長について入っていったのだが，住民は自治会長が行政職員と近い関係を持っていると理解していたこと，また偶然その日から来た新しい震災基金で雇われた世帯財政アドバイザーが筆者の隣に座っていたことにもよるのかもしれない。後から考えると，自治会長がそこに一緒に座るように言い，一方で，自治会長は，筆者のことを，ロンドン大学の研究者だと何度か紹介したのだが，聞き手は把握していなかったのだろう。それまでのフィールドで保健師，看護師，栄養士がみな女性で，行政職員は男性であったので，行政職員と間違えられたことは少々驚いた。

冬山復興住宅における別の健康増進プログラムの機会では，女性高齢住民は，筆者を保健部から来て健康指導を一緒にしている栄養士か保健師と間違えて，話しかけていた。それらは女性の職業とみられているし，実際，ほとんど全てが女性である。静的観察の予定であったが，住民が筆者に話しかけてくるので，やりとりをすることになってしまった。高齢者は，手が震えてソースのはいったビニール容器を開けられないので開けてくれと頼んできたりした。そのコミュニティ形成の初期であったので，まだお互いをみな知っているわけでもなく，新顔とも見られなかった。復興住宅の生活スタイルでは近所でもなかなか顔なじみにならないという環境も要因であったろう。ほとんどの高齢参加者は引っ込み思案で社交的ではなかった。招き入れてくれた保健部の職員は，筆者も一緒にその行事を活発化するよう促してほしいようですらあり，中に入って高齢住民たちと一緒に座って，食事をするように言われたので，話を聞いたり，お互いが話をするようにつなげたりする役割をすることとなった。これは，24時間観察し続けなくても，この高齢者たちの生活パターンを知る機会ともなった。

筆者が女性であったことは，以下の点で有利となった。保健師たちは日本のフィールド活動で長い歴史を持つ立場のある役職で，ほとんどが女性である。筆者は女性であることで，仮設住宅や復興住宅の保健師たちになじんだ。保健師に間違われたままのこともあった。仮設住宅と復興住宅の住民は，いつも女性の看護師が訪ねてくるので，女性が訪れることに慣れていたともいえる。これは，看護師，保健師が女性だけの職業でなくなる新しい世

代を研究の対象とする場合では，また変わってくるだろう。しかし，本研究を行った段階では，まだ筆者のジェンダーはそのように有利に働いたといえる。

女性の割合がはるかに大きい高齢化したコミュニティにおいて，筆者が女性であることは，人々にアクセスし話しかけることも比較的しやすかったと言える。実際，女性はさまざまなコミュニティ活動に従事していた。しかし，肩書きのあるような役割につく女性は多くなく，ほとんどが男性であった。女性が役職につく場合もあるが，彼女たちが会議などに出席して発言すると，男性に「女のくせに黙ってろ」，「なんであんたのところは女の代表なんかおくってくるんや」と見下げた言葉を浴びせられることもあった（フィールドノーツ，1998年4月，K夫人；フィールドノーツ，1999年2月，S夫人）。彼女たちも筆者が女性だったのでそのような経験をあけっぴろげに話すことができたのであろう。

冬山復興住宅では，自治会長のT氏が筆者のことを「先生」と呼び続けた。もともと大学病院で臨床をしていたときや，学生の時に家庭教師や塾教師のバイトで「先生」とは呼ばれてきたが，そのフィールドには「先生」として入ったのでなく，ロンドン大学の院生として入っていた。つまり，これは，T氏が単に間違えたのか，あるいは，他の住民やスタッフの手前，権威のある人の注意を引き，訪問を受けていることが，彼が頑張って行っている地域活動を認めてもらっているようなことにもなるので，誇りにも思い，そのように紹介された部分もあるのかもしれない。他のフィールドと違って，冬山復興住宅ではコミュニティリーダーが男性であったが，筆者のジェンダーは障害とならなかった。それは，筆者のジェンダーよりも，「先生」という教育レベル専門家的な響きのほうが重要だったためであるかもしれない。

自治会長は，住民を「訓練する」というような威圧的な表現をしたりして，自分をコミュニティ上下関係の上に据えているような雰囲気があった。朝食プログラムのとき，自治会長が歯医者との予約があるということですぐに出かけたことがあった。住民たちは，「男だからあんな口の聞き方も許されてるけどね，女だったら文句いわれて，打たれる」とささやいた。

第3章 研究手法

　本研究では，男性リーダーシップと女性リーダーシップについての比較も行う。本研究の主なフィールドではなかったが，他に訪問したシルバーハウジングのある復興住宅には男性の自治会長がいて，女性の副自治会長がいたが，それは，運営を容易にするために男性を自治会長に立てているだけで，実権は女性の副自治会長が握っており，すべての決定は実際には彼女によってなされていた。彼女も，会長をたてて，自分はその下の立場が心地よいようであった。

　筆者は女性であったので，コミュニティに入っていったとき，男性からも女性からも脅威として見られなかったように感じる。また，感情的な話もしやすかったと思われる。筆者が女性であったことは，ある男性たちにとって，他の男性には見せられない弱さなども，話しやすかったとも思われる。仮設住宅のある男性は，他の男性住民たちとは口を聞かなかったが，筆者には話しかけてきた。これは，女性であることが有利にはたらいた例であろう。高齢化社会で少数派の男性が気の許せる男友達を見つけることはさらに難しく，老人ホームの住民のバランスも難しい。「10人いたら男性は1人のところを，2人にしても，その2人が気が合うとは限らない」（インタビューノート，1998年4月，老人ホーム施設長）。

言語
　筆者の言語能力は，本研究のエスノグラフィーを行うのに問題はなかった。筆者は阪神地域出身の日本人で，大阪と神戸の学校で教育を受けた。世代により使用する単語や表現の違いもあるが，神戸出身の祖母と親密な関係で，その言葉を聞きながら育っているので，本人が使わない言葉でも聞いて理解するには問題はなかった。

　震災の後，阪神地域で頻繁に使われるようになった言葉があり，そのような単語に当たり前に慣れていたのだが，東京の研究者から，「『生活復興』[10]！ そんな言葉があるのか」と驚かれ，こちらが驚くこともあった。そのような震災用語を分析することは，震災後の生活復興の過程や，さまざまな人々や世論の認識を分析するのに役立った。

　本研究をイギリス人（白人）女性の指導の下に遂行したことは，言語や語

調，語気の選択，発達に影響を及ぼした。ジェンダーや文化的特異性のコンセプトや敏感さをもって，新たな研究者の視点をもつこととなった。日本語は話し言葉に男言葉と女言葉の差が英語よりもある一方で，単語そのものにはヨーロッパ言語のようなジェンダー区別がなかったりする。

筆者が日本文化の背景を当然のこととして見ていると，イギリス人指導教官は，これはどういう意味なのかと指摘し，さらなる明確化や説明を求めた。これは，筆者が立ち止まって考える機会となり，新しい理解を試みるきっかけとなった。

服装

行政職員や新聞記者をそれぞれの職場でインタビューするときは，スーツを着用した。春山仮設住宅では，セーター，スラックス，スニーカーのようなカジュアルな服装をした。NGOのボランティアの女性たちはもっといい服装をしていたが，住民は私のような格好をしていた。また，O夫人の保健師ボランティアの仕事について回った際に，O夫人と同じようなカジュアル

---

10) 筆者がフィールドに入っていたときは「生活復興」という言葉をよく耳にし，「生活再建」という言葉は比較的聞かれなかったが，現在の「阪神・淡路大震災記念 人と防災未来センター」の展示資料の説明文では「生活再建」という言葉が使われている。この2つの言葉の定義の違いは必ずしも明確ではない場合も見受けられるが，兵庫県が京都大学防災研究所に委託し，まとめられた『生活復興調査 調査結果報告書』(2001 (平成13) 年，2003 (平成15) 年 http://web.pref.hyogo.jp/hukkou/follow/tyousa/seikatu.htm) では，「生活復興」と「生活再建」を使い分けている。この調査では，「生活復興」の枠組みの中に「都市の再建」「経済の再建」「生活の再建」「将来の災害に対するそなえの意識」の4つを挙げている。「都市の再建」として住まい・まち・ライフライン，「経済の再建」としてくらしむき (家計) の変化・震災による仕事への影響，「生活の再建」として生活復興カレンダー・こころとからだ・つながり・行政との関わりに関する質問事項を設置している。そして，「生活復興感」を規定する要因について，「住まい，人と人とのつながり，まち，こころとからだ，そなえ，くらしむき，行政とのかかわり」の「生活再建」課題の7要素を仮説として用いている。

また，「被災者生活再建支援法」では，「生活再建」という言葉が用いられ，生活に必要な物品の購入費，修理費，災害による負傷・疾病の治療費，移転費，交通費などに適応されている。

で動きやすい服装をしていたことは，すでに住民の信頼関係を築きあげていた彼女とセットとして，住民に受け取られやすかったといえよう。

夏秋復興住宅のフィールドワークでは，キャリアウーマンのようなスーツという出で立ちはしなかった。まったくの普段着というわけでもなく，少し品のいいカジュアルなドレススーツを，夏はワンピースで秋冬はセーターをインナーにして着た。住民の普段着よりはいい服であったが，民生委員や，夏秋復興住宅東側の新興住宅地から働きに来ていたNGOの主婦ボランティアたち，あるいは看護大学院生のような服装であった。筆者は，その民生委員，ボランティアリーダーについて回っていたので，そのような服装が適当であった。

外見容貌

肌色は日本社会では，アメリカやイギリス社会のような意味を持たない。しかしながら，皮膚の色から，とくに男性において，労働者階層の出身かホワイトカラー出身かはわかる。外の日差しに長時間当たっている肌は，傷み具合が違い，老化が進んでいる。女性は肌の日焼けを気にするので男性ほどその差が顕著でない。筆者は白めの一般的な日本人の肌色であり，他のアクターたちとかわらなかった。アメリカやイギリスでは白人研究者が黒人社会の研究に入っても，その肌色による障害で対象住民から受け入れられないようなことがあるが，そのような問題はなかった。

日本人研究者とイギリスの大学の指導

阪神の出身である一方で，本研究はロンドン大学の研究として行い，かつ，それ以前は何年も海外で過ごしてきたという経歴は，筆者をこの研究対象地域の内部者（insider）とも外部者（outsider）ともする要因となった。

第4節 データ分析

本研究のデータ分析には，さまざまな分析方法の混合手法を用いた。メディア資料分析には，量的手法と質的手法を用いた，「質的メディア分析」

(Altheide, 1996) を参考にした。メディア資料収集に用いた理論的サンプリングについては前述のとおりである。メディア資料の分析においては、ディスコース分析を行った。フィールドでのエスノグラフィーのデータは、ケーススタディ分析とディスコース分析も行った。研究手法は、Robson (1993 and 2002) と Yin (1994) を参照した。フィールドデータテキストの解釈 (interpretation) と分析 (analysis) は、グラウンデッドセオリー (grounded theory)[11] などの質的研究手法の文献 (Strauss and Corbin, 1990 and 1998 ; Antaki, 1988 ; Bryman and Burgess, 1994 ; Gubrium, 1988 ; Silverman, 1994) を参照した。公的調査である兵庫県健康調査については二次分析を行った。その手法は、*Finding Out Fast : Investigative skills for policy and development* (Thomas et al., 1998) を参照した。「説話、語り口 (Narratives)」は、データを分割する第一段階の方法として用い、その説話をディスコースにした。ディスコース分析にはその研究手法の文献 (Gill, 1996 and 2000 ; Potter, 1996 ; Potter and Wetherell, 1987 ; Wetherell and Potter, 1988 ; Wetherell et al., 2001 ; Kleinman, 1995 ; Burman, 1993 ; Bauer, 2000)、またコンピューターを用いたディスコース分析には、その研究手法の文献 (di-Gregorio, 1999 ; Fraser, 1999 ; Richards, 1994, 1999 a, 1999 b, and 1999 c ; Bazeley and Richards, 2000 ; Robson, 2002 : 464-472) を参照した。同じ現象や出来事については、登場する人、グループ、権威それぞれの見地から違った理由づけでの説明も行った。

　アメリカの研究手法の書籍を翻訳したもの以外に、日本の社会科学分野で質的社会研究方法の概要を扱った文献はまだないといえよう。翻訳で紹介されたものの主なものは、Emerson, R. M. et al. (1995) *Writing Ethnographic Field notes*, Univ. of Chicago Press, (佐藤郁哉・好井裕明・山田富秋 (訳)) (1998)『方法としてのフィールドノート：現地取材から物語作成まで』新曜

---

[11]「データ対話型理論」とも訳されてきたが、現在ではカタカナの名称が日本の研究者たちにも浸透した。訳本でない、日本の研究者による著作には、弘文堂より、木下康仁による『グラウンデッド・セオリー・アプローチ』1999 年、『グラウンデッド・セオリー・アプローチの実践』2003 年、『分野別実践編　グラウンデッド・セオリー・アプローチ』2005 年などがある。

社）; Vaughn, S. et al. (1996) *Focus Group Interviews in Education and Psychology*, Sage,（井上理（監訳）(1999)『グループ・インタビューの技法』慶應義塾大学出版会）; Strauss and Corbin (1998) *Basics of Qualitative Research ? Techniques and Procedures for Developing Grounded Theory*, 2nd Edition, Sage,（操華子・盛岡崇（訳）(2004)『質的研究の基礎：グラウンデッド・セオリー開発の技法と手順』第2版　医学書院）などがある。Emerson (1995) の訳者らはその「訳者解説」に，「国情の違いなどから訳者たちに理解しにくかった点や意味の不明な略語」，すなわち，日本のコンテクストに応用したときには，意味がわからなくなる単語や点があったので，明らかにさせるために Emerson 教授とメールでやりとりをしながらの作業であったことを記している（佐藤ら，1998：492）。これらの邦訳が次々に出版され[12]，その需要も高いことからも，日本の社会学者は質的研究法に大きな関心を寄せるようになってきている（Suzuki, 2000）ことがわかる。また，2004年4月から日本社会学会，日本教育社会学会，日本行動計量学会の学会連合資格として「社会調査士」資格制度が発足し，同年から，「社会調査士」と「専門社会調査士」という新しい資格認定も実施された。それに対応するために各大学でもカリキュラム作りの見直しがすすめられている。

　メディア資料の量的分析は次の第4章で紹介するが，メディア資料の質的分析の結果から得られた知見は，つづく第5章から第8章に組み込んでいく。メディアは状況や被災者たちに関して，いろいろなディスコースをつ

---

[12] 他にも，Uwe Flick (1998) *An Introduction to Qualitative Research*, Sage,（小田博志（訳）(2002)『質的研究入門』春秋社），Holloway, I. and Wheeler, S. (1996) *Qualitative Research in Nursing* 2nd edition, Blackwell,（野口美和子（監訳）(2000)『ナースのための質的研究入門　研究方法から論文作成まで』, 医学書院），Norman K. Denzin and Yvonna S. Lincoln (2000) *Handbook of qualitative research*, second edition, Sage,（平山満義（監訳）(2006)『質的研究ハンドブック2巻　質的研究の設計と戦略』，北大路書房）などの訳本が出版された。また，日本の研究者による，鈴木裕久 (2006)『臨床心理研究のための質的方法概説』，創風社や，波平恵美子ら (2005)『質的研究 step by step　すぐれた論文作成をめざして』，医学書院，なども出版されている。

くったが，それは経時的に変化した。住居の移り変わりにつれて，ディスコース変化は起こった。筆者は，そのプロセスを研究した。フィールドでは，以下のアクターたちが同定された。ボランティア，NGO 各団体，民生委員，保健師，行政，メディア，被災住民と周りの住民などである。彼らは，コミュニティ形成の鍵となるメンバーであり，それぞれが役割や目的を持っていた。

メディア資料分析

メディア資料は，まず，放送局別に，NHK（総合・教育・BS 1・BS 2），民放，また全国ネットか地方かに分けた。このようにして比較することにより，各局に目的や局内の方針があり，バイアスもあることが観察できた。また，報道のトーンや焦点の経時的変化を分析した。メディア資料のジェンダー分析も行った。ジェンダーの視点は，メディアとエスノグラフィーのデータでは重要であったが，兵庫県健康調査報告書にある分析からは欠落していた。報道関係者の個人的インタビューのデータは，報道の表に出てこない所見を得るために分析した。テレビ報道を見，新聞を読んで沸き起こってきた疑問は，フィールドワークの間も研究の問いかけとして頭のなかで問い続けながら，並行してフィールドワークをすることとなった。

メディア資料の分析は，メディアが何に焦点を当てたか，その焦点やトーンの変容，日本社会において何が問題なのかの所見を見出すことに役立った。なぜ，そもそもこの研究を始めるきっかけともなった独居高齢者の窮状がメディアの注意を引いたのかを示した。データ分析の結果，メディアのディスコースの翻訳のみならず，メディアが高齢者問題のどのような側面に焦点を当て，日本の将来社会へ警告を発しようとしているのかの evidence を提供することができた。

放映されたテレビの映像を，それを見ていないイギリスにいる指導教官に伝えるように変換したプロセスでもって，日本社会文化のコンテクストで，日本語でデータを打ち込んでいただけでは当然のこととして浮き上がってこなかったような側面も丁寧に綴り描写・表現することとなった。発せられた言葉を書き取るだけでなく，映像の様子も説明をしたが，日本人しか読ま

いと思えば当然のこととして説明しなかったことにも注意を払って書き留めた。

メディア資料の妥当性（validity）についても問いかけてみなければならない。メディア報道はバイアスを持ちやすい。テレビリポーターや新聞記者へのインタビューから，その報道の裏に政治的要因があることが明らかになった。テレビ局ごとの違い，新聞ごとの違いはその事実を反映している。そのような背景を書き留めることが重要であるが，本研究の対象はそのようなメディアの政治学ではないため，鍵となる情報源への課題範囲を超える踏みこんだインタビューはしなかった。

メディア資料の量的分析によって，高齢被災者に特に焦点を絞った報道の実際の時間を示し，経時的に比較することが可能になり，その変化を証明することができた。メディアの内容分析（content analysis）の方法は，Robson（2002：352-359）も参照した。どのようにメディアの注意が高齢者から他の対象へ移っていったかも示した。内容分析は，骨の折れる時間のかかる作業であるが，コンピュータ化ができるようになってきたことは大きな助けともいえる（Robson, 2002：357）。テキストデータを加工したり，全文を見たり，特定の単語がでているのを見たりと，いろいろなやり方で並べて見ることが容易になった。Robsonの研究手法の書 *Real World Research* のBox 12.5（359頁）に説明されているコンテクストの中のキーワード（Keywords in Context：KWIC）リスト，頻出単語リスト，カテゴリーカウントなどを分析に用いた。また，2つの単語や表現が両方使われている合同批評標準リストも活用した。メディア資料の中のみならず，エスノグラフィーのフィールドノーツや健康調査質問表の設問の中にも出てきた単語も同時に抽出することができた。これは，複数のデータ収集手法を用い，データのトライアンギュレーション（data triangulation）[13]のアプローチを行うのに役立った（Robson, 2002：174）。

兵庫県健康調査報告書の二次分析

入手することができた兵庫県健康調査報告書は各年度ごとにまとめられた印刷物であった。記入された質問表そのものという生のデータではなく，す

でに表などにまとめられていた。そのため，SPSS[14]などのコンピュータソフトを用いて，クロスタビュレーションなどの分析を行うことはできなかった。また，二次分析を行い，集められたはずのデータと比較して多くの分析をすることもできなかった。しかしそれでも，二次分析によって，いくつかの面白い重要な点を見出すことができた。

フィールドノーツやインタビュー・観察の分析

テクニックとしての観察の最大の有利な点は，その直接性にある（Robson, 2002：310）。インタビューやアンケート調査の回答において，人が「こうした」や「こうするつもりだ」と答えることと，実際にしたことや本当にすることの間の格差は大きい。確かに，「言うは易し行うに難し」で，言ったことを実際に行うか，行ったかには様々な問題が生じるもので，「もし，観察を続けなければ行動はどのようになっていただろう」などの疑問の余地が残る。時間がかかることが問題でもある。

仮設住宅での観察に用いた方法は，「完全な参加（complete participant）」であった（Robson, 2002：316）。Robsonはこの方法を用いた場合，現地に溶け込んでしまう（going native）という危険があると警告しているが，筆者の参加期間が短かったこともあり，現地に溶け込んでしまわず，研究者の

---

13) triangulation は「三角測量的方法」とも訳されているが，もともと地形図作成などの概念からきて，質的研究に転用され，1つの対象を研究するときに複数の研究手法，複数のデータ資料，または，複数の理論や複数の研究者を組み合わせて用い，多面的に考察し，より妥当性を高める研究デザインのことである。ここでは，あえてカタカナのまま，トライアンギュレーションとする。なお，複数のデータを用いる手法を，データ・トライアンギュレーション（data triangulation）という。他をそれぞれ，研究者トライアンギュレーション（investigator triangulation），理論トライアンギュレーション（theory triangulation），方法的トライアンギュレーション（methodological triangulation）という。
14) 統計解析ソフト SPSS の中でも最もスタンダードに用いられ，30年の間にバージョンアップが重ねられている。
   http://www.spss.com/（英語）
   http://www.spss.co.jp/product/spss/base.html（日本語）[アクセス日 2006年5月31日]

第3章 研究手法

目をもって観察し続けることができたといえよう。復興住宅での観察に用いた方法は、「観察者としての参加（participant as observer）」であった。はじめから、研究にきていることを明らかにしており、活動に参加するのも地域住民のメンバーとしてではなく観察者としてであった。何が起きているのかのあらゆる説明を依頼することもできた。グループの鍵となる人々の信頼を得ることも重要であった。

観察によるバイアスを軽減するため、Robsonは、できる限り、イベントが起きている間は同時進行で、観察したその場、現地で観察記録をとることをすすめている（Robson, 2002：322）。仮設住宅の毎週水曜日の茶話会では、エプロンのポケットに小さなノートを入れておいて、お茶を出し、住民と話をしたり、観察をしたあと、台所に戻ったときに、メモをすぐに書き付けた。保健師について個々の世帯を訪問しているときも、話を聞いたあとや、掃除や料理の活動の合間にメモを書き付けた。誰もそれに気付く様子も、気にする様子もなかった。コミュニティを回る看護師や保健師もメモをとったりするので、とくに違和感がなかったとも言える。復興住宅でも、その場でメモをとるようにしていた。メモをとるのをみて、話が聞いてもらえると、励まされるかのように、訴えたいことなどをさらに発言する人たちこそいたが、メモをとられていることを気にして口をつぐむような人はいなかった。ただ一人、民生委員と訪問した独居男性高齢者が、「何書いてんの？」と訊いたが、それは好奇心からで、「Ｓ夫人（民生委員）のことをよく書いてな」と頼まれただけだった。

「選別的に払う注意（selective attention）」について、Robsonは意識して注意を広範囲に公平に払うようにとアドバイスしている（Robson, 2002：324）。保健師や民生委員の訪問についていったので、どの世帯を訪問するかを決定するにあたって、選択バイアスは筆者の選択によるものではないが、仮設住宅での個別訪問は、保健師が特に問題のある世帯を選んで訪問していたので、極端なケースに偏るバイアスが起こったともいえる。1日という限られた時間で回ることのできる戸数が限られているので、とくに問題のある世帯に行くことになる一方、保健師は筆者にできるだけあらゆるタイプのケースを見せたいとも考慮して選んでいた。また、外を歩いていて偶然出会

い話し込むケースもあったので，保健師の選択に完全によっていたわけではない。また，仮設住宅でのフィールドワークを行ったときは，すでに仮設住宅をなかなか去れない世帯のみが残っていた時期だったので，特に仮設住宅の平均的世帯からかけ離れていたわけでもない。仮設住宅の茶話会で会った住民は，そこに出てくるわけだから，閉じこもりではなく，むしろ社交的である人の傾向があったといえる。しかし，茶話会に出てこない人たちにも，戸別訪問で出会い，観察の機会も得たので，仮設住宅住民の全体像を考察するのにバイアスは最小化されたといえる。

「選択した記憶 (selective memory)」について，Robson はすぐに語り口でフィールドノーツを書き上げるようにアドバイスしている（Robson, 2002：324）。前述のように，その場，現場でメモをとり，その夕方，帰宅後すぐにコンピュータにフィールドノーツを打ち込み始め，続く数日のうちに打ち上げるパターンとしていた。フィールドノーツを打ち上げる作業は，実際の観察時間よりも2，3倍の時間が軽くかかる。

Robson はバイアスを軽減する1つの方法として，フィールド調査の活動時間を引き延ばすこと（plolonged involvement）を紹介している（Robson, 2002：174）。それによって，「反応性 (reactivity)」と「応答バイアス (respondent bias)」が軽減する。つまり，長時間そのフィールドにいる研究者は，次第に受け入れられ，はじめの反応性が減少する。また，研究者と研究対象の応答者との間に信頼関係が生まれるようになり，バイアスのかかった情報，たとえば本音でなく建前で回答するといった傾向が少なくなる。仮設住宅に入ったとき，O夫人のそれまで積み重ねてきた仕事と人間関係によって，筆者はその影として比較的簡単に入ることができた。O夫人と一緒にいることで筆者もすぐにラポールを持ってもらうことができた。復興住宅に入ったときも，民生委員，S夫人らがすでに住民から得ていた信頼により，筆者も信頼してもらうことができた。Robson は一方，そのplolonged involvement により「研究者のバイアス (researcher bias)」が大きくなる危険も指摘している（Robson, 2002：174）。ポジティブなあるいはネガティブなバイアスの両方に，大きくなる危険性がある。時間が長くなるほど，現地に溶け込み，研究者としての役割を維持することが難しくなるし，同情心な

第3章 研究手法

どの感情が芽生えることもネガティブなバイアスとなりうる。筆者は，S夫人からの影響を多分に受けすぎていないか，自ら問う必要があった。フィールドワークを進めるにあたり，並行して，書き上げたフィールドノーツとその分析思考過程をすべてロンドンの指導教官にみせていた。彼女は，S夫人の見解を聞くこと，神戸市保健部に紹介された夏秋復興住宅とS夫人を選んだことによるバイアスの危険を指摘した。

本研究は，プログラム・ロジック・モデル，すなわち，複数の事例から同じパターンと違うパターンを同定するパターンマッチング（pattern matching）と，経時的に事例を追う時系列分析（time series analysis）のコンビネーション（Yin, 1994：118）を用いた。これらの研究戦略は，説明的，探索的な研究，ケーススタディに有用である。夏秋復興住宅（夏山復興住宅と秋山復興住宅）と冬山復興住宅を観察することで，パターンマッチング分析ができ，たとえば，コミュニティ形成におけるリーダーシップの必要性，またそのリーダーシップの多様性など，それらの共通性や多様性を同定することができた。本研究は，コミュニティで行政が働くためには地域コミュニティの支援が必要であるという理論を支持しており，この研究方法により，地域の支援の多様性を見ることができた。

時系列分析について何点か言及しておく。本研究に用いた研究手法は，春山仮設住宅から夏山復興住宅に移り，経時的に態度の変化をみせたZ氏の個人のケーススタディを可能にした。それは，「寂しい」という感情に関する新しい理解を生んだ。本研究は単純でなく，経時的で複雑な分析を必要とした。住まいの状況，さまざまな仮設住宅や復興住宅のコミュニティ形成，個々の住民に関しての時間の枠組みに，時間のずれが考察された。

本研究のフィールドワークは主に震災の3年後から4年後に行われた。これは，仮設住宅が閉鎖される前の，直接に仮設住宅を観察できる時間ではあったが，その全盛期は過ぎていた。仮設住宅でのコミュニティ形成がどのようにすすんでいったかを直接的に観察することはできず，記録や，当時を振り返った話から資料を収集することとなった。一方，復興住宅については，これからコミュニティ形成をはじめるという時期を観察することになった。復興住宅についての観察はさらに長期的なアプローチが必要となり，そ

れによって,バイアスが軽減されるだろう (Robson, 2002)。

仮設住宅でのフィールドワークは 1998 年から 1999 年にかけて行った。メディア資料は 1998 年末から 1999 年 1 月の震災 4 周年記念の週を中心に行った。そして,2 月からの数ヶ月の間に各復興住宅でのフィールドワークを行った。その間にもメディア資料は集めたが,数は多くなかった。そして,2000 年 1 月の震災 5 周年記念の週を中心にメディア資料の 2 つ目の波を収集した。これは,メディアから入り,フィールドに集中し,またメディアに焦点を当てることとなった。これは,2000 年 1 月に報道するためにメディアが集めていた映像について,同時期にフィールドにおいて筆者自身がエスノグラフィックな観察を行うことができたということにもなる。

分析ソフト

メディア資料のディスコース分析,インタビューノート,フィールドノーツ,観察ノーツ,関係文献の分析には,質的データ分析コンピュータソフト QSR NVivo[15] を用いた。再建と復興に関連するさまざまなディスコース,結果や,成功と失敗のめやすの定義,家族や個人の福祉への態度などを考察し,日本の価値観を同定した。

このような専門家ソフトを使う際に躊躇する理由は,それを使いこなせるようになるために費やす時間と努力が必要ということだ。それには,実際にワークショップ研修に参加するのが手っ取り早い (Robson, 2002：463)。はじめに,大学から遠隔のフィールドでデータ収集をしていたときに,収集が

---

15) QSR NUD*IST とは,質的データ分析のためのコンピュータソフトである。これは,オーストラリア,イギリス,南アフリカ共和国で広く普及し,1990 年代半ばよりアメリカでも普及した。さらに NVivo は 1999 年 5 月,NUD*IST 4 版を大幅に改定したものとして発表された (Fraser, 1999)。筆者はロンドン衛生熱帯医学大学院 (LSHTM) 博士課程在学中,ロンドンでその研修を受けた。また,1999 年 11 月にオーストラリアで,質的研究の専門家であり,ソフト開発者である Lyn Richards 教授と Dr Pat Bazeley 講師のワークショップに参加し,研修を受けた (Richards, 1999)。そのとき,筆者が神戸のフィールドで集めた本研究の質的データが教材として使われ,デモや演習材料として使われた。これは,非英語データを用いた初めての機会となった。

第3章 研究手法

終わる前に集まったものからすぐに分析を始めたほうがいいので，NUD*-IST 4 を使い始めてみたのだが，それにデータを移すこと，使いこなせる状態にすること自体にかかる多大な時間と労力は問題であった。すでに NUD*IST 4 習得に時間もお金もかけていたが，NVivo が発売となり，後で述べる本研究のデザインとデータの性質上さらに適している NVivo にすぐさま切り替えた。NVivo はずっと使用者にやさしかったので，切り替えることは問題ではなかった。質的研究のオンラインディスカッショングループに登録し，フィールドに独りでいても，同じように NVivo を使い始めた世界中の研究者や研究者のたまごたちと経験を分かち合い討論する機会を得たことも，大変役立ち，また励みとなった。そこで，オーストラリアのシドニーで質的研究のワークショップが開催されるとの案内があったので，参加することとした。

　NVivo は，本研究において，T 氏や S 夫人のような違うタイプのリーダーシップを分析するのに役立った。違う日の違う場所でのフィールドノーツにちらばる個人ケースデータを追いかけ，システマティックに範疇ごとに質的データをすぐに取り出せた。また，Z 氏のように仮設住宅から復興住宅へと住居が変わっても，長期にわたって，個人ケースを追うことができた。また，テレビに登場し，かつ筆者のフィールドでも出会った同一人物らの個人ケースについても，両方のデータセットからすぐにデータを取り出すことができた。家族の完全欠如としての「孤独死」のメディアディスコースをサーチする作業にも役立った。NVivo を用いた分析は何回もデータに戻ってみることを促し，議論を立て，ただ入念に目を通して偶然に見つけるのではなく，システマティックに証拠のあるところをすぐに探し出すことができるような環境を作った (Richards and Richards, 1991：38-72)。

英語質的分析ソフト NVivo の日本でのフィールド研究への応用
　先述のように，メディア資料はテレビと新聞記事を収集した。テレビはビデオに収録した。全録画ビデオ時間は 67 時間であった。NVivo が直接ビデオのようなマルチメディアをコーディングできるわけではなく，このようなビデオや写真があるとリンクできるだけである。ビデオ資料から，映像に出

たキャプションと，音声の文字化，そして映像の描写を行い英文原稿を作成し，それをコーディングした。新聞記事は英訳したものをデータとし，日本語に対応する英語の訳語を1つに決めにくいものや，キーワードと判断したものは，日本語も括弧に入れて記載した。そのデータを「テレビ」「新聞」の種類で分け，また，テレビにおいては「ニュース番組」や「特集番組」などの番組の種類で分け，新聞においては「社説」「ヘッドラインニュース」などの記事の種類で分けた。コーディングを行い，サーチをすることで，いろいろなデータに登場する同一人物や同じ場所をすぐに引き出すことができた。その引き出したデータのもとのデータに戻り対比することで，トーンの違いや変化を比べることができた。同じ人が，違うメディア資料に登場することもあったし，その同じ人に神戸のフィールドで出会い，その人がエスノグラフィーのフィールドノーツに登場することもあった。データ処理の過程で，いくつかの「ドキュメントセット」[16]を作成した。メディアドキュメントセットを作成し，そこにテレビ資料をテキスト化したデータ，新聞記事，テレビリポーターや新聞記者へのインタビューノートを保存した。メディア関連のいろいろなデータを1つのセットにまとめることができた。

　本研究は，NVivoを非英語圏で応用した研究の初めてのものの1つであり，日本のフィールドでは初めてのものである。日本語という言語は，しばしば主語を飛ばすし，目的語を飛ばすこともある。特に，会話文に関しては，動詞だけで十分に通じたり，わざと省いてあいまいにすることもある。会話文や節がコーディングによって，パラグラフや文から切り取られて離れた場合，それがそのコンテクストにおいて何を意味するのかは，英語のほうが明確である。日本語はハイ・コンテクスト言語であり，英語は，特に国際英語はロー・コンテクスト言語である。NVivoは，たとえ切り取った後でも，その切り取る前に簡単に戻ることができることによって，コンテクストを把握することを可能とした。

　本研究のフィールドワークはメディア資料の収集・処理・分析から開始した。In-vivo codingというNVivoに備わったコーディングのツールを用い

---

16) NVivoの分析のためのツールの1つ。

た。これは，データの中の単語を選び，それをそのままコード名とするツールである。これは，まだ何が起こるかわからない，どのように分析が展開するかわからない分析のはじめの段階で，便利な出発方法であった。また，あとで気づいたのだが，In-vivo coding を使うことによって，本研究の場合，新しい震災用語や震災概念が生まれていることを反映して実際使われている単語を拾い，学びとることができたため，本研究にとって有効な方法でもあった。筆者は，阪神地域出身であり日本語を母国語とするので，現地の言葉は自然にわかったが，それでも，震災以前は聞かなかったいわゆる「震災用語」というものがあった。被災地，関西にいれば，震災後はすぐに日常聞く言葉となったような単語でも，東京の研究者と自分の研究の話をすれば，「それはどういう意味？ そんな言葉あるの？」と問いただされることもあった。NVivo 開発者である Lyn Richards 教授のコーディングに関するアドバイスは，「名前をつけるのに，困るほど考えなさい。そのカテゴリーを正確に名づけているときのみ，データの中に出てきた単語をそのまま使いなさい（In-vivo codes）」ということだった。しかし，このアドバイスはコーディング処理を行った後に聞いた。

　本研究の場合は，In-vivo coding を震災の社会学を研究するために多用する結果となった。これは研究に便利であり，分析の過程で，コーディングのネーミングのために考え込んで進まないということを防ぎ，とにかく分析的に考え始めることを促した。1つの nodes（ノーズ）[17]の下にまとめてコーディングしておくことができるものも，はじめは別々に分かれてコーディングがなされていた。分析の過程がすすむにつれて，1つにまとめられるものはまとめ，新しく名前をつける作業をした。コーディング作業を行っている間，新しいアイディアが飛び出してくるので，そのたびに DocLinks[18] を使

---

17) 質的分析において用いるツールで，段階をつけてアイディアツリーをつくる。紙の上でもマニュアルで行うことができるが，NVivo などの質的データ分析ソフトにもこの機能が備わっている。
18) NVivo に備わったツールで，データやメモの中に書き込むのではなく，新しいドキュメントに書きながら，その箇所にリンクしておく。Document Links から DocLinks と名付けられた機能である。

い，Memo[19]を書き，それをデータの中のその箇所から直接リンクすることができたので，何がデータで何が自分のアイディアであるかをきちんと分けることができた。データの中には登場しなかった単語，すなわち，In-vivo codingでは出てこない単語，たとえば「宗教」とか「サイズ」という単語を使って，Free nodes[20]も作成した。「サイズ」の例をとると，テレビの討論会の中で，「住居コミュニティのサイズ」という単語が重要に思えた。エスノグラフィーのデータに戻ると，「サイズ」という単語は発せられていなくても，「大きすぎると，いいコミュニティをつくるのは大変や」という発言のように，住居コミュニティサイズという概念に関して話されていることを再発見した。

「ポジティブ」と「ネガティブ」，「プラスイメージ」と「マイナスイメージ」という抽象的なnodesも作った。これは，メディアのトーンとその経時的変化を考察するのに役立った。

他には，アイディアツリー[21]を使った。「テレビ局」「年齢」「ジェンダー」「住まいのタイプ」「アクター」「健康課題」などである。巻末付録3-5-3のツリーはその過程を図式化しているので，参照されたい。

日本語では，言語は社会の中で上下関係を反映する。その尊敬語の種類にあわせて，動詞の活用・変形が多い。主語目的語がなくても動詞だけから，対話の中で，誰が発言し，誰に対して言っているのかがわかる。このような上下関係が組み込まれた言語では，英語とは違った自主性の概念が必要であると思われる。このような言語社会システムの中でどのように民主主義と自

---

19) フィールドノーツ，インタビュー，テキスト化したメディア資料などのようなデータそのものでなく，分析の過程で書き加えていく文書をMemoという。思いついたアイディアを書いてもいいし，指導教官や共同研究者への手紙のようなメモを書いてもいい。書くたびに日付を入れることができるので，データに戻るたびに新しく生まれるアイディアや，考えや理解の変化を経時的に記録することもできる。

20) ParentとChild/Children NodesのTreeを形成しているTree Nodesに対比して，Nodes Treeを形成していないnodesをFree Nodesという。

21) nodes（ノーズ）に段階をつけてグルーピングや上下関係を明らかにし，ノーズでツリー（木）をつくる。これが，アイディアツリーとなる。NVivoでは，ノーズという機能である。

第3章 研究手法

主性が成り立つのか。この視点は，本研究の課題ではなかったが，研究活動の過程において，筆者が研究を実施し，コミュニティ活動の意味づけをなさなければならなかったコンテクストにつながっていた。

　日本語はハイ・コンテクスト言語である。筆者が，以前の職場，世界銀行で受けた研修で学んだ話を紹介しよう。世界銀行は，国連システムに入る一方，独立した国際金融機関であり，ワシントンDCに本部がある。途上国の貧困緩和を目的としている。その研修の講師はフランス語を話すバイリンガルのアメリカ人であった。世界銀行本部で使われる言語は，アメリカ英語すなわちロー・コンテクスト言語であるため，文書作成のときには，主語などを省略せずすべて書き上げないといけない。読み手や聞き手が行間を読み取ってくれると期待してはいけない。世界銀行のクライアントである被援助国の人々，世界の80％の人口は，ハイ・コンテクスト言語を話す。そこに，コミュニケーションの問題が生じる。被援助国に出張中は，ハイ・コンテクストのコミュニケーションができ，本部においては，ロー・コンテクストのコミュニケーションができることが成功の鍵といえる。アメリカ英語のようなロー・コンテクスト言語を母国語とする者がハイ・コンテクスト言語によるコミュニケーションを習得するのは，ハイ・コンテクスト言語を使いこなす者が，ロー・コンテクスト言語に移ることよりも難しい。しかし，現実には世界銀行の職員がみなこの能力を兼ね備えているわけではなく，これがクライアントである被援助国の政府からすれば，世界銀行を傲慢にも見せる問題を引き起こしている要因の1つともなっているのではないだろうか。意味を汲んでもらうように説明したつもりが伝わっていないという誤解が生じたり，直接過ぎる表現に，それに慣れていない文化背景の人は面子をつぶされたように感じるという無礼になったりする。ロー・コンテクスト言語の英語の中でも特に，アメリカ英語がロー・コンテクストの度合いがさらに大きいが，アメリカ社会において，ロー・コンテクストのほうが良いことには理由もある。アメリカは様々な社会文化を背景とする人々が移民してきてできた多民族国家であり，そこで使われる言語はロー・コンテクストとなる必要があった。言わないことまでわかってもらうことを期待していれば誤解が生じるし，ロー・コンテクスト言語を用いれば，言ってもいないことを勝手に解

釈して思い違いをする危険性もない。

「アカウンタビリティー：代名詞の役割」(Rom Harre)(Charles Antaki (編集)(1988) *Analysing everyday explanation : a casebook of methods* の第11章）では，「実証的：日本語の社会の関係とアカウンタビリティー」についてスペースを割いて論じている。

「日本言語は他のどの言語よりも社会関係の複雑なシステムに結びつけられている。日本の社会秩序は，効果的な交渉に向かない，謙遜と相違の枠組みの中にいつも計算が起きているような文法によって完全に暗号化され，書き直されている。
　インド・ヨーロッパ言語圏の社会秩序においては，誰が話し手であり誰のことを言っているのかがわかれば十分である。しかし，日本社会秩序においては，話し手に属する集団が何であり，話にのぼっている人の属する集団が何であるかを知る必要がある。」(Harre, 1998：160-161)（筆者訳）

データの粉砕化は，コンピュータ質的データ分析のもっとも重要な弱点であろう (Hollway and Jefferson, 2000：68)。この点は，上記のようなその言語のもつ特徴から，英語においてよりも，日本語において，対話文でより顕著である。対話文や節がコーディングで切り離されてしまったとき，英語のほうが率直でわかりやすかったりする。日本語は文章に書かれている以上の意味を含んでおり，英語に訳するとき，直訳よりもさらに説明を付け加えなければ同じ意味を説明できなかったりする。しかし，データを分析し考える過程において，筆者は粉砕化されたデータを読み続けたが，この研究においてこれは欠点とはならなかった。データを収集し作成した者と，コーディングをした者が，同一人物（本研究においては筆者）であることも，データの粉砕化による弱点の影響を最小化する。

データの翻訳

フィールドワークでのデータ収集は日本語で行った。フィールドノーツは英語でタイプ打ちをした。フィールドワークが終わるのを待つことなしに，

第3章 研究手法　　　　　　　　　　　　　　　　　　　99

イギリスの指導教官に，できた順からすぐに見てもらうためである。そして，論文も英語で書き上げた。よって，NVivoのなかの本研究のプロジェクト自体はすでに英語を使用言語としてスタートした。

　フィールドデータを英訳するとき，上記のHarreの指摘する日本語の特徴という意味においても元の日本語の含みをできるだけ保存するように心がけた。それでもなお，できあがった英語フィールドノーツがコーディングによって粉砕化されると，データが一人歩きをはじめ，どの集団であったか，親密さ，上下関係，礼儀正しさ，丁寧さ，どのレベルの尊敬をどちらの方から示しているのか，話し手の立場，といったことを定めるのが難しくなっていった。しかし，これは，質的データ分析の研究手法の1つの方法，狙いでもある。そして，データの粉砕化により，コンテクストの中でのその単語の意味がなくなるといった問題となるような現象については，前述のように，データを収集し，英訳作成した者と，コーディングをし，分析した者が，同一人物であったことで，データ粉砕化の弱点の影響を最小化できたことになる。これも，翻訳を誰がするかということに影響される。

コーディング，視的コーディング

　コーディングによる分析作業には，カラーコーディング（色分けコーディング）機能を用いた。これは，行うにも見るにも楽しいだけではなく，多種の分類作業を助ける。イギリス人の指導教官の問いなどの部分に用い，自分が行ったコーディング，アイディア，問いかけと区別した。たとえば，「日本のコンテクストにおいて，lonelinessとはどういう意味か」という質問がある。これは，日本のコンテクストにおけるlonelinessのディスコースを発展させるのに使った。日本を西洋の見解でみることは，本研究の大事な要因である。

　同じデータであっても，違う人は違うコーディングを行う。1999年11月，オーストラリアでオーストラリア中の大学から研究者や博士課程の学生が集まって行われたNVivo開発者による質的研究ワークショップに参加したときのことを紹介しよう。実際の生データを使うのがいいということで，そのとき，すでにデータ収集を済ませていたものの中から，私の神戸データ

が使われることになった。Lyn Richards 教授はすべての受講生に神戸データをコーディングさせてみた。どのように違うコーディングがなされ発展していくか，その過程を見比べることは大変面白いものであった。家族社会学者である Richards 教授は，まずはじめに「負担」という単語を拾った。そして，「孤独死」という単語を拾い，日本語にはこんな意味の一語の単語があるのかとたずねた。英語のデータでは数単語をつなぎあわせたものだが括弧をつけて（*kodokushi*）としていた。これも，西洋的視点から日本のデータを見るときに出てくるおもしろい発見の例である。彼女は，また，神戸市幹部へのインタビューノートから「女性は大丈夫です。問題は独居男性ですよ。彼らが生命力や動機を失っています。私自身，私の妻が亡くなったら，想像もしてみて，僕自身どうなるか心配ですよ」（1999年1月26日）という発言を抜き出した。そのような家族社会学者のデータ加工と対比して，Pat Bazeley 博士は，オーストラリアの住まいとケアについての研究を行ってきたコミュニティ心理学者である。彼女は，「折り紙教室を通してのコミュニティづくり」というくだりを取り上げて，おもしろそうに笑った。これも，日本人の私の目から見ると，取るに足らないことと見過ごされていたのが，西洋的文化背景の研究者の視点と対比することで浮き上がってきた点である。

テキストサーチ

　データを対比させながら分析するために，テキストサーチ機能を使った。データ収集がすべて終わる前に，フィールドでのさらなるデータ収集を継続するのに並行して，データを作成し，NVivo に入力したデータから先に分析を開始していった。新しい文献データを入力すると，テキストサーチ機能を使って，すでにあるアイディアと同じものを位置づけ，その新しいデータを一行一行コーディングする前に概要を把握した。

　また，テキストサーチ機能を使って，鍵となる人の名の nodes で研究プロジェクトのデータベースを検索し，違った日の違ったフィールドノーツにちらばった言葉から，その人の哲学を理解し，比較し，一貫性と相違性を対比し，理論付けに役立てた。フィールドワークで出会った人にはテレビでも

見かける人がいた。テレビ報道で見かけたリポーターに個人的にインタビューする機会が持てたので，報道では何を言うことができて，何を言うことができないかといったことを説明したそのインタビューノートを，データとして加えた。実際に放映されたテレビ番組から作成したデータと比較することで，はじめにテレビデータを分析したときには浮き上がってこなかったことが明らかになり，実世界への理解が深められることとなった。

分析過程の一部分として，「日記を，指導教官へ」というMemoを作成し，分析過程を記録し，指導教官と議論すべきと思った点を書き留めておいた。日時をスタンプし，次の段階でするべきこと，アイディアなどを書き留めておいた。レポートや本書の各章を書き上げるときは，何度もデータに戻った。NVivoのサーチ機能がその作業に役立った。第5章と第6章を書き上げているときは，"community development"，"*renkei*"，"high-rise"，"independent living"，"support each other"，"lunch"，"*yūai* home visit"というnodesをサーチし，第7章を書き上げているときは，"*fureai*"，"*tsunagari*"，"happiness"，"human contact"，"living alone"といったnodes，第8章を書き上げているときは，"*kodokushi*"といったnodesをサーチした。書き上げること自体が継続的分析のプロセスであった。質的研究の書き上げについては，Wolcott (1990 and 2001)，Becker (1986)，Ely et al. (1997)，Woods (1999)，Richardson (1994) の書物を参考とした。

ま と め

兵庫県健康調査報告書については，二次分析を行い，経時的変化に関する分析や報告書の中でされていない分析を行った。被災者の状態の変化，サンプルの変化，質問事項や質問の仕方の変化があり，それは，行政がそのときどきに何を重要としていたかを反映している。また，メディア資料を収集し，どのように報道の仕方が変遷していったか，何を強調し，何をどのように報道したかを考察した。さらに，3ヶ所のフィールドをサンプルし，現地で何が起きているのかエスノグラフィー研究を行い，「復興住宅より仮設住宅のほうがよかった」というような仮設住宅に関する神話は，部分的には正

しいが，かならずしも報道されているとおりではないことを示し，復興住宅は被災者の住居供給の問題解決にはあまりにも不十分であることを示した。

　本研究のデザインには，トライアンギュレーション（Robson, 2002：74）が適用された。トライアンギュレーションにもいろいろあるが，data triangulationにおいては，たとえば第7章のlonelinessのディスコース分析をしているときは，メディア資料と，フィールドデータの比較を可能とした。メディア資料は報道関係者のインタビューとも関連づけた。methodological triangulationにおいては，量的アプローチと質的アプローチをあわせるプロセスが，コミュニティ研究コンテクストにおいて，健康調査，メディア資料，エスノグラフィー観察データの分析に用いられた。

　メディア資料のケーススタディは「「寂しい」という感情」や「孤独死」の証拠を提示し，これらの課題が，どのように文化の新しい事実や新しい一面として積み上げられていったかを示した。メディアのディスコースに加え，エスノグラフィーのフィールドノーツの分析によって，これらの課題のほかに代わりとなるディスコースを導きだすことができた。メディアが強調したように，孤独感や「寂しい」という感情は，エスノグラフィーのフィールドで，仮設住宅でも復興住宅でも，蔓延していた。それは，仮設住宅がその活動の全盛期をすぎて，閉鎖する時期であったというタイミングと，復興住宅がいまから新しいコミュニティを作ろうと模索しているタイミングと重なったことにも起因しているであろう。復興住宅においては，仮設住宅よりも，未来をみつめるディスコースがあったが，時間とともに，孤独感が軽減されるかどうか結論付けるには，もっと長期的な観察研究が必要である。

　フィールドワークを行った時期は，実際に仮設住宅をみることができた貴重な時期でもあった。しかし，仮設住宅が造られたはじめの時期から追っていたわけではなく，仮設住宅でのコミュニティ形成の過程をはじめから実際に追うことはできなかった。当時，まだ存在した仮設住宅の実際の活動の観察とあわせながらも，初期と全盛期を振り返りながら見つめるアプローチであった。これは，仮設住宅でのコミュニティ形成過程に関する視点には限界もあるというゆえんである。一方，そのタイミングでは，神戸市行政による仮設住宅に関する報告書などがまとめられたところで，それもデータとして

分析することができた。復興住宅に関してはそのような資料はまだなかった。つまり、時間枠の考慮は研究手法の選択と、結論付けへの過程に影響した。

仮設住宅でのフィールド活動ができるようになるには、現地のリーダーのポリシーも影響する。春山仮設住宅のリーダー（保健師ボランティア）は、どんな人でも、どんなアマチュアボランティアでもできることがあるという信念を持っている人であった。しかし、他の大規模仮設住宅のリーダー（看護師ボランティア）は、トレーニングを受けないアマチュアでは何もできないと考えている人で、「一回見学をさせてもらう」以上に、アマチュアが入っていくことは難しかった。それは、まだ仮設住宅に取り残されている人は問題のあるケースばかりと見られていた当時、現地の抱えていた問題の深刻さ、緊張感を示していたともいえよう。この仮設住宅は、建設された仮設住宅の中で大きなもののひとつで、頻繁にメディアにも報道されていたので、フィールドワークもできればいい比較となったであろう。しかし、春山仮設住宅は、のちに入ることができたフィールドサイト、夏秋復興住宅と行政管轄が同じであり、経時的に、人々の移動とそのダイナミックスをより効果的にみることができた。また、春山仮設住宅は、神戸市西区健康福祉部が仮設住宅のコミュニティについて実際に報告書を用意した唯一の仮設住宅であった。その資料が参考になったことから、観察、インタビュー、公的報告書などの文献の data triangulation を行うことができ（Robson, 2002：174）、研究結果の妥当性（validity）を上げることができた。

仮設住宅と復興住宅の住民の収入に関するデータを得ることはできなかった。これは、プライバシー保護に反するためであった。また、個々の住民に、収入に関する質問をすることは、せっかく時間をかけて築いたあるいは築きつつある信頼関係をリスクにさらすことにもなる。被災民を狙った金銭的な詐欺事件も報道されていた。調子のいいことを言って近づいてくるような人は注意されても当然である。また、仮設住宅や復興住宅の住民は低所得者が多く、生活保護で生活している人の割合も高かった。第1章で紹介した日本の高齢者の平均収入が1つの参考の目安となるだろう。

将来、次の研究課題として見るべきものに、社会保障や年金制度の心理的

影響，特に，貧困高齢者に対する影響がある。第1章の本事例研究の背景設定にも含んだように，研究を開始したときは，この点も考察したいと考えていたが，データ収集は困難であった。個人の家計はとてもプライベートでセンシティブな問題である。特に，金銭的に優遇された住居に入居できる資格がそれぞれの世帯収入と密接に関連している場合，低所得層にとって肝心な問題である。日本の高齢者は，特に男性は，自分は一生懸命働いて社会に貢献してきたので，それが認められて結構な年金をもらっていると言いたいのである。さらに福祉で社会の負担になっているとは言いたくないのである（春山仮設住宅フィールドノーツ，1998年4月）。

本研究の手法では，個人の年金と福祉の詳細データを入手することはできなかった。もし，できていれば，またそれだけで別の論文となっていただろう。年金制度は複雑で，詳細な雇用及び家族暦情報が必要である。本研究の対象は，経済的に裕福な層ではなかった。公的扶助をもらっているかどうかというのは，どちらかといえばむやみに話すことはタブーのような風潮がある。夏秋復興住宅でも，民生委員は，ほかの事に関してはとてもオープンに協力してくれたが，住民の福祉受給状況に関しては，秘密を厳守した。冬山復興住宅でのフィールドワークで会った女性は，神戸市によって新しく雇われたパートスタッフであった。彼女たちの雇用は被災対策基金でまかなわれており，仕事内容は，個々の世帯の財政にアドバイスをして，未支払いの家賃を納入してもらうことであった。名門女子短大を卒業し，ずっと専業主婦だった彼女は，このようなセンシティブな問題をどのように扱えばよいのか不安に思っていた。

本研究のサンプリングの目的は，高齢化する日本における将来の高齢者の代表的なサンプルを抽出することではなく，むしろ，低所得層高齢者の理論に基づくサンプルであった。これらの対象人口集団を観察することにより，将来の高齢者への示唆を引き出すこともできる。都市部の独居貧困高齢者は，将来に向けてますます対応が必要となるグループである。多数の事例，個人，コミュニティの事例研究により，将来の日本社会の高齢化問題に提言する所見を導き出すことができる。

第4章　阪神大震災とその後——量的分析

はじめに

　第3章では本研究のフィールドワークの場所の記述を含む研究の設定を紹介した。本章では，阪神大震災とその後の量的分析結果の記述を行う。2つのセクションから成っており，前半では，1996（平成8）年度から1998（平成10）年度の3年間，兵庫県健康福祉部が行った兵庫県健康調査の二次分析を行う。後半は，メディア分析の量的分析結果の記述を紹介する。メディア資料の質的内容分析は第5章以降に紹介する。

第1節　兵庫県健康調査

　兵庫県健康福祉部は1996（平成8）年度より4年間，毎年被災世帯の健康調査を行った。調査の目的は被災者の身体的及び精神的健康状態を把握し，健康関係の課題を同定し，健康的生活を支援する政策を強化することであった。調査は毎年10月に施行され，3月に報告書として出版された（報告書のタイトルでは「年度」であるが，調査が行われたのは10月であるので，以下では「年」と表記する）。本研究では，最初の3年間の報告書を用いた。本研究で筆者が行った二次分析の目的は，何が課題となっているかを経時的に比較し，高齢者関係の調査結果を要約することであった。健康調査のサンプリング方法は第3章ですでに紹介した。

調査質問表

　人口・社会学指標など基本情報は毎年同じように収集されたが，健康関連の質問は毎年変化した。2年目の調査質問は，1年目の調査の記述式回答の結果を受け，また現地で働く保健師らのフィードバックを考慮して，修正されていた。3年目の調査質問は同様に前年までの調査結果を受け，保健師らのフィードバックを考慮して，さらに修正されていた。同定された主訴は，精神保健，アルコール依存症，栄養と食生活，訪問プログラム，その他の健康を求める行動であった。

　これには，日常のバランスのとれた栄養と食生活は健康を保つために基本的に必要だとする日本の文化的価値観も影響している。健康福祉部ら行政には，独居高齢者の食生活では，彼らの健康を維持するのが難しいのではないかという問題意識があった。

　行政による支援やケアに関する新しい質問が，3年目に追加された。これは，行政が被災経験とその生活復興過程の経験を健康福祉政策やプログラムに生かそうとしていること，また新しい住居，特に人口高齢化のすすんだ高層新築の復興住宅での大規模なコミュニティで，行政や住民が健康的なコミュニティを作るための社会的ネットワークを構築しようとしていることを反映していると考えられる。

　兵庫県健康調査の弱点は，ジェンダー分析がほとんどないことである。調査人口の性別情報は収集してはいるが，それをどの資料の分析にも活用していない。報告書の要約や考察においても高齢者には焦点を当てているが，ジェンダーについては論じていない。

質問事項の経時的比較

　兵庫県健康調査の質問事項の経時的比較（巻末付録4-1）は兵庫県健康福祉部が何に焦点を当てたかをあらわしている。この比較により，行政の理解と見方，そして関心事の変化経緯を示す。

　経時的に，質問事項はより具体的になっていった。特に，時間がたつにつれて地域支援制度についてより取り上げられるようになった。これは，被災世帯の調査により行政が健康に影響を及ぼす課題として支援制度が重要であ

第4章　阪神大震災とその後——量的分析

ると学び，位置づけた結果ともいえる。

人口学的社会学的指標，被災の度合い，健康に対する意識，精神的健康状態は3年間とも調査された。精神的健康状態をテストする手法は，はじめの2年はPTSS-10[1]とGHQ 30[2]を用いたが，3年目にはIES-R[3]と鬱度テストに変更された。

1年目に被災生活での問題についてなんでも自由に書く記述式回答の質問があったが，これは2年目と3年目には削除された。ストレスにどのように対処するかという選択式回答の質問は1年目と2年目にはあったが3年目にはなくなった。

被災生活においてどのような支援を被災者たちが受けたかに関しては1年目だけ質問された。3年目には支援に関して2つの質問が設けられた。行政とボランティアによる戸別訪問サービス，そして社会的サポートについての質問である。これらは，1年目の調査質問への回答の集計の結果，その回答の中から取り上げられた2つの支援形態である。しかし，「支援・サポート」の意味は時期により異なる。つまり，1年目の支援は被災直後の復興過程での支援であり，3年目の支援とは独居高齢者のための支援システムという色合いになる。

アルコール依存症，栄養，食生活についての質問は，2年目と3年目に設けられた。アルコール依存症問題はメディアでよく取り上げられた。食生活

---

1) PTSS-10テストは，PTSDの程度を測るスクリーニングテストの1つで，簡単な10の質問に自記式で答える10点満点のテストである。PTSSは，post-traumatic stress symptomsの頭文字をとっている。
2) GHQテストの目的は，一般の外来やコミュニティから，精神的疾患を自己申告によって見つけ出すこととなっている。日常的な機能を追考することができないか，新しい悩みに苦しむ症状があるか，の2点に焦点がある。GHQ 30は30項目からなり，GHQ 60の短縮版である。GHQ 28は回答の選択肢が増え，somatic symptoms（身体的症状）; anxiety and insomnia（不安と不眠症）; social dysfunction（社会不適応）; severe depression（極度の鬱）となる。回答時間は3〜4分を要する。最大点30点，最小点0点の範囲で，総得点8点以上が精神医学上問題があるとされており，日本人の一般人口ではその割合は1995年当時で15〜20％とされていた。
3) IES-Rは1997年に開発され，PTSDの程度を測ることができる。

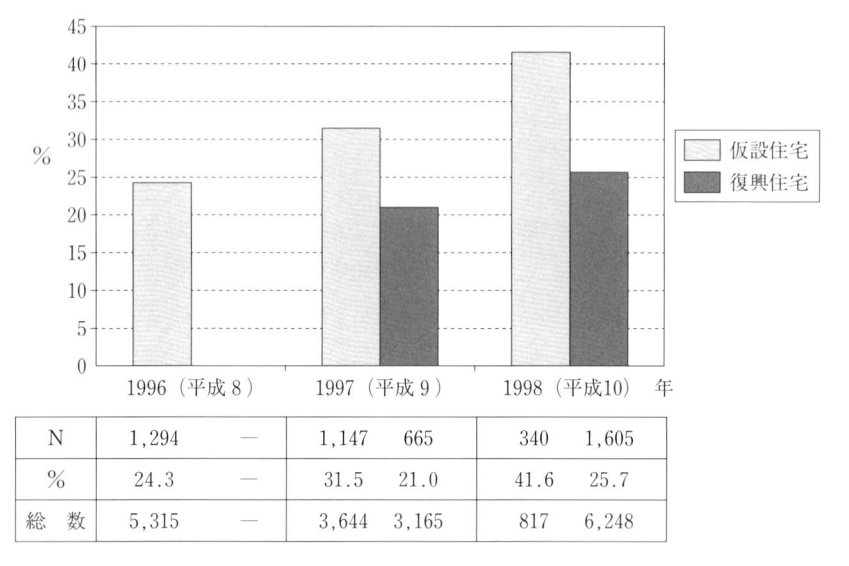

	1996（平成8）	1997（平成9）		1998（平成10）	
N	1,294	1,147	665	340	1,605
%	24.3	31.5	21.0	41.6	25.7
総数	5,315	3,644	3,165	817	6,248

図 4-1　1996（平成8）年から1998（平成10）年の仮設住宅と復興住宅の独り暮らし世帯の割合

はもともと日本社会で大きく取り上げられる話題である。行政の保健部は栄養，食生活教育に大きな関心を払ってきた。バランスの取れた栄養と健康的な食生活は，高齢者が独り暮らしであり，かつ，街中の商店街やレストランから離れた郊外に住んだ場合，維持するのが難しくなる課題である。この健康調査でも，独居高齢者の栄養に特に関心が払われていることが示される。この点に関してはさらに第5章と第6章で論じる。

3年目には，医療を求める行動や状況，運動や禁煙などの健康に関する行動や状況について質問している。

1996（平成8）年から1998（平成10）年までの仮設住宅と復興住宅[4]別住民の健康状態の経緯

仮設住宅と復興住宅のいずれにおいても，独り暮らし世帯の数は1996（平成8）年から1998（平成10）年までの間に増加した（図4-1）。

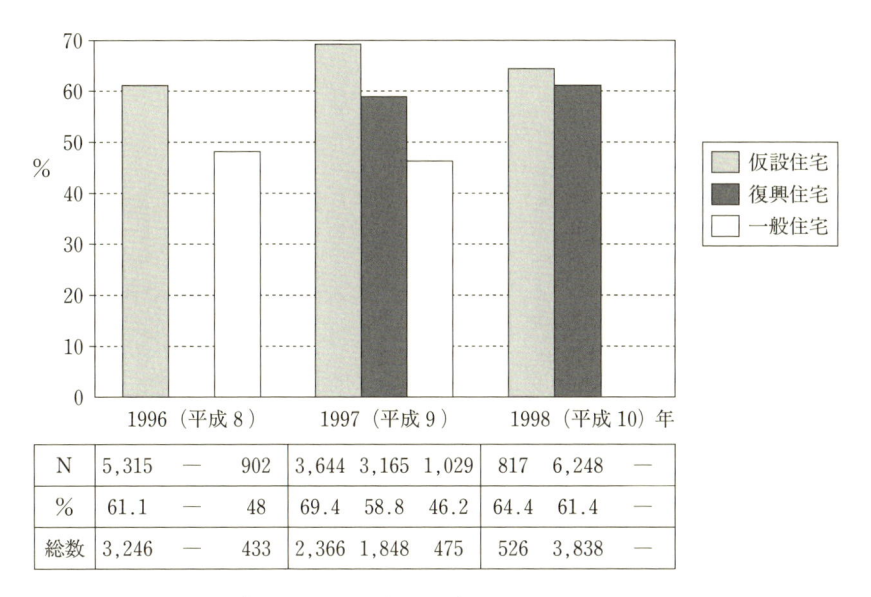

第4章　阪神大震災とその後——量的分析　　109

N	5,315	—	902	3,644	3,165	1,029	817	6,248	—
%	61.1	—	48	69.4	58.8	46.2	64.4	61.4	—
総数	3,246	—	433	2,366	1,848	475	526	3,838	—

図4-2　1996（平成8）年から1998（平成10）年の仮設住宅，復興住宅，一般住宅の住居別にみた住民の病気を訴えた割合

　病気を訴えた人の割合は仮設住宅，復興住宅，一般住宅の各住居で経時的には変化がないが，どの年でも仮設住宅住民で病気を訴える割合が一番高く，次に高いのが復興住宅であり，一般住宅で病気を訴える人の割合が一番低い（図4-2）。兵庫県健康調査の結果は概して仮設住宅住民の健康状態がもっとも悪かった。仮設住宅の生活環境が厳しかったために健康を害したのかもしれないし，健康状態の悪い住民がなかなか仮設住宅を去ることができなかったのかもしれない。

　図4-3は1996（平成8）年と1997（平成9）年の住居別また年齢別にみた病気を訴えた割合を示す。70歳代が病気を訴える割合が一番多かった。

4）報告書には，「災害復興住宅」略して「災害」という名称が使われているが，ここでは「復興住宅」に統一する。フィールドでは，他に，「災害復興恒久公営住宅」などいろいろな名称が用いられていた。

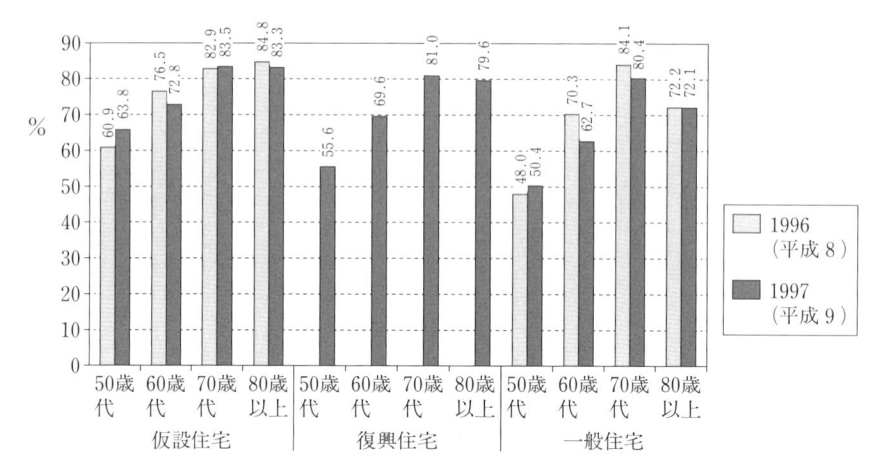

図 4-3 1996（平成 8）年と1997（平成 9）年の仮設住宅，復興住宅，一般住宅の住居別，また年齢別にみた回答者の病気を訴えた割合

仮設住宅住民を除くと，80歳以上は70歳代よりも健康的であった。仮設住宅では，高齢であるほど，何らかの病気を持っており，1996（平成 8）年が最もその傾向が強かった。

精神的健康 GHQ 30 テストは精神的健康を測るのに一般的に使われる試験である。日本の平均的スコアは 15～20 ％である。この健康調査では，1996（平成 8）年の一般住宅で全回答者の 35.6 ％，同様に 1997（平成 9）年の一般住宅で全回答者の 36.8 ％と，日本の平均の 2 倍を示し，問題を抱えた人々の割合が高いことを示した（図 4-4）。すべての住居形態で，50歳代に問題があるという結果が示された。

1998（平成 10）年度には試験が DSM-IV[5] に変更されたので，経時的に比較することはできない。GHQ，DSM，IES などのそれぞれのテストは反対

---

[5] DSM-IVは，Diagnostic and Statistic Manual of Mental Disorders 4th edition の略であり，「鬱尺度」を測定する。自記式質問紙に 7 項目の質問があり，総得点12点以上を鬱傾向があり経過観察が必要な者としている。しかし，12点以上の全てのものが鬱病と診断されるものではなく，偽陽性が含まれている。

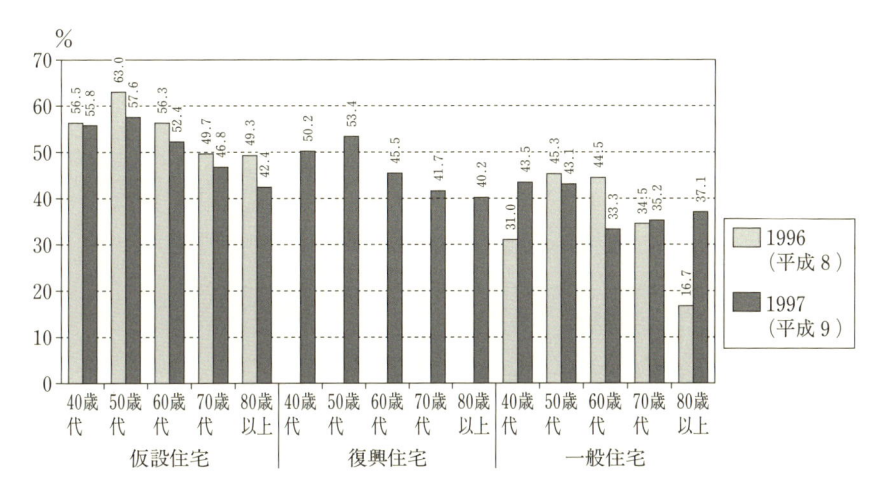

第4章　阪神大震災とその後——量的分析　　　　111

図4-4　1996（平成8）年と1997（平成9）年の年齢別住宅別精神健康 GHQ 30 テストで8点以上（問題あり）を示した住民の割合

の結果を示すことがある。たとえば，1989年のオーストラリアのニューカッスル地震の65歳以上の高齢被災者について行った研究では，GHQ テストと IES テストとでは相反する結果を示した（Tichehurst, 1996）[6]。兵庫県健康調査では，仮設住宅住民の40歳代から60歳代（12.6〜13.0％），復興住宅では50歳代（8.8％）が最も高率で鬱に苦しんでおり，80歳代よりも高いと報告している。

　GHQ 30 テストが異文化に適応されたときは，いくつかの設問についてはその結果の信頼性は落ちる。図4-4は一般住宅住民のほうが精神的健康状態が良いこと，仮設住宅住民が最も悪いことを示している。このような結果は1997年のイタリアのウンブリア地震での研究結果と，実施したテストは違うが，同じである。仮設住宅住民は老年鬱スケールでもハミルトンスケー

---

6) 結果は，GHQ テストでは，高齢の回答者は恐れや不安を感じることが比較的少なく，そのための支援サービスを受けることも比較的少なかったと出た。しかし，IES テストでは高齢者のほうが若者より，概して PTSD のレベルが高いと出た（Tichehurst, 1996）。

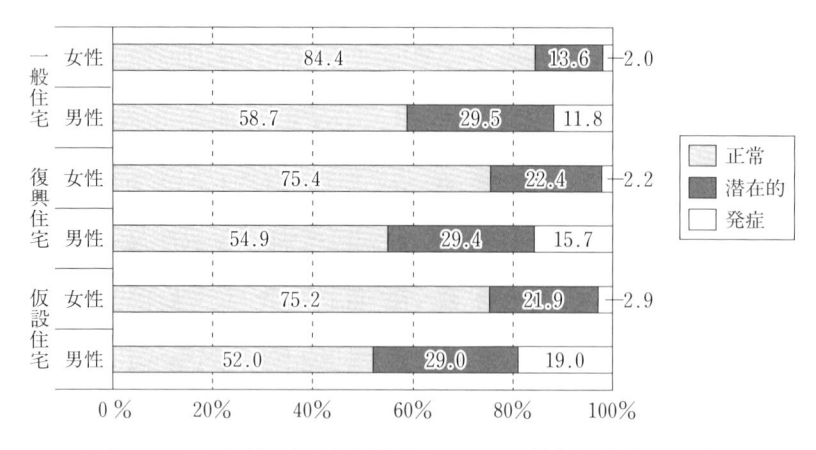

一般住宅	女性	84.4	13.6	2.0
	男性	58.7	29.5	11.8
復興住宅	女性	75.4	22.4	2.2
	男性	54.9	29.4	15.7
仮設住宅	女性	75.2	21.9	2.9
	男性	52.0	29.0	19.0

凡例：正常／潜在的／発症

図4-5　1997（平成9）年住居別性別アルコール依存症KASTテスト

ルでも「心配度」の高いスコアを示し，一般住宅住民より多くの健康状態への訴えを行った。すべての被災者が不便さ，心地悪さを訴えたが，仮設住宅住民はさらにその住居環境などから精神的落ち込みを訴えた（Mecocci, 2000）。

アルコール依存症KASTテスト

栗山アルコール依存症テスト（KASTテスト）は日本の社会的・文化的コンテクストで個人の飲酒行動をスクリーンするために開発されたものであり，14の設問からなっている。飲酒癖により大事な人との人間関係に問題を経験したことがあるか，今日は飲まないと決意したのに飲んでしまったことがあるか，などの質問がある。日本社会で深刻なアルコール依存症を患っている人の割合は男性で5.0～7.1％であり，女性で0.3～0.6％である。

兵庫県健康調査の結果，1997（平成9）年に深刻なアルコール依存症を抱えていたものは仮設住宅住民で7.0％，復興住宅住民で5.5％，一般住宅住民で4.7％を示した（図4-5）。すなわち，仮設住宅住民の間で最も深刻であった。性別で見ると男性のほうが多かった。つまり，仮設住宅男性住民がもっとも深刻であったということになる。女性は住居別ではあまり差がな

第 4 章　阪神大震災とその後——量的分析

かった。年齢別に見ると，40 歳代，50 歳代が最も深刻で，高齢者よりも問題があった。

1998（平成 10）年には，前年より，仮設住宅と復興住宅の両方でアルコール依存症の問題は少し増加した。仮設住宅では 50 歳代に問題のある割合が最も高く 21.5 ％であり，復興住宅では 40 歳代が 15.8 ％で最も高かった。

兵庫県の調査は年齢に注意を当てており，65 歳以上に注意を払っていた。一方で，地方行政保健部職員らのインタビューで，幹部は「女性はいいんですよ。問題は男性ですよ」と発言している。しかし，健康調査ではジェンダー格差への注意は払われていない。

第 2 節　メディア資料の量的分析

第 2 章で説明したように，メディア資料はこの研究の主な資料の 1 つである。第 3 章ではどのようにメディア資料が収集されたかを説明した。ここでは，メディア資料の量的分析の結果を紹介する。

高齢者の報道に費やされた時間

高齢者に焦点を当てた報道時間は，1999 年 1 月と 2000 年 1 月を比べると，計 9 時間 10 分（阪神大震災全報道中 33 ％に値する）から計 3 時間 20 分（同じく 8.4 ％に値する）に，実際の報道時間と阪神大震災全報道に占め

表 4-1　年別・焦点別テレビ報道の長さと割合

	1999 年 1 月	2000 年 1 月
震災関係の全報道時間	27 時間 55 分 （1,675 分）	38 時間 55 分 （2,335 分）
高齢者について報道した時間	9 時間 10 分 （550 分）	3 時間 20 分 （200 分）
震災関係全報道に対する高齢者について報道した割合	33 ％	8.4 ％

表 4-2 年別・テレビ局別・住居別にみたテレビ番組で紹介された高齢者数

テレビ局	1999年1月 男	1999年1月 女	2000年1月 男	2000年1月 女
NHK 総合	6	12	0	0
NHK 教育	0	0	3	5
NHK BS	0	0	0	0
毎日	6	12	1	1
朝日	3	2	0	0
関西	0	2	2	2
読売	5	10	2	1
テレビ大阪	0	0	0	2
サンテレビ	3	5	0	1
合計	23	43	8	12

注：報道された男性のうち，3人は自治会長であった。1人はNHK総合，1人はサンテレビ（いずれも1999年）で，もう1人は2000年の毎日放送で報道された。

る割合のどちらからみても減少した。表4-1は阪神大震災に関する報道の時間と，そのうち高齢者について報道した時間を年別に示したものである。2000年では，高齢者はなお重要な割合を占めているものの，割合的には低下し，震災関連の他の一般的な課題へと焦点が移行していったことがわかる。

ジェンダーへの焦点

テレビのドキュメンタリーやニュース番組は，男性高齢者より女性高齢者を多く紹介した（表4-2）。各番組は平均して男性1人と女性2人を紹介した。これは，メディアが男性も女性も紹介したが，実際の高齢住民は女性のほうが男性よりずっとたくさんいたことを反映しているのかもしれない。

表4-3 テレビ報道が各住宅とそこでの生活の様子に関して行った報道のイメージに対するポジティブ・ネガティブ分類

	ポジティブ		ネガティブ	
	1999年	2000年	1999年	2000年
仮設住宅	2	1	3	3
復興住宅	3	3	12	5
計	5	4	15	8

住居のイメージ

テレビ報道では，孤独な女性高齢者も，前向きな女性高齢者も紹介されたが，テレビリポーターによる女性の状態に関するコメントは，1999年も2000年も，NHKでも民放でも，全国ネットでも地方放送局でも，すべてのTV局で，ポジティブなものであった。インタビューをうけたほとんどの女性は，女友達のグループと一緒だった。一方，テレビで紹介された男性高齢者は，仮設住宅でも復興住宅でも，彼らの状態がどうであれ，妻がいない限り，彼らが新生活にどのように対応しているかに対して述べられたテレビ局側のコメントはネガティブなものであった。

2000年1月のサンテレビ（地方放送局）で，復興住宅の生活を紹介したあと，男性ニュースキャスターは「うーん，男性も，女性たちのようにがんばりましょう」とコメントしている。男性が活動的でなくなったのとは対照的に女性高齢者は友人を作り，幸せそうに見える。復興住宅のある男性住民はインタビューに答えて，「女の人はいいですよ。しゃべって，しゃべりつづけて，友達作って。でも，男は，年いったら，友達つくるの難しい。1日中テレビの前に座ってるだけ」と述べた（第6章の「ジェンダーとコミュニティポリティクス」の箇所も参照）。

1999年の復興住宅についてのテレビ報道は口調も焦点もネガティブな（否定的，無気力で，不幸感を強調する）ものであったが，2000年にはもっと中立的になり，人々にポジティブ（前向きで，幸福感を見る方向）に考えるように促しはじめた感もある（巻末付録の表4-2(1)を参照）。

2000年1月，すなわち，震災後5年，すべてのメディアは未来に向けて

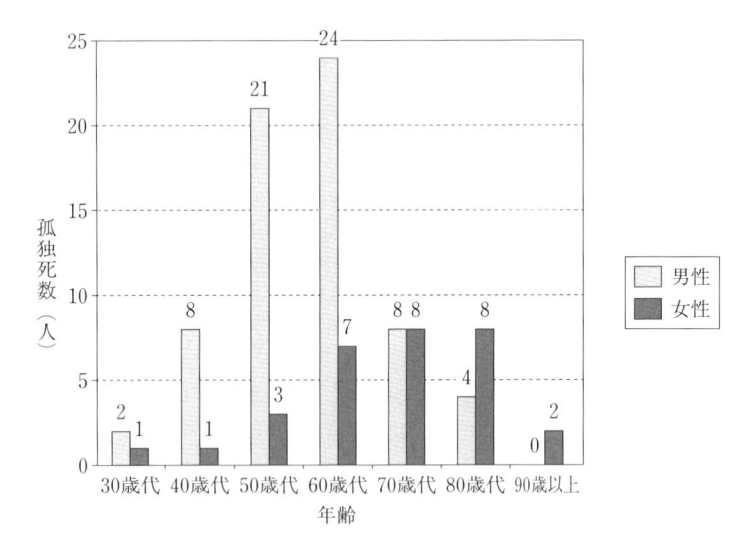

図 4 - 6　仮設住宅住民の年齢階級別孤独死数（1996 年 7 月 1 日現在，自殺・事故死を含む）

出典：上野易弘，1997：146

ポジティブなトーンに移行した。住宅での問題も取り上げながらも，総合的には復興住宅のいい面に注意を向けた（巻末付録の表 4 - 2 (2)を参照）。

「孤独死」

「孤独死」という言葉は，人々の目を引く，注意を引く単語としてテレビ番組の題名にも使われたし，新聞記事の見出しとしても重要な言葉だった。「孤独死」という言葉は，震災後の問題を記述するのに大事な言葉であった。

同志社大学生活問題研究会は仮設住宅でおきた「孤独死」事例の背景を調べ，「孤独死」という研究報告書をまとめた（同志社大学，1997）。1998 年 4 月 24 日現在，自殺を除くと仮設住宅で 207 の「孤独死」事例が報告された（朝日新聞，1998 年 7 月 17 日）。「孤独死」の原因は様々である。日本で一般的な死因である心臓病のほかに，飢餓や栄養失調が死因の一部であった。これは，貧困が直接的原因である場合ばかりでなく，アルコール依存症や未来

への希望を失った精神健康的問題も原因となっていることを示している。1995年の仮設住宅での「孤独死」は72例で，2年目は70例であった。仮設住宅住民は転出していって総世帯数は減少したので，割合としては上昇した。男性の孤独死数は女性の2倍であった。また，男性の「孤独死」平均年齢は55歳で，女性は70歳であった（図4-6）。当時の日本の平均余命は男性が77歳，女性は83歳である。男性の50歳代，60歳代の孤独死数は「孤独死」の半分に上る。50歳代，60歳代の男性というのは，東ヨーロッパと旧ソビエト連邦が1990年代前半に政治的経済的移行を経験したときに，もっとも健康を損なったグループでもある。急激な変化により彼らの死亡率，疾病率は急上昇し，アルコール依存症率，精神的鬱率も顕著に増加した（Goldstein et al., 1996：9）。「孤独死」のデータについては，このグループの震災前の状態の基本データはないので，急増したのかどうか比べることはできない。

　「孤独死」の直接の原因にはアルコール依存症による肝臓病（40歳から60歳の間の「孤独死」の43.8％を占める）や栄養失調が含まれていた（上野，1997：150）。前述のとおり，女性「孤独死」の平均年齢は男性より高かった。65歳以上の「孤独死」の直接原因のトップは心臓病であり，それは，女性のほうに多かった（上野，1997：151）。

まとめ

　第2章では，世界を通して，今までの自然災害の長期的影響について研究はあまりされておらず，特にエスノグラフィーを用いた研究は発表されていないことを示した。阪神大震災は死亡・疾病のいずれにおいても高齢者が主な犠牲者であること，医学誌も高齢者に注意を払ったことを紹介したことを受けて，本章では，3年間の住宅別の兵庫県健康調査の結果を紹介し，健康調査データの二次分析からわかったことを論じた。これは，本研究のエスノグラフィーにおける人口の背景的情報を示す。兵庫県健康調査は，一般的に高齢者のほうが健康でないとはいえ，50歳代，あるいは場合によっては40歳代まで，高齢者よりも多くの健康問題を訴えていることを示した。さらに

本章の後半では，メディア，世論の高齢者への関心を示した。

年毎の兵庫県健康調査の質問項目の変化は，行政の価値や関心の焦点を示した。そのような価値観や関心の焦点が，行政の政策形成時に考慮されるという点で重要である。第1章に紹介したように，Campbell (1992) は日本の高齢者に対する医療政策の変化において，メディアが重要な役割を果たしたことを示した。兵庫県健康調査で集められたデータは，そういった調査の際によくあるように，簡単な分析整理しかされていなかった。人々が何と答えたか，またどの答えが選ばれたかも重要であった。年毎の質問の変化は，保健部の理解や関心の焦点を示し，前年の調査結果から，また地域と連携した保健活動の経験で，何を学び取ったかを反映していた。

本章はまた，阪神大震災後の初期には，行政もメディアも研究者も，高齢者に関心の焦点を当てたことを示した。震災の直後や短期的影響の犠牲者は高齢者に偏っていることをデータは示している。これは，高齢者に支援の焦点を当てることの必要性を示している。

高齢者に注意を払うことは日本社会一般の傾向と一致している。仮設住宅や復興住宅で高齢者の割合が特別高いことは，日本の将来像だとしてメディアからも行政からもそして世論からも注意を引いた。震災の影響のめやすは短期的な影響としての物質的なものから，長期的なものとしての精神健康へと移行していった。しかし，調査の資料と測定結果は生データで，すべてが日本の文化に適応するものではない。人口高齢化社会に対処するためには，さらなる調査研究が必要である。

前述したように，本章後半部ではメディア報道のトーンや焦点の変化を見た。続く章では，メディア資料の質的分析とエスノグラフィー的フィールドワークからわかったことを紹介する。

第5章　仮設住宅

はじめに

　第4章にも示したように，年月が経つにつれて，仮設住宅入居者の高齢者の割合は増加した。震災から3年後の1998年1月現在で，2万5千人がまだ仮設住宅に住んでいた（朝日新聞，1998年1月17日）。比較的若い世帯は仮設住宅を去り，当時仮設住宅住民の半分以上は独居高齢者であった。1996年2月，震災から1年経た時点で，兵庫県の仮設住宅住民における65歳以上の割合は30.3％であった。1998年には，仮設住宅住民の平均年齢は65歳を超え，男女比では女性のほうが男性よりずっと多かった。この仮設住宅の人口学的特徴は，40年から50年後の日本社会の未来像であると報道された（朝日新聞，1998年4月2日）。

第1節　仮設住宅でのフィールドワークの背景

　第3章の研究手法で述べたように，数ヶ所の復興住宅と仮設住宅を訪問し，それぞれの比較も盛り込んでいるが，本研究の主なフィールドは夏秋復興住宅（夏山復興住宅と秋山復興住宅の複合体），冬山復興住宅，そして夏秋復興住宅近くの春山仮設住宅である（フィールドの名称はすべて仮名）。
　夏秋復興住宅と春山仮設住宅は神戸市西区に，また，冬山復興住宅は神戸市中央区に位置する。西区は震災そのものの直撃を受けなかったが，被災後の復興過程でもっとも影響を受けた地域ともいえる。大規模な仮設住宅群はほとんど西区に造られ，家を失った被災民が西区に多く流入した（表5-1

表 5 - 1 　震災前後の西区の人口・世帯数

	西 区 全 体 1994 年 10 月 1 日	仮設住宅全体 1996 年 5 月 24 日	西 区 全 体 1996 年 2 月 1 日
人口（人）	199,951	11,116	213,531
世帯数	63,051	4,437	—
65 歳以上人口（人）	15,796	4,437	20,428
65 歳以上の割合（％）	7.9	39.9	9.6

出典：兵庫県立看護大学，1996： 7

表 5 - 2 　1996 年 5 月春山仮設住宅の人口

春山仮設住宅	世帯数	全人口（人）	65 歳以上人口（人）	65 歳以上割合（％）
第 1	66	95	42	44.2
第 2	750	1,108	291	26.3
第 3	500	785	56	7.1
西区合計	8,941	11,116	4,437	39.9

出典：兵庫県立看護大学，1996：10

および本書 20 頁の地図参照）。

　この第 5 章では仮設住宅について，続く第 6 章では復興住宅について紹介する。

　春山仮設住宅は，仮設住宅の中でも最も規模の大きいものの 1 つであった。3 つの区域からなり，第 1 春山仮設住宅は 66 世帯，第 2 春山仮設住宅は 750 世帯，第 3 春山仮設住宅は 500 世帯造られた。1996 年 5 月現在で，65 歳以上の住民の割合は，それぞれ，44.2％，26.3％，7.1％であった（表 5 - 2）。第 1 春山仮設住宅の高齢者の割合が一番高いことは，仮設住宅の割り当てのときに高齢者が優先されたことを反映している。本研究のフィールドワークは主に第 2 春山仮設住宅で行った。

第2節　仮設住宅の分析

　典型的な仮設住宅は一戸建ての長屋タイプであった（写真5-1）。各棟には，一部屋か二部屋の世帯が，5から10世帯あった（図5-1）。

　仮設住宅に残された住民の多くは高齢者であった。一方，仮設住宅を去ることができた人々は新しい住まいで新たな問題に直面し，望んでいたものではなかったと考えたり，不満を覚えたりした。

　繰り返す転居は高齢者にとってたやすいことではない。また，転居先は，これらの高齢者が長年住みなれた都市中心部の下町ではなく，郊外のまだ不便な場所に建てられたばかりの立地であることが多かった。かかりつけの病院や診療所に通うのも難しくなった。都心からはなれた場所では，社会的活動に参加するにも外出するにも，都心で行うよりもさらに大きなエネルギーを要し，高齢者たちは孤立化したように感じた。これらの高齢者の多くは車を持っておらず，運転もできなかったので，日常品や食料の買い物にも苦労した。

　仮設住宅に入居せず，親戚のもとに身をよせた人々は，その滞在が長くなればなるほど，お互いにストレスを感じることもあった。高齢者によっては，帰る家がないので，とにかく健康上の理由を見つけて，入院し続けた人もいた。

　希望しても，仮設住宅に入居することも入院することもできなかった人たちもいる。ボランティアワーカーは，仮設住宅に入居できず，散らばった人たちのもとに行けなかったため，仮設住宅に入居できなかった老人がますます取り残されたケースもある。

　仮設住宅を割り当てたとき，公平にすべきという日本の価値観により，割り当てはくじによって行われた。しかし，同時に，行政は高齢者を優先することが必要と考え，高齢者のための優先枠組みも考慮された（表5-3）。この優先設定は日本社会の価値観を反映する。すなわち，この優先は高齢者や障害者といった抽象的イメージによって行われており，日本の価値観は高齢者を他の社会的弱者，脆弱性の高い集団と同じようにみなしていることを反

122

写真 5-1　典型的な長屋タイプの仮設住宅，1998年3月撮影

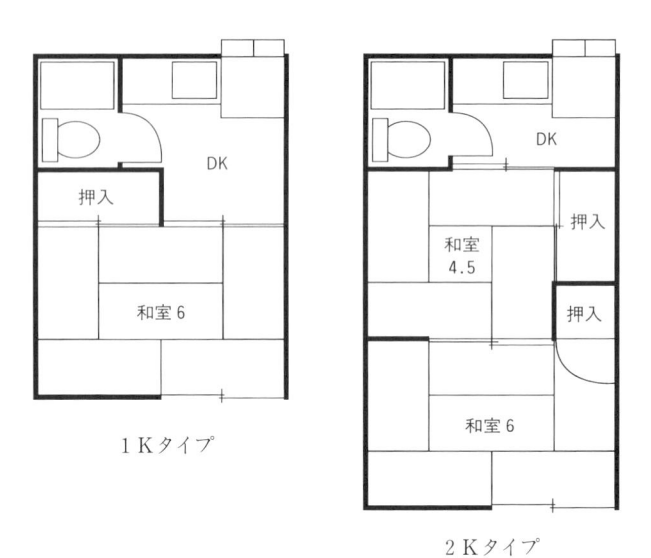

1Kタイプ

2Kタイプ

図 5-1　仮設住宅図面

第5章　仮設住宅

表5-3　神戸市における仮設入居者割り当て抽選時の優先順位

第1順位	高齢者（60歳以上）だけの世帯 障害者（障害者手帳1，2級，療育手帳ランク）のいる世帯 母子世帯（子供が18歳未満）
第2順位	高齢者（65歳以上）のいる世帯 乳幼児（3歳以下）のいる世帯 妊婦のいる世帯 18歳未満の子供が3人以上いる世帯
第3順位	病弱な者 被災により負傷した者 一時避難により身体の衰弱した者のいる世帯
第4順位	その他の世帯（上記の3つの区分にはいらない世帯）

注：二次募集以降，第1順位の障害者に，精神障害者（障害年金1級受給者，「障害の証明に関する証明書」の特別障害者）が加わっている。
出典：神戸市震災復興本部資料

映している。

　この割り当ての仕方は，後に他の問題を引き起こすことになる。高齢者と社会的弱者を先に固めて割り当てしたことで，仮設住宅の中でも注意の必要な孤立化した人々を1ヶ所に集中させてしまった（荻野，1999：340-341)[1]。

　第1章で述べたように，避難所での生活では，屋外に設置された仮設トイレを使わなければならなかったため，高齢者は，隣近所の人を夜中に起こさなくていいように，飲食を控えるなどの困難を経験した。日本の高齢者はしばしば文句をいわず，忍耐強く，控えめで，他の人の迷惑や負担にはならないようにと心がける。誰かが個別に尋ねなければ，自分のほうから手をあげて，「こんな問題がある」と訴えることはあまりしない。避難所で水や食料が配られたときも，一番に取りに行くのは高齢者ではなかった。日本社会の価値観によって，仮設住宅の割り当てを高齢者に優先しながら，くじ引きで

---

1) 荻野昌弘「地方自治体の対応と住民」岩崎信彦，鵜飼孝造，浦野正樹，辻勝次，似田貝香門，野田隆，山本剛郎（編）(1999)『阪神・淡路大震災の社会学2　避難生活の社会学』昭和堂，326-344頁。

写真 5 - 2　地下鉄駅から仮設住宅地域へ向かう途中の緑の美しい谷にかかる橋。仮設住宅住民の飛び降り自殺の現場となった

行うのは正当だと考えられた。

　復興住宅の割り当てを行ったときも，基本的にくじによって割り当てされた。希望のところにアパートが当たった人は喜んだが，なかなかくじが当たらず，落ち込む人々もいた。彼らはくじに外れても，次の，さらにまた次の機会に応募し続けた。自殺の原因が3回目のはずれ通知を得たことだったという事例もあった（写真5-2）。一方で，ただ，運が悪いとあきらめる人もいた。

仮設住宅住民の特徴

　長期的仮設住宅住民の特徴としては，年金を受給していないか，していても極めて少額であることがあり，また独居高齢者，持ち家がない，アルコール依存症などがあげられる。そして，1人の人がいくつかの特徴を持ち合わ

第5章 仮設住宅

せていることも少なくなかった。

　このような共通の特徴が観察されても，仮設住宅の独居高齢者たちが単一的なわけではなく，それぞれさまざまな背景を抱えていた。生涯独身者もいた。震災の前から未亡人だった人たちもいた。震災で配偶者を亡くした人もいた。被災という困難な体験の時に価値観の相違が浮き彫りになったり，信頼が崩れたりして，それが原因となって離婚した人たちもいた。結婚はしたが子供がいなかった人もいたし，子供はいてもそれぞれの生活が大変で，住宅のスペースという面から，また，人間関係の緊張やストレスという面からも，親をひきとる余裕がないケースもあった。一緒には住んでいなくても仮設住宅に住む親を頻繁に訪ねている子供もいた。仕事が忙しく，訪ねる余裕のない人たちもいた。震災のあと，諸々の事情やわだかまりで絶縁状態になった親子もいた。本研究対象の高齢者たちは，国，地域，言語，教育レベル，雇用状態，階級といった社会学でよくみられる指標においては，ほとんど同じ範疇に入ったとしても，個々人の背景は多様であった。

　フィールドワークの間，なぜ子供のいる高齢者が独りになったのかを見出そうとした。家族の人間関係はセンシティブなもので，ずけずけと聞きだせるものではない。本人が漏らすこともあるし，本人の言うことが面子の裏返しのようなこともあった。その地域コミュニティで働き，長く彼らを見つめ，彼らの信頼を得ているような人の観察が理解のための手がかりとなった。

　子供たちは彼ら自身，経済的余裕がなく，経済的自立のできない老いた親を引き取る余裕がなかった。親が，成功した子供のところに世話になるのをためらうケースもあった。日本社会の価値観とも関係するが，戦争などで教育の機会が与えられなかった分，余計に子供に教育を与えることに熱心だった高齢者たちもいた。日本の戦後の教育機会は世界的に見て比較的公平であった。高校や大学のレベルは多様とはいえ，家族の持つコネクションに関係なく，個人の学力があれば入学することができた。親子で教育程度に格差があるとき，親が自らを成功した子供とは同じ社会に属さないと感じて，身を引くように子供から遠のくケースもあった。

　仮設住宅の生活では，住居が1階建てなので，窓から，近所の人たちを見

ることができた。仮設住宅コミュニティでは，近所の人が「ちょっと作りすぎちゃった。手伝ってくれる？　一緒に食べてくれる？」，「ちょっと新しいもの作ってみたの。試してみて」などといいながら，何か食べ物を持って他の住民のところに気軽に立ち寄った。これは，近所の人と付き合い，友達をつくる方法の1つだった。

　食生活は健康維持に重要で，バランスの取れた栄養をとるよう注意することは，栄養が偏りがちな独居者に重要である。食べものを持ちよることもこの点を改善する対策となる。食生活の日本文化的価値については，後の章でさらに論ずる。

　仮設住宅の住民には自分たちを1つの組織とし，同じ復興住宅に一緒に入居できるように，行政に交渉するグループも出た。これは，病気などの身体的理由ではなく，彼らが近所の友人たちとともに，新しい住環境でも一緒にがんばっていくためである。このような例は，仮設住宅のくじによる割り当てのあと，新しい住環境でのコミュニティ形成が難航している時期に，転居によるネガティブな面から学んだ，むしろ成功例としてみられた（神戸市保健福祉部，1999）。

仮設住宅での問題

　仮設住宅では高齢者が孤立することもあった。仮設住宅割り当てのときに優先され，それ自体は良き配慮をしての政策だったのだが，結果，独居高齢者や障害者が1ヶ所に集中してしまった（Tanida, 1996：1133-1135）。はじめに住宅を割り当てされたので，彼らは，戸番号の若い順番，すなわち，仮設住宅の一番奥の棟，ふれあい広場というコミュニティセンター（集会所）や仮設住宅地区の入り口から一番遠いところの世帯を割り当てられる結果となった（図5-2）。これは，社会とつながるために高齢者が外出するのに，物理的にとても不便となった。若い人には10分で歩ける距離でも，高齢者にとっては，自分の家からコミュニティセンターや宅地の出入り口外のバス停までたどりつくのに1時間はかかった。また，日常生活にちょっとした手助けや支援のいる人ばかりを奥に集中させてしまった。

　1995年9月，震災から1年も経たないうちに，仮設住宅世帯の40％は高

第5章 仮設住宅

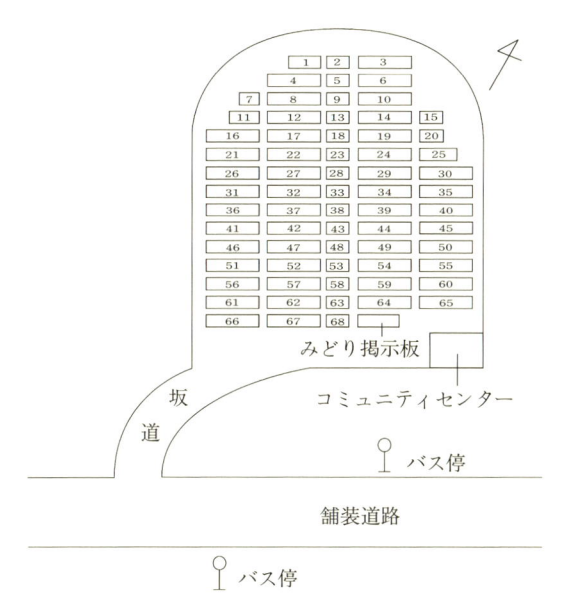

図 5-2 仮設室谷第2住宅の住宅配置図と，バス停の位置

齢者のみとなり，その半分は独居であった。それぞれの人生を自分たちで歩むことができる人は，仮設住宅を離れていった。仮設住宅に残されたのは，高齢者，障害者，低所得者などの，社会的弱者といわれる人々となっていった。1996年6月，49％の世帯が65歳以上の家族のみ，また，28％が65歳以上の独居高齢者となった（Tanida, 1996）。1998年3月の朝日新聞において，1997年秋に神戸市保健部が実施した仮設住宅での調査の結果が報告されているが，主な問題は，老人性痴呆，精神的身体的障害者，寝たきり老人，精神疾患，アルコール依存症であった（表5-4）。

　仮設住宅と復興住宅の比較については，メディア報道と相反する内容が，フィールドで聞かれた声から見出された。仮設住宅の生活が住民の健康を蝕むと報道された一方で，フィールドで筆者が直に聞いたものには，仮設住宅に移ってかえって健康的な生活になったという住民の声やボランティアたち

表5-4　神戸市仮設住宅の健康調査結果

	人数
老人性痴呆	120
精神的身体的障害者	304
寝たきり老人	146
精神疾患	85
アルコール依存症	144

出典：朝日新聞，1988年3月

の説明もあった。

　健康に悪影響があったとの報道や，住民やボランティアから受けた説明としては以下の点が論じられた。プレハブの仮設住宅での生活は，夏は暑すぎ，冬は寒すぎる。仮設住宅はかかりつけの医者から遠いので，規則的に通院することができない。これは，高齢者が日常抱く不安感を増す。健康問題は高齢者にとって最大の関心事の1つである。もし，何かが起きたときには，手遅れにならないように医療をうけられるようにというのが関心としてある。

　テレビのインタビューにこたえたM氏はグループホーム計画について語った。

「健康で問題のないときは，独りで大丈夫です。でも，もし，何か起きたら……ねえ，わかるでしょう。」(2000年1月11日，NHK教育テレビ，ETV特集「震災から5年　心のみち　手水仮設住宅の高齢者——障害者と高齢者のための特別型コレクティブハウス[2]」)

---

2) 特別型コレクティブハウスは，高齢者や障害者のための住まいとしても注目を集めている住居様式で，台所や食堂などの共有スペースがあり，独り暮らしの他人同士が，助け合いながら，家族のような生活を営むことができるようなアレンジとなっている。阪神大震災の仮設住宅においても試みがなされたが，このタイプは，地域型仮設住宅といわれた。

日本社会において特に，診療所は高齢者の社交の場であると言われてきた。医療費が無料であったとき，高齢者は，待合室でほかの高齢者たちに会うために診療所に通った面もあるという。有名な冗談で，診療所に毎日通う老人が，ある日その診療所にこなかったら，他の人たちが，「あの人はいったいどうしたのだろう，病院に来ないなんて病気じゃないか」と心配するという話がある。

テレビで報道されたH男氏（71歳）は，仮設住宅の生活が健康を蝕んだという事例である（1999年1月10日，読売テレビ，NNNドキュメンタリー「震災後4年」）。

他の番組は，仮設住宅に2年住んだY夫氏（70歳）を紹介した。仮設住宅の環境で，喘息がひどくなったという（1999年1月14日，NHK，クローズアップ現代「孤立する高齢者たち　復興住宅からの報告」）。

1999年，テレビ報道は仮設住宅の生活が人々の健康を害したと報道した。筆者が仮設住宅を訪れたときは，むしろ反対に仮設住宅での生活の健康へのポジティブな効果を説明した人たちもいた。テレビで報道していることには正しい面もあるが，ポジティブな効果のほうが多かったと彼らは言う。彼らは，郊外の，空気が新鮮な山の近くで，毎日長い距離を歩かねばならなかったために，体調がよくなったと言い，歩くことが健康維持に大事だと強調した。

1999年のテレビ報道でUさんは「もう仮設に住みたくない，友達が先に去っていくのはさみしい」と言っていたが，2000年のテレビ報道に再登場したときは仮設住宅の生活を感謝の気持ちで懐かしみ，人と人が助け合わなければいけないという貴重な経験をしたと話した。

第3節　高齢者の幸福

テレビ報道は仮設住宅での生活の幸福さについて議論した。1999年の報道は，仮設住宅での生活のほうが復興住宅に移り住んでからよりも，高齢者住民は幸せにしていたというようなトーンであった。1999年の報道で，復興住宅にすでに移り住んだ女性高齢者の言葉は次のようにとりあげられてい

る。

「復興住宅に移ってもう6ヶ月。でも，ここでは友達ひとりもできへん。もう希望もない。心配がつのるばかり。誰とも話すことなく毎日が過ぎていく。1日中テレビ見て，寝るだけ。」
「(ナレーション) K氏は仮設住宅での生活のほうが幸せにしていた。復興住宅に移ってから，孤独感が増した。言葉を交わす人がいない。一緒に食事をする人がいない。近所の人と友達になるのも難しい。K氏は，年をとると，友達をつくるのは難しくなるという。」(1999年1月13日，テレビ朝日，ニュースステーション 3日間シリーズ「閉ざされた空間 被災者 終の住みかで」)

「もう近所の人たちに挨拶する元気ものこっていない。仮設住宅での生活はずっとよかった。でも，ここ(復興住宅)ではみな自分の家にとじこまったまま。コミュニケーションなんて無理。こんなところでは，人を見かけることもちらっとだけでほとんどない。」(1999年1月15日，テレビ朝日，ワイドABCDE一す「仮設の方がずっとよかった」,「なぜお酒に アルコール依存症」)

テレビ報道は仮設住宅のほうがずっとよかったと紹介した。人々は仮設住宅の生活のよかった部分を懐かしむ。しかし，仮設住宅を去ったからそう言えるという部分もある。仮設住宅はあくまで仮設であり，やはりそこから去らねばならず，また去りたいのである。テレビ報道はこの基本的なところを歪曲していたともいえる。復興住宅がひどいところなので仮設住宅に戻りたがっているように解釈するのは間違っている。

他のテレビ報道で紹介されたC子さん(76歳)の事例。

「でもね……ここ(復興住宅)では，友達できない。近所の人にこんにちはと挨拶するよ。住宅棟の掃除にも出て行って参加するよ。入居して3ヶ月たったけど，なんか良く思えなくなってきた。落ち込む。この気持ちを

表現するのはむずかしいよ。ここに引越ししてきたとき，人が死んでいく話をきいたよ。この棟の住民が1人，また1人。棟の屋上から飛び降り自殺した人の話も聞いた。67歳の独り暮らしやったらしい。仮設住宅での生活はよかったよ。なつかしいわぁ。むかし住んでた仮設住宅によく行くよ。ちょっと修理してくれてまたあそこに住めたらいいのにと思うよ。」
(1999年1月17日，テレビ朝日，テレメンタリー「震災5年目　仮設の絶望　見捨てられていく人々」)

しかし，仮設住宅ももはや彼らが住んでいたときと同じ場所ではない。D男氏（57歳）も同じテレビ番組で紹介された。彼はまだ仮設住宅に住んでいるので，自身の体験として復興住宅との生活を比較はできないが，彼はもはや仮設住宅に住むのが幸せでないといっていた。彼はまだ生きている間に仮設住宅を出たいと訴えた。

　F子さん（50歳）は，いくつかのテレビ番組に紹介された。仮設住宅に長く住んだ人である。同じ仮設住宅から復興住宅に移り住んだが，よく仮設住宅に遊びに戻ってくる友人たちのことをみて，友人たちは仮設住宅のほうが良いとF子さんに言うと，F子さんは語った。「仮設住宅での生活のほうがいい」という見方は真実である部分もあるであろうし，その友人たちが，まだ仮設住宅を出られないF子さんを不安にさせないために親切に誇張して言っている面もあるかもしれない（1999年1月17日，毎日テレビ「1.17　あの日を刻む——30人の証言——震災であなたの生き方はかわりましたか」）。このような話を聞いたからといって，F子さんが仮設住宅から出ることをどれくらい本当に躊躇しただろうか。復興住宅での新生活への期待をなくしただろうか。

　仮設住宅で一緒に暮らした人々がお互いを訪問するのは，良い助け合いネットワークである。しかし，足が不自由になってきたりすると，簡単には離れ離れになった友人を訪ねることはできない。

「（ナレーション）N雄氏（82歳）の息子，M雄氏は，寝たきりの父親のためには，人が周りにいる仮設住宅のほうがよいと決めた。誰一人として取

り残されないようにと希望を語った。」(1999 年 1 月 17 日，NHK，阪神大震災からの 4 年「復興マップで被災地・神戸の今を徹底検証」)

　また経済的に家賃を払える住まいを見つけられない人々もいた。仮設住宅は無料で，家賃はなかったが，メディアではそのことは指摘されなかった。その仮設住宅も 2000 年 4 月にすべて閉鎖された。

　ある NHK 番組は，K 夫氏と A 子さんの夫婦を紹介した。この夫婦はかつて住んだ仮設住宅に通った。復興住宅のほうが造りはずっと立派だったが，そこでの生活は幸福感がない。彼らは 2 人であり，独りではない。それでも，仮設住宅での生活にあったような「人との交流」，「ふれあい」がないと感じた。

　テレビ番組は復興住宅での生活が仮設住宅のときよりも悪くなったと報道した。仮設住宅を去る女性高齢者は，何年か住んだそこを去るのを寂しく思った。まだ仮設住宅を去ることができない 2 人の男性も，復興住宅では鬱が待っているという印象を持っていると言った。彼らは，女性高齢者や中年男性の自殺のうわさを聞いたという。復興住宅のくじに当たった知らせを受け取ったある女性高齢者はその後，行方をくらました。仮設住宅を去りたくなかったからだという (1999 年 1 月 17 日，毎日テレビ，報道特集「震災から 4 年」)。

　1999 年のメディア報道において，まだ仮設住宅を去っていない住民は，まるで復興住宅の生活をすでに知っているような口調で話した。これは，先に復興住宅に入居した友人から聞いた話にもよるであろうし，テレビでみた話にもよると思われる。しかし，先にくじに当たって復興住宅に入居した者は，まだ仮設住宅にいる友人に見せびらかすような，うらやましがらせるようなことは普通言わない。むしろ，その友人たちの不安を和らげようとして，仮設住宅での生活のほうがいいよと言ったりするので，そこにはバイアスがかかっている。

　テレビ報道は，報道する側が伝えたいメッセージがすでに決まっていて，それに合う人のインタビューをかいつまんで放映する傾向にあり，インタビューされた人が本当に言おうとしていたことを反映していないこともしば

しばあるともいう。

E子さん（74歳）は，むしろ復興住宅での生活を前向きに捉えている事例であった。何度もくじに外れた後，やっと当たった復興住宅に入居できて喜んでいた（1998年1月8日，サンテレビ，EYE f「仮設3年・復興住宅で新年」）。これは，復興住宅での生活を暗いイメージで報道する番組が一般的な中，例外的なものであった。

第4節　高齢者の世話をすることとは

テレビ報道は，仮設住宅ではその家屋の悪条件とは裏腹に，ボランティアや行政が注意を払うこともあり，仮設住宅の高齢者のほうがよく面倒をみられているように紹介した。

どのような面で仮設住宅の高齢者はよく面倒がみられているというのであろうか。それは建物そのものではなく，経済的に，また日常生活のちょっとしたことのサポートなど，住民に助けとなるプログラムがあり，人々が訪れるということである。一般的なメディアのトーンは，高齢者の住まいとして，仮設住宅よりも復興住宅の環境に問題があるように紹介した。復興住宅を建てるにあたって，高齢者住民を考慮したシステムが備えつけられたりしたにもかかわらずである。両者の違いは，建物そのものだけではなく，生活環境とコミュニティすべてを含む。しかしながら，建物そのものも重要な要因といえる。

第5節　友人をつくる

被災地の仮設住宅コミュニティでは，茶話会がよく催された。テレビでも紹介された。そのようなイベントは目に見えるものであるし，活動として同定しやすい。テレビのリポーターにとっても，個人個人のプライベートな住居よりも入っていきやすい。茶話会は，簡単なイベントがコミュニティに意味を持つことを示すいい例でもある。そこは住民たちが出会い，ふれあいを持つところであり，住民が家から出てきて，情報を交換し，友人を作る場で

あった。本研究の仮設住宅と復興住宅の両方のフィールドワークで重要な観察場所でもあった。

たった1回茶話会に出てみただけですぐに友人ができるわけではなくても，何回か通ってみるうちに話し始め，友人をつくりはじめる。前に話した人と，次もまた話すとは限らない。しかし，回数を重ね，なじみとなって友情も育つ。

仮設住宅の住民たちには，茶話会を休むことのできないイベントと見ている人たちもいた。

前述のテレビ番組でK氏は，仮設住宅での生活のほうが幸せであって，復興住宅では寂しく，友達ができない理由に，高齢であることを挙げていた。この点は，第7章でさらに考察する。

コレクティブハウスでの試みもいくつかのテレビ番組で紹介された。コレクティブハウスを推奨する議論もかなりされた（朝日新聞，1999年7月13日）。グループホームをタイトルに取り上げるテレビ番組もあった。たとえば，毎日テレビのナウ「グループホーム　老後安心して暮らせる住まい──仮設からの提言」（この報道は筑紫哲也NEWS 23にて再放送された）などである。これらのグループホームでは，高齢者の面倒をみるということに必ずしも若い人が必要というわけではない。それぞれの高齢者には違った役割がそなわっていて，お互いに補い合いながら助け合うことができる。そのような生活では，高齢者はほかの人のお荷物だと感じるのではなく，自分が役に立つと考え，それが彼らの「いきがい」ともなる。この理論については，第7章でもさらに見る。また，高齢者たちは，そこでは若者の生活速度についていかなければというプレッシャーを感じる必要もない。コレクティブハウスでは少人数の介護士が効率よく高齢者たちに注意を払うことができる。高齢化社会のケアのコストも下げられるのではないだろうかという提案でもある。

第6節　出版された報告書などの紹介

Noritoshi Tanida, British Medical Journal (1996)（英語論文）

　Tanidaは，仮設住宅に残された高齢者への注意を促し，災害の後は高齢者や弱者に特別の注意が継続して必要であることを訴えた。1996年2月には行政が24時間サポートつきの高齢者と障害者用の特別仮設住宅を建てたことも紹介している。しかし，その数はまだまだ足りず，一般の仮設住宅に多くの高齢者が独りで取り残されていると指摘している。

　彼はまた，近い将来簡単には解決できないであろういくつかの問題点が起こることも指摘している。第1に，仮設住宅という新しい環境での高齢者たちのコミュニティ形成の難しさである。1995年7月までに自治会をつくった仮設住宅は30％にとどまったことを紹介している。これは，仮設住宅が設置されてまだ2，3ヶ月の時点であるので，結論付けるのは早いとはいえ，コミュニティ形成の難しさをすでに読み取っており，その原因を高齢であることに見ている。第2点は，高齢者たちが誰にも知られずに死んでいくという問題と，高い自殺率の問題である。「孤独死」は震災後，社会の問題として取り上げられ，メディアも「孤独死」の数を訴えた。「孤独死」についてはさらに第8章で議論する。

　Tanidaの論文は震災後わずか1年後に書かれたものであるが，仮設住民の転居の傾向をすでに指摘している。仮設住宅を自力で去ることのできる者たちは去り，高齢者や障害者，社会的弱者，低所得者が取り残されていく。彼はまた，高齢者たちをケアしている人々自身も被災しており，長期的にケアをし続ける余裕はなかなかないと指摘している。

Yosuke Hirayama, Housing Studies (2000)（英語論文）

　Hirayamaは，阪神大震災による住まいの崩壊の特徴を紹介し，震災前からあった地域格差の震災による拡大現象を指摘しており，震災そのものは自然災害であったが，住居崩壊の不均衡は社会的に造りだされたものとも言えると述べている。同様に，本書の研究対象である仮設住宅と復興住宅の住民

写真 5-3　立ち入り禁止になり，フェンスで囲まれた仮設住宅

の多くは，低所得者層であった。Hirayama は被災後の復興の過程もまた均等ではなく，社会の極化を促し，神戸市を分断したと分析している。犠牲者をグループにまとめ，低所得者や高齢者の割合の高い公的扶助の要る人々，要介護者たちを同じところに集めた様子を記述している。

　Hirayama は仮設住宅のデザインの問題点を指摘している。高層階への転入は，高齢者や障害者に問題を突きつけた。また，新しい住居群を建てたのに，そこの共同スペース，緑地エリア，生活関係の施設の少なさは，極めて驚きに値すると言っている。この問題はコミュニティ形成の難しさの大事な要因であることを次の章で議論する。

　Hirayama の論文は，住民の精神保健への影響も考慮している。多くの仮設住宅地区はフェンスに囲まれ，近隣からも大きな道路で分断されていた。仮設住宅を表現するのにこの英語論文では Camp という単語を使っている。本書のフィールドワークでも，仮設住宅を囲うフェンスは，高齢者に戦争時代の捕虜としてのトラウマ的記憶を思い起こさせていることがあることも明

第5章　仮設住宅

らかになった(写真5-3)。Hirayamaはこのような環境は住民たちの精神を落ち込ませると指摘し、「孤独死」、自殺、中高年男性のアルコール依存症、女性高齢者の栄養失調などの増加にも言及している。

Hirayamaの論文は仮設住宅と復興住宅が行政の別の部門の管轄であることも説明している。入居費用が無料である仮設住宅は公的支援の枠組みから厚生省の供給であり、一方、復興住宅は建設省によって供給されている。

次に紹介する神戸市西区保健部による神戸市西区の仮設住宅と復興住宅の報告書2冊は、住民のジェンダー格差は特に考慮していないが、その年齢と、独居ということに注意を払っている。65歳という年齢は高齢者を定義づける線引きであり、65歳以上独居というのは、障害者のように、もっとも脆弱な人々と見られ、したがって、これらの人々は公的サポート制度に支援されなければならないと見ている。

神戸市西区保健部が兵庫県立看護大学に委託した調査報告書 (1996年8月)

これは、1995年4月から1996年3月に看護大学によって行われた、保健師や看護師の支援活動を分析しようとした研究の報告書である。その活動とは要介護者同定のための調査、調査を通しての関係者からの情報交換、公衆衛生活動である。公衆衛生活動は医療的なものだけでなく、健康ケアカウンセリングも含む。報告書はコミュニティ形成を考察し、コミュニティのイベントが連携への第1ステップとして重要であること、自治会形成の重要性を論じている。また、行政とボランティアの間、各ボランティア間、その他の協力者との情報交換の重要性を強調している。

はじめに「孤独死」の問題がメディアなどで取り上げられていることと、行政がそれに対策を講じることが期待されていることを述べている。そして、調査委員会の目的は新たな「孤独死」の事例が発生することを防ぐことにあり、被災者たちの生活復興と健康の維持を支援することにあるとしている。

この報告書は、この仮設住宅コミュニティ住民を特徴づけるものは、震災によっての喪失体験の共有であるとしている。しかし、同時に仮設住宅住民

はいろいろな背景を持っており，仮設住宅の新しいコミュニティは，やがてまたそこを去るまでの仮のものであるとしている。また，仮設住宅の高齢者住民の割合の高さも紹介している。

ここでは，仮設住宅の住民を3つに分けている。公的扶助を受けているグループは健康福祉の専門的支援にアクセスがある。潜在グループは現在は専門的支援は必要としていないが，将来健康を失い支援が必要となるであろうグループ，健康的グループは健康で，生活復興も比較的うまくいっているグループである。本報告書は仮設住宅でのコミュニティ形成は，この潜在グループが健康を失ってしまうことを防ぐことを目的としているとする。

神戸市西区保健部（1998年3月）

この報告書は神戸市西区のコミュニティ形成活動を記録している。この報告書は上記の兵庫県立看護大学による報告書の続編とも言える。1995年から1997年の春山仮設住宅住民の精神健康について記述している。初年の，不眠，不安，孤独，特に新しい土地に移ったことによる精神面の症状，仮設住宅でのプライバシー保護の難しさと，近所の騒音の問題を取り上げている。2年目は，仮設住宅内の近隣の人との良好な関係を保つという問題と，人間関係の問題という，両方を取り上げ，仮設住宅での人間関係の難しさも紹介している。長引く仮設住宅での生活による健康の喪失，特に仮設住宅の厳しい条件（雨漏り，すきま風など）と温度変化による問題に注意を払っている。住民が仮設を去りはじめたときの不安も認識している。3年目は，仮設住宅を去る者の復興住宅での新生活への不安を認識する一方，まだ仮設住宅にいる住民が募らせる不安感も指摘している。これは，仮設住宅のほうが復興住宅よりも良いところだというメディア報道のトーンとは一致していない。

本報告書は1995年4月から1998年3月までの春山仮設住宅と夏秋復興住宅の健康的コミュニティ形成の過程を追うアクションリサーチとされた。はじめの2年間は春山仮設住宅だけを見ており，住民が仮設住宅を離れ，夏秋復興住宅をふくめ各復興住宅へと転居していった1997年6月には，夏秋復興住宅の観察に移動している。そこでの生活支援アドバイザー（LSA），健

康アドバイザーとしての看護師や看護師ボランティアの活動も紹介している。

ボランティアが仮設住宅での支援的コミュニティ形成に重要な役割を果たしていた春山仮設住宅でのコミュニティ形成を3年間観察し作成された報告書は，高齢者と障害者へのサポートシステムを構築するために，健康問題を考慮しながらコミュニティ形成をする必要性を強調している。短期的に行えるコミュニティ活動を観察しているので，必ずしも長期的に持続するものではなく，今後，長期的に観察していく必要がある。報告書は，3年経過したあとも，活動を続けていたものはほとんどが地域の住民であることを指摘し，仮設住宅でのコミュニティ形成においても地域住民の理解と活動の重要性を強調した。

一方，健康問題に対処するための限界も指摘している。現行の保健師や看護師ボランティアだけでは，対処しきれないため，仮設住宅にまだ残された住民たちの健康を守るために保健所を拠点とした，より組織化された活動を提言している。また，行政，特に保健部と，民生委員，友愛訪問などのボランティア，茶話会，自治会支援などの連携の重要性を強調している。さらに，震災後の健康的コミュニティ形成の経験は日本全般の高齢化社会の課題へとつながると示唆している。

まとめ

第5章はどのように住民が仮設住宅に割り当てされ，低所得者や高齢者が二極化していき，震災後の生活復興過程を通して社会の注意を引くようになったかを紹介した。避難所に避難した人々は数ヶ月後，仮設住宅へと移った。他に自分の住居を得ることができなかったり，助けてくれる家族がいない人々が仮設住宅に入居したともいえる。大部分の人は，高齢低所得者層であり，いわゆる家族として機能している家族を持たない人であった。日本社会の価値観から，仮設住宅の割り当ては高齢者を優先しながら，公平に，くじで行われた。

高齢者は1998年から1999年にかけての震災関係のメディア報道の焦点で

あった。1999 年から 2000 年にかけては，高齢者も重要な一課題であり続けたが，人口グループとしては，苦悩する中高年や子供たち，特に震災孤児にも焦点が向けられた。また，メディアの関心は次の被災に備えた防災や緊急時の課題に移行し，震災の 5 周年にむけて，過去を振り返り不平をつらねるよりも，未来に向けて取り組むトーンに変わった。第 3 章で示したように，高齢者の報道時間とその全震災関連の報道にしめる割合が 1999 年から 2000 年に大幅に減少した。

メディアの口調はジェンダー視点からも分析された。女性高齢者は適応能力があり，友人をつくっているが，独りの男性は問題だと報道された。この点についてはさらに第 7 章で考察する。

1998～1999 年の報道では復興住宅は不幸な場所で，つくりそのものは劣っても，仮設住宅のほうが人とのふれあいという点からも良いと報道された。2000 年のメディアはそのトーンも崩さないまでも，むしろ，復興住宅に転居した人々を未来に向けて勇気付けようとするトーンに変わった。

メディアは行政の批判も行った。しかし，それは政府にコントロールされていない国のメディアの本質ともいえるもので，問題に注意を引き，批判的でもあった。メディアの受け手はそのまま受けとるのでなく，均衡のとれた現実を理解するために，メディアだけを見て判断する前に，ポジティブな面を考慮する必要もあるといえる。

専門家たちはある一定の見方を共有しながらも，独自のディスコースも示した。Hirayama の論文は，震災後の復興過程は低所得者層と高齢者を社会的に二極化し，被災者と福祉の必要な人々——それは高い割合で高齢者を含む——をグループとすることで市を分割してしまったと分析している。

神戸市西区保健部による仮設住宅と復興住宅についての 2 冊の報告書は，1996 年から 1998 年を追ったもので，高齢者と独居者に注意を払っている。また仮設住宅に残された人々の不安を主な精神健康課題として認識している。

仮設住宅を去るとき，振り返ると，人々は良いことばかりを思い出すが，仮設住宅はあくまで仮の住まいであり，いろいろな問題があった。報道は仮設住宅での生活が住民の健康を蝕んだとも報道したが，フィールドでは仮設

第5章　仮設住宅

に移ってから体調が良くなったという話も少なくなかった。

　人々が復興住宅に移りたくなかったという報道は，復興住宅に入居した人々の本当の気持ちをあらわしていたわけではなく，その発言の原因となったのは，新しい環境への不安である。仮設住宅に残った人々は不安に襲われ，復興住宅に移る人たちも新しい環境への不安に襲われた。しかし，多くの人は，多額の行政の補助金でまかなわれた安い賃貸料の復興住宅に入居できることを喜んでもいた。メディア報道はこの復興住宅への多額の補助金や，仮設住宅への入居が無料である点については報道しなかったが，住居賃貸料が支払えるかどうかは，住民たちの大きな関心事であり心配事であった。仮設住宅に残っていた住民には，多額の補助が引かれた後の家賃であっても，その復興住宅の家賃を払えるか心配していた人たちが少なくなかった。

　メディア報道は，かならずしも，フィールドで観察できることをそのまま反映していたわけではなかった。復興住宅に入居した人々が仮設住宅での生活を懐かしむことが本当であったとしても，それがすぐに復興住宅での生活に不満を持っているということではない。仮設住宅や復興住宅で高齢者が幸せかどうかの要因は，どのタイプの住居コミュニティに入居したかにもかかわっている。テレビ番組は，大阪教育大学の岸本幸臣教授の行った調査結果を紹介した。「復興住宅住民は新しい住まい自体には不平を言っていない（18％のみが不満を訴えた）。しかし，近所の人や知人との人間関係について不平を言っている」(1999年1月14日，毎日テレビ，「きずなを生かしたい——高齢者生活再建とコレクティブハウス」)。

　仮設住宅での生活は，健康にポジティブにもネガティブにも影響を与えた。仮設住宅はもともと1年のみの使用のつもりで建造されていたのにもかかわらず，多くの人が3年から5年住んだ。それだけの期間，よい状態のままには保てなかったし，すきま風など，健康に悪影響を及ぼすような問題も生じはじめた。夏は暑すぎ，冬は寒すぎた。また，ほとんどの仮設住宅が建てられたところが郊外であったため，町中から離れて，不便であると見られた。しかし，後に住民たちは，新鮮な空気を吸って，よく歩く生活が，循環器系にもいい刺激となり，体調がよくなり，健康的になったとも述べた。ま

た，仮設住宅には，離れたところでもボランティアたちが訪ねてきたし，長屋タイプであったため，ボランティアも訪れやすかった。

仮設住宅での生活を良くしたものはその建造物ではなく，ボランティアの存在や注意，無料の支援であった。ボランティアが訪問しやすい仮設住宅のつくりは良い点であるが，反面，プライバシーを守りにくい悪い点でもあった。

メディアは仮設住宅に戻りたがっている復興住宅入居者を多く紹介したが，フィールドで会った人々は，必ずしも，復興住宅から仮設住宅に戻りたがっているわけではなく，仮設住宅に残された人々の不安感のほうが大きかったといえる。復興住宅に先に移れた人々は，まだ仮設住宅にいる人々を安心させるために，仮設住宅のほうが良かったといっていたという面もある。また，破格の安さで設備のよい復興住宅に入居でき喜んでいる人たちも少なくなかった。メディアはその補助金のことは報道しなかったが，住民にとっては重要な点であった。

メディアのトーンの変化はフィールドでの変化の時期と必ずしも一致はしていない。メディアのほうが復興住宅を前向きに見るようになるのが遅かった。仮設住宅に残された人々はまだ入居していない復興住宅への不安を募らせた。一般住宅での被災者の中には，無料で仮設住宅に5年も住んで，公共の土地を占拠し続けたと批判的な声もあった。復興住宅の入居者の中には，もとからの周りの住人が自分たちとは口を聞いてくれない，あまり受け入れられていないと感じるとこぼす人もいた。復興住宅の住民は破格の家賃しか払わず，たとえば，普通なら月額17万円しそうなところでも，収入にあわせて，6千円くらいであったりという経済格差があった。収入にあわせて家賃が決められるので，家賃がいくらかという話は皆したがらなかった。

仮設住宅は，復興住宅入居者の多くが，入居前に住んだ所であった。次の章では，復興住宅について考察する。

第6章 復興住宅

はじめに

　典型的な復興住宅は現代的高層マンションビル群である（写真6-1）。コンピュータ化された救急呼び出しシステムなどが装備され，高齢者住民に配慮された立派な建造物である。しかし，それぞれの棟に公共スペースはなく，いくつかの棟に1つ小さな集会場があるものの，とても多数の住民が一堂に会するほどのスペースはないし，棟によっては少し離れていたりもする。

　復興住宅は高齢者のためだけに建てられたものでなく，すべての年齢向きであるが，同時に，人口高齢化は新しい復興住宅をデザインする際に考慮された。高齢者向きの住居というのは日本でまだ一般的ではなかった。シルバーハウジング復興住宅も建てられた。復興住宅でのそれは高齢者用に特別にデザインされ，住居環境と生活支援アドバイザー（LSA）などの介護が伴った日常生活における支援つきの高齢者向け住宅である。玄関は，開けやすいように日本式の横にスライドさせる扉である。

　1人のLSAが60人から100人の高齢者を担当しているので，現実には毎日全員をきちんと見回ることはできない。もともとシルバーハウジング[1]

---

1) 1987年度から，シルバーハウジング・プロジェクトは，住まいと福祉サービスの連携により行われてきた。公営住居の貸し出しと，緊急援助サービス，病気の時の介護，カウンセリング，日常生活でのガイダンスなどのサービスの提供を含む。LSAの仕事に加え，福祉設備事務所がシルバーハウジングの施設敷地内に設けられている（Enomoto, 1996）。

写真6-1　高層マンションビルの復興住宅

のスキームは建設省と厚生省の共同事業として1980年代初めに設立された。シルバーハウジングは，各地方自治体の建設部と保健部で共同に企画されたもので，イギリスのsheltered housingを原型にしている。シルバーハウジングは，LSAやデイケアセンターの介護サービスを提供し，バリアフリーのデザインによって高齢者が自立した生活を送れるようにする公営賃貸住宅である。シルバーハウジングは比較的少数の高齢者グループの住まいとしてはいいが，建設と運営の費用がかさむ。1980年代の政府のシルバーハウジングに関するイニシアティブやガイドライン，また，それに続いて採択されたいろいろな地方自治体の認可にもかかわらず，ほとんどの地方行政で財政が限られているのが現状で，現実には，その建設供給がすすんでいない（Izuhara，2000：131）。

第6章 復興住宅

第1節 メディアの復興住宅報道

メディアの高齢者報道

　メディアは，独居高齢者を保護する必要性に対する世論の注意を促した。神戸の復興住宅の高齢者住民の3割が独居であり，これは人口高齢化のすすむ日本全体でもまもなく起こる現象であると指摘した。中央政府と地方行政は，立派な住まいを建てるだけでは，独居高齢者を守ることはできないと訴えた。

　1999年，テレビ報道は，復興住宅に入居したばかりの女性高齢者を紹介した。

「6ヶ月前に復興住宅にはいりました。でも，ここでは友達ができません。もうこれ以上前向きになれません。不安ばっかり。誰とも話さないまま毎日がすぎていく。一日中テレビ見て，寝るだけ。」(1999年1月17日，読売テレビ，「ドキュメント'99　震災後4年」)

　この課題については，本章の第7節「震災ボランティア」と，第7章「「寂しい」という気持ち」でさらに述べる。

　メディアは高齢者自身の本当の見解を紹介しているとは限らない。メディアのトーンの変化は，エスノグラフィーのフィールドで出会う高齢者たちの見解の変化よりも遅れていた。メディアのトーンは1999年には復興住宅での生活に対してネガティブであったが，2000年にはポジティブに変わった。しかし，1999年のメディアのトーンはその当時の高齢者たちの見解を反映していたとは限らない。第5章「仮設住宅」でも述べたように，復興住宅のフィールドで観察し聞いた声とメディアのトーンの変化の間には時差があった。

　テレビで紹介されたL氏（71歳）は，仮設住宅での生活が彼の健康を蝕んだと報道された（1999年1月17日，読売テレビ，「ドキュメント'99　震災後4年」)。他のテレビ番組では，仮設住宅に2年住んだY夫氏（70歳）は湿

気のために喘息が悪化したと紹介された (1999 年 1 月 14 日，NHK，クローズアップ現代「孤立する高齢者たち　復興住宅からの報告」(1998 年 12 月 5 日の再放送))。

1999 年のメディア報道のトーンはネガティブで，バイアスがあったといえる。一方，2000 年にはポジティブに大きく変化した。2000 年は震災 5 周年であり，世紀の変わり目でもあった。メディアは 2000 年を区切りや節目の年として，新しい見方で将来に前向きに進む方針を採択したことがわかる。

住まいのタイプに関するメディアのトーン

「鉄の扉」は現代的な復興住宅のドアを象徴した呼び名であり，伝統的な木造住宅には使われていなかった。高層マンションビル群である復興住宅での孤立した生活環境を言い表すためのバズワード（注意を促すための用語）としてしばしば用いられた。

メディアは高層マンションビル群の建設を失敗と報告した。

「(ナレーション) 現代的高層ビルでの生活の問題は独居女性高齢者。彼女 (N さん (85 歳)) は入居してから 3 ヶ月間，ずっとひとりだった。」(1998 年 11 月 24 日，読売テレビ，ニュース)

このニュース番組は行政がもっと責任を持つよう呼びかけた。行政非難の口調であった。

兵庫県の貝原俊民知事（当時）はテレビ番組で，建設部が高層マンションビル群を建設することを決めたので比較的短期間に必要としている多くの人々・世帯に復興住宅世帯を多数供給することができたとして，この事業は成功だったと述べた。高層マンションビルには，平屋長屋の良い特徴はないかもしれないが，他にどのような選択があったというのかとも述べている (1999 年 1 月 14 日，NHK，クローズアップ現代「孤立する高齢者たち　復興住宅からの報告」(1998 年 12 月 5 日の再放送))。

このテレビ番組は仮設住宅における生活復興の過程を成功とみなした。そ

して，なぜ復興住宅の住民が新しいコミュニティづくりに，その仮設住宅での経験を生かすことができないのかと問うた（この番組での小西砂千夫関西学院大学教授の説明，復興住宅シルバーハウジング住民の紹介は第8章を参照）。

第2節 復興住宅におけるエスノグラフィック・フィールドワーク

フィールドワークの背景

第2章と第4章で説明したように，本研究では5つの復興住宅と3つの仮設住宅を訪問し，そこでの観察も分析には含んでいるが，主なエスノグラフィック・フィールドワークは夏秋復興住宅（夏山復興住宅と秋山復興住宅）と冬山復興住宅，そして，夏秋復興住宅の近くの春山仮設住宅で行った。夏秋復興住宅と春山仮設住宅は神戸市西区にあり，冬山復興住宅は中央区にあった。

この2ヶ所の復興住宅でのコミュニティのリーダー格の人物，アクター，コミュニティケア体制づくりのダイナミックスは違っていた。両方の復興住宅で，LSAなどの同様なアクターも同定されたが，誰がイニシアティブをとってリーダーシップを発揮しているかは，2ヶ所の大きな違いだった。

夏秋復興住宅のリーダーは民生委員で女性であった。彼女は震災が起きる前は，ニュータウンとして開発がすすんでいた新興住宅地の住民，主婦であり，主婦たちを組織したボランティアグループも作っていた。秋山復興住宅のほうは，比較的小さく3棟であり，自治会も結成され，自治会長も選出されていた。夏山復興住宅のほうは9棟あり，自治会をつくるのももめており，自治会長もいなかったので，公式に代表する者もいない状態であった。冬山復興住宅にはとても活発な自治会長がいた。正式には，彼は冬山復興住宅2棟の代表であったが，シルバーハウジングの棟のほうが，まだ自治会を結成していなかったので，そちらの世話もしていた。

夏秋復興住宅（夏山復興住宅，秋山復興住宅）

夏秋復興住宅は，神戸市西区の郊外のニュータウンに市営住宅として建設

された。このニュータウンは，震災の2年前から夏秋駅の東側で開発がはじまったものであり，大阪の千里ニュータウンのような住居環境を夢見た人々が入居した新興住宅地だった（フィールドノーツ，1999年2月16日）。そこに，震災が起こり，計画が修正され，その山側の奥地，工場などがあるそばに春山仮設住宅が建設され，2年後，夏秋駅の西側に夏秋復興住宅の高層マンションビル群が建設された。

　この地区の中心部は夏秋駅の周辺であった。スーパーマーケット，商店，銀行，郵便局，街のコミュニティセンターなど，基本的施設がそろっており，一戸建てや高級アパートなどが立ち並んでいた。住民は，駅の東側の地域に中産階級の比較的裕福な人々が集まっていた。震災が起きたとき，駅の東側の地域はまだコミュニティづくりの初期段階だった。震災の後，突然，駅の西側の地域に復興住宅が建てられることになり，公的扶助受給率の高い被災世帯の再定住先となり，街の雰囲気と計画は変化した。

　春山仮設住宅は1，2年の使用の予定で建設されたが，実際は閉鎖されるまでに5年かかった。住民は，徐々に地区の西側の夏秋復興住宅やあるいは長田区，灘区，東灘区，兵庫区，垂水区，須磨区，中央区の復興住宅や一般住宅へ再定住していった。

　西側に建設された復興住宅の地域は3つに分けることができる。夏山復興住宅と秋山復興住宅，そして公団である。復興住宅も現代的な立派な建造物であるが，家賃は多額の援助を受けている。

　秋山復興住宅への入居は夏山復興住宅への入居よりも2年早かった。秋山復興住宅の住民は，家族世帯で平均年齢も比較的若かった。仮設住宅での一間の生活がより困難で，早く転出したかった人たちである。一方，夏山復興住宅の住民は主に高齢者，それも独居高齢者であり，障害者も多かった。彼らは，夏秋住宅地域への入居の遅かった人たちである。もっと街中にある他の復興住宅への入居権のくじになかなか当たらずに，やっとここが当たった人たちも少なくはなかった。よって，ここに喜んで入居した人ばかりではなかった。

　秋山復興住宅は家族世帯用で面積も大きく，部屋の数も多かったが，夏山復興住宅の多くは一部屋の，独居世帯用の小さい住まいであった。夏山復興

住宅には，4種類の部屋があった。シルバーハウジング，夫婦用，障害者用，独居用である。

シルバーハウジングに申し込むには，一定の条件を満たしていなければならず，65歳以上の独居高齢者か，あるいは夫婦であれば少なくともどちらかが65歳以上の世帯用の賃貸住宅である。特別養護老人ホームと連携していて，LSAが派遣されている。建物はバリアフリーのコンセプトでデザインされており，車椅子への配慮があったり，西洋式の押し引き戸でなく，日本式の横にスライドする戸であったりする。段差がなく，安全のために手すりが壁につけられていたり，LSAの待機しているオフィス[2]に緊急コールボタンがつながっている（Wilson, 2000：148）。シルバーハウジングタイプの間取りは，ダイニングキッチンと居間の2部屋だけである。

神戸市は震災の特別予算を利用して，LSAや高齢者生活再建アドバイザーなど新しいスタッフの制度を導入しようと試みていた。LSAはその数からも，復興住宅にオフィスがあることからも，またメディアにしばしば紹介されたことからも，もっとも目に見える役職であった。行政は社会福祉法人にLSAを委託した。LSAは定期的に戸別訪問をし，65歳以上の独居高齢者やシルバーハウジングの住民たちに注意を払い，日々のアドバイスをした。

夫婦用のアパートには玄関スペース，ダイニングキッチン以外に3つの部屋がある。台所は，シルバーハウジングのものより大きい。このタイプのアパートにも緊急コールボタンが取り付けられていたが，機能はシルバーハウジングについているものよりも少なかった。

障害者用アパートは地階にあり，建物の裏側からベランダへ入れる車椅子用のスロープが取り付けられ，バリアフリーのコンセプトでデザインされていた（写真6-2）。玄関もスライド式ドアである。玄関スペースの奥にLDKがあり，コタツのある畳部屋がある。畳のある部屋は床が高くなって

---

2) LSA事務所には，緊急時コールシステムが備わっている。緊急時には高齢入居者が各自の部屋からLSA事務所に連絡することができる。もし入居者が12時間水を使うことがないと，LSA事務所ではアラームが鳴る仕組みになっており，LSAは安否確認に行くことができる。このシステムは救急車にも連携している。

写真 6-2 夏山復興住宅の障害者用世帯。車イス用のスロープがベランダにつづいている

おり，車椅子からの移動が楽になっていた。畳部屋の奥にベッドルームがあり，風呂場がある。

　4つめのタイプは，比較的上の階にある独居の世帯用のもので，バリアフリーのコンセプトは応用されていなかったが，家族世帯用にはない緊急コールボタンは取り付けられていた。玄関を入って，左側にはクローゼット収納スペースがあり，廊下をまっすぐ入ると，ダイニングキッチンがあった。その左にはコタツのある居間があった。

冬山復興住宅

　冬山復興住宅は神戸市中央区の街中の，かつて私立女子学校があったところに建設された。夏秋復興住宅より規模はずっと小さかった。高層マンションビルは2棟だけで，コミュニティセンター集会所が公園の横にあった。カ

トリック教会に隣接しており、他の古い市営住宅2棟にも隣接していた。

冬山復興住宅は1998年4月に建設され、1999年2月の筆者の訪問時には550世帯の計839名が入居していた。220世帯はシルバーハウジングで、独居高齢者が入居していた。ここでは4人のLSAが勤務していた。

「LSAは以下のサービスを行う。住民の安全を見回る。緊急に対応する。家事の暫時的助けを行う。日常生活の活動のカウンセリングやアドバイスを行う。いろいろな情報を提供する。関係団体との連携やコーディネーション[3]を取る。その他の日常生活に必要なサービスや支援を行う。休日や夜間もサービスを提供する。」(Enomoto, 1996：144-145)[4]（筆者訳）

第3節 活　動

2ヶ所の復興住宅はその場所、サイズ、鍵となる人物、活動において違っていた。イベントとアクターたちは表6-1と表6-2に要約される。夏秋復興住宅での主な活動はランチサービス、ミニデイケアサービス、体操などの健康促進活動、健康相談会と茶話会、友愛訪問、グラウンドゴルフ、バーベキューと夏祭りであった。冬山復興住宅では朝食サービス、健康相談会、その他に食事指導や体操などの健康促進活動、ハンディクラフトクラブ、カラオケ、夏祭りなどをしていた。

ランチサービス

夏秋復興住宅ではランチサービスを週2回行っていた。これは、ほかの活動よりは簡単に行えるもので、住民がそれぞれのアパートから出てきて、集会所（写真6-3）で雑談をしながら一緒にランチをとるというものであっ

---

[3] 英語のCoordinate, Coordinationは様々なニュアンスを持つので、本書ではカタカナのまま使用する。被災地では、「共同」、「協同」、「協働」という言葉が使われたが、それに近い。調和して、一緒に働く。同じ方向を見て協同しながら、それぞれの仕事に取り組む、という意味。

[4] より詳細についてはEnomoto, 1996を参照されたい。

表 6-1　夏秋復興住宅での活動一覧表

活　　動	目　的	運　営　者	対象人口	場　所	頻　度
ランチサービス	●一緒に食べる ●外出する ●人に会う ●バランスの取れた栄養	●民生委員 ●高齢者生活復興支援員 ●ニュータウン東側の新興住宅地からのボランティアグループ	独り暮らしの高齢者住民約20名	夏山復興住宅集会所	週2回
●ミニデイケアサービス ●運動 ●エンターテイメント ●ランチ ●ゲーム ●午後のお茶	●介護者の負担減 ●人に会う	●民生委員 ●高齢者生活復興支援員 ●ニュータウン東側の新興住宅地からのボランティアグループ ●西区保健部保健師	障害者と介護者約20名	夏山復興住宅集会所	月1回
●健康管理・促進活動と茶話会 ●健康カウンセリングと血圧測定	●健康促進 ●人と会う ●情報交換	●西区保健部保健師 ●民生委員 ●ボランティアグループ	住民約50名	集会所	各復興住宅で月1回
誕生会	その月のお誕生日の人を祝う	ボランティア	65歳以上で独り暮らしの住民	夏山復興住宅集会所	月1回
友愛訪問	●独り暮らしの高齢者住民の安否確認 ●新しい環境でのコミュニケーションを働きかける	●民生委員 ●ニュータウン西側の復興住宅からの住民ボランティアグループ	アンケート調査で友愛訪問を受けたいと答えた住民20人（各チーム10人ずつ）	戸別戸口	2週間に1回

グラウンドゴルフ運動	●健康増進のための運動 ●友達作り	住民有志のクラブ（民生委員と老人クラブの誘いで開始）	●夏秋復興住宅の高齢者40～50名 ●障害者は別のクラブ設立	復興住宅となりの公園	月1回
バーベキュー					年2回
夏祭り					年1回

表 6-2 冬山復興住宅での活動一覧表

活　　動	目　　的	運　営　者	対象人口	場　　所	頻　　度
朝食サービス	コミュニティの人に会う	●自治会 ●住民ボランティア ●教会シスター	住民	隣接する教会の食堂	週1回
健康促進	健康管理	行政保健部（保健師，看護師，栄養士，医師）	独り暮らしの高齢者住民	集会所	2ヶ月に1回
友愛訪問	安否確認	生活支援アドバイザー（LSA）	独り暮らしの高齢者住民	戸別戸口	
ハンディクラフト教室	楽しむ	ボランティア（創価学会）		集会所	
カラオケ	楽しむ	住民	住民	集会所	
ラジオ体操	健康管理	自治会	住民	集会所前公園	毎朝6時半
祭り	●コミュニティ活性化 ●楽しむ	自治会	住民	集会所前公園	

写真 6 - 3　夏山復興住宅の集会所

た。情報交換の場になったし，住民たちが何か計画をたてようと気楽に話す場ともなった。雰囲気は温かく友好的であった。

　雰囲気は，この活動が成功しているかどうかの1つのめやすとなっていた。自治会設立でもめごとのあるコミュニティでも，このイベントでは，新しいコミュニティでの活動に対する良い感情と，楽しいひと時だったというイメージを残すことが大事だった。

　ランチサービスは人との接触を提供した。ランチサービスの目的は，栄養バランスのとれた食事を提供することだけでなく，人間的接触の機会を設けることだった。ランチ代は参加者各自が支払い，お茶は無料サービスされた。すべてのコミュニティ活動の最終目的は，住民にお互いに友人になってもらうということだった。この点は，重要である。

　ランチサービスでは，ボランティアはランチを配るだけでなく，一緒に座って話し，他の住民と話すようにきっかけを作ってあげる役割を持ってい

た。ランチサービスに出てきたからといって，皆が社交的なわけではない。話しかけてもらうのを待っている人たちもいる。ランチサービスにせっかく出てきても，1人で食べているのと変わらないと文句を言う人もいた。耳が悪く，会話が難しかった人もいる。

「ランチサービスプログラムに一度行ったけど。誰かと話できるかと思ったけど，1人でさっと食べて，みなさっと帰るだけやった。そんなんやったら行く必要もないわ。1時間でも2時間でも話できるかと思ってた。」
（フィールドノーツ，1999年7月8日，戸別訪問時の独居高齢者の発言）

茶話会

茶話会は震災後の仮設住宅コミュニティでの主なイベントであった。住民は復興住宅でも同じように茶話会が設けられて，友達がつくれることを期待していたが，ほとんどの復興住宅では行われなかった。

ミニデイケアサービス

夏秋復興住宅では，S夫人もVさん（高齢者生活復興支援員）[5]もそれぞれ別の機会に，ミニデイケアサービスの立ち上げの難しさを話していた。コミュニティ内の限られた資源のもとに行うものと，参入してくる業者の行うものとの競争があるからである。業者が行うものには入浴サービスがある。日本人は一般的に風呂好きで，日本社会の高齢者サービスで入浴サービスはもっとも大事なものの1つを占める。日程がかちあえば，住民は入浴サービスのある，業者のミニデイケアサービスに出かける。この例は，小さなボランティア・チャリティー団体が直面する問題を示している（Wilson, 2000：133）。地域住民の参加を確保するには，独占さえ必要である。本章の後でさ

---

[5] 1998年，高齢者生活復興支援員という名称をVさんから説明を受けたと，フィールドノーツに記されているが，2006年の資料では，高齢世帯生活援助員（SCS）と呼ばれるものと同じであると考えられる。http://web.pref.hyogo.jp/seifukko/scs.htm ［アクセス日2006年2月22日］

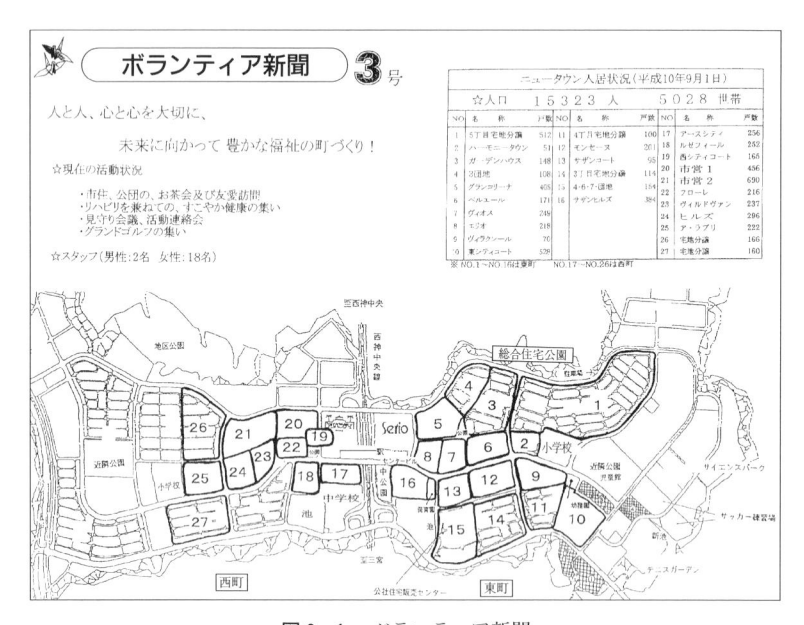

図 6-1　ボランティア新聞
注：固有名詞は削除している

らに述べる。

友愛訪問

友愛訪問では，ボランティアは独居高齢者世帯を訪ね，高齢者の状態を話をしながらチェックした。冬山復興住宅ではLSAが友愛訪問をしていた。夏秋復興住宅では，民生委員が組織した住民によるボランティアグループがこの訪問を開始するところだった。夏秋復興住宅のLSAはまだシステマティックに住民をカバーすることはできていなかった。その原因は，まだ若い，あまり経験のない人には無理なところがあったこと (Keith, 1982 ; Wilson, 2000 : 7)，また住民の数が大きすぎてどこから手をつけていいかわからない状態だったことであろう。高齢者のために働きたいという優しそうな若い男性には，S夫人のようなぐいぐい人を引きつけるチャーミングな社交性が備わっていなかった。

S夫人は，住民がボランティアを受け入れはじめるのに半年かかったと説明した。友愛訪問だといってそれぞれの戸をノックしても，住民は「大丈夫です」と返事するだけで，なかなか戸を開かなかった。被災救援に関する情報を得ようと一生懸命になっていた避難所や仮設住宅の時のようにはいかない。外部のものがいきなり個人宅を訪ねるわけにもいかない。被災した独居高齢者を狙った悪質な押し売りも問題になっており，シカゴの例で述べたような暴力的犯罪ではないが，やはり，コミュニティの安全性に不安を抱かせる。そのため高齢者住民は，用心深くならざるを得なかった。ただ，民生委員が来たときは戸を開ける。民生委員は日本社会で信頼を得たステータスで，このような新しい場所でもその言葉に威力があった。

　S夫人は段階をふんだアプローチ（step by step approach）をとった。友愛訪問の第1回目は顔合わせとして，それぞれの戸口で長話は避けた。S夫人は，人間関係を焦らずに徐々に築き上げていくことが大事だと考えていた。

　友愛訪問では，1日中誰とも話したことがない人に会うことは珍しくなかった。3日間も誰とも話していないという人もいた。何かの用事で事務的な言葉を交わしたことがあっても，それはその人を気にかけてという人間関係のある会話ではなかった。友愛訪問は人間的接触のきっかけとなるかもしれないが，それだけでは不十分である。ランチサービスなどにも出てきてもらうことが大事で，その案内も行った。S夫人はランチサービスをコミュニティづくりのはじめのきっかけと見ており，もっと拡大していこうと考えていた。ケアを与える人が探しに行ってケアを受ける高齢者に届くのではなくて，高齢者が自ら出てきて，自分も何かをしようとする，実際にする場を作っていくことを目的としていた。

野外活動

　バーベキュー，グラウンドゴルフ，夏祭りなどの野外活動も企画された。グラウンドゴルフが夏秋復興住宅でどのようにはじまったかというきっかけを，男性民生委員のP氏が説明してくれた。行政から用具を借りる手はずなどは，はじめは民生委員が行い，住民が興味をもって継続し自主的にクラブ

写真 6-4　復興住宅の横の公園でグラウンドゴルフをする高齢者たち

を結成するか試してみた。はじめはただ試しにしてみただけであり，その後，コミュニティのニーズにあわせて組織化されるかどうかは住民しだいであった。結果，住民が興味を持ちクラブが組織化された（写真6-4）。障害を持った人たちも大変興味を持ち出し，障害者の活動クラブに発展した。こうして，2つのクラブが結成された。さらに時間が経つと，このスポーツだけにとどまらず他の活動も行う老人クラブに発展する可能性があった。

諸活動に対する考察

これまでに見てきたように，ほとんどの活動の対象は高齢者，それも独居高齢者に絞られていた。復興住宅は，高齢者のみの世帯にも配慮してデザインされていたが，老人ホームとして建設されたものではない。しかし，震災からの再建の結果，超高齢化住民の高層マンションビル群コミュニティをつくることになった。

ほとんどの活動は高齢者向けであったが，S夫人は高齢者を「問題があって注意・助けの必要な人」と決め付ける見方には反対であった。若い世代や中高年層もそれぞれの問題を抱えている。高齢者のように注意をうけていない50歳代，40歳代，若者世代も生活を再建するのにもっと支援が必要なのだと話していた。

　コミュニティづくりにおける祭りの大事さは，春山仮設住宅と夏秋復興住宅の経験を報告している神戸市西区保健部のレポートにも論じられている。祭りの準備のために一緒になって働くことで，いろいろな団体の協力体制ができ，情報交換もスムーズに行われるようになる。疫学的研究でも，コミュニティが夏祭りをするかどうかが長寿の秘訣であると報告されている(Cockerham and Yamori, 2001)[6]。

　これらの活動のほかに，民生委員は1999年に神戸市に委託され夏秋復興住宅で世帯調査を行っていた。LSAやボランティアたちもその調査の聞き取り作業を手伝っていた。民生委員は，コミュニティ活動にまず誰を招待するか，どこに友愛訪問をするかなどの活動の企画は，この調査の結果に基づいていると説明しており，実際にこの調査で友愛訪問を受けたいと選択した世帯にだけ友愛訪問を行っていた。それでも，大規模な世帯数をかかえているため，すべての希望世帯を訪問できるわけではない。訪問先に誰が選ばれるかは運もあるし，また，調査もまだすべて終わっていなかったので，訪問先がどこになるかは偶然の要素もある。
　集会所はこの大規模な世帯数をすべてカバーするには小さすぎ，100名でもあふれ出るほどであった。コミュニティ活動を小さな規模で立ち上げて試行錯誤を続けながら発展させようとしている段階であったため，少なくとも，共有スペースがあることはコミュニティづくりの重要な点であり，そこに人が集まり何かがはじまる。

---

6) 日本は世界で最長の平均寿命を持つ国であるが，それぞれの地域で，平均寿命は異なる。この研究ではその格差の要因を探っている。もっとも大きな要因は食生活や他の健康的な生活習慣よりも，まず，夏祭りを行うかどうかであった。

連合組織（Coalition）

夏秋復興住宅の重要な機能に，規則的に開かれる「見守り委員会」がある。2000年にテレビで放映された専門家討論会は，まちづくり協議会が震災後の神戸に多く立ち上げられたことを紹介した（2000年1月16日，NHK，震災スペシャル）。討論会の参加者は，貝原俊民兵庫県知事（当時），経済学者の内橋和人氏，看護師の城野弘子氏（市民近畿神戸代表）とNHKディレクターの藤好吉郎氏であった。被災地で150ものまちづくり協議会が自発的に結成されたことを専門家たちは象徴的なことだと見た。夏秋復興住宅では見守り委員会がまちづくり協議会の大事な機能の1つだった。

夏秋復興住宅での，見守り委員会の出席者は，民生委員，ボランティアグループ，秋山復興住宅自治会長，夏山復興住宅役員，神戸市職員，LSAらであった。それぞれの活動担当者がその月の活動報告を行い，コミュニティの動きについて気付いたことを分かち合った。もし，新しい団体がそこのコミュニティで活動したければ，許可なく行われることなく，必ず見守り委員会に知らされること，そしてその団体の目的を話し合うことを希望していた。

見守り委員会は連携を促す場を提供していた。これはコミュニティづくりの大事な鍵であった。

Principles of Community Engagement（米国疾病管理予防センター（CDC），1997）の中に，Coalition（連合，連携，連立）について述べている箇所がある[7]。

「コミュニティを巻き込むことは，しばしば，いろいろな組織のCoalitionを確立することを含む。コミュニティ連合とは共通の目的を目指して，ともに活動するためにいろいろな組織，団体，機関が公式な同盟を結ぶことと定義される（Florin et al., 1993：417）。連合は一般的に，「公式な，多目的な，長期的な同盟」であり，コミュニティのための企画，コーディネー

---

7) http://www.cdc.gov/phppo/pce/part1.htm ［アクセス日 2003年7月］

第6章　復興住宅

ト・アドボカシー[8]の機能をもつ（Butterfoss et al., 1993：316, 318）。この連合は，個人や組織の影響力を最大限にする，新しい資源を発掘する，複数のアクターによる仕事の重複を避けるなど，いろいろなことに助けとなることができる。文献レビューによると，連合についてはまだシステマティックな研究がされておらず，その効果性を支持するデータもあまりなく，研究助成基金は健康問題を扱う介入としての連合をそだてるためにコミットするとしている。」（Butterfoss et al., 1993）（筆者訳）

第4節　コミュニティワークの分析

リーダーシップ

2ヶ所の復興住宅には，自治会長やLSAのような同じアクターもいたし，違うボランティアグループや民生委員など異なるアクターもいた。この2ヶ所の活発な復興住宅のリーダーシップもそれぞれ異なっていた。冬山復興住宅は自治会長T氏のワンマン・リーダーシップで，夏秋復興住宅は鍵となっていたのはS夫人であったが，ワンマンではなく，リーダーシップを拡散させていた。

S夫人は1人でいろいろな役職を担っていた。どの役職も無報酬の役職であった。彼女はニュータウンの東側の新興住宅地の活発な民生委員[9]であり，民生委員会の副会長であった。ニュータウンの東側の主婦を中心としたコミュニティケアのボランティアグループも率いていた。さらにニュータウンの東側の自治会長であり，神戸市西区の自治会連合の会長でもあった。民生委員は無報酬のボランティアワークであるが，日本社会において長年にわ

---

8) 英語の advocacy は，日本語では「権利擁護」「支援活動」「代弁活動」などと訳されてきたが，最近では「アドボカシー」とそのまま使われることも多い。
9) Hashimoto の説明によると，"*Minsei-iin* are statutory voluntary workers. The Welfare Commissioner Law of 1948 stipulates that *minsei-iin*, designated by the minister of health and welfare, monitor the needy in each town district. *Minsei-iin* are unsalaried (i.e., reimbursed only for expenses), but they carry prestige and exercise discretionary power in the community." (Hashimoto, 1996：45)

たり信頼のある名誉職でもある。欧米のボランティアとは意味が違い，日本における民生委員は，それぞれの地域から出て，地方行政と共に働く。

　S夫人は明確な目的を描いていた。長期的に何が大事か，どのようにコミュニティづくりをするか，どのように自分のコミュニティを守るかという哲学とポリシーを持っていた。第一に，強いリーダーシップを持ちながらも，ボトムアップアプローチを好んで選んだ。ボトムアップアプローチとは，あとでさらに述べるが，女性的なことであるのかもしれない。

　一方，T氏のやり方は，トップダウンアプローチであった。T氏も，ハンディクラフトクラスなどのコミュニティ活動の話をするときは，住民から自発的に意見が出てくることを好み，「トップダウンで「こうしろ，ああしろ」というのには反対で，大声では反対しないけど，あのようなやり方には同感できない。あんなやり方が多いのが悲しい」と言う一方で，「住民を訓練しないといけない」という表現を使う。「この住民に教えてやらないといけない。住民を訓練しないといけない」，「努力して仮設住宅でみんなに訓練したことを，ここ恒久住宅で私はまたはじめからやり直さないといけない。これは本当に大変な挑戦だ」と言う。筆者は，彼の「訓練する，してやる」という表現を聞くと，古い世代の人だと感じた（フィールドノーツ，1999年2月）。兵隊を訓練する，あるいは，未熟練労働者を訓練するような言い方である。ここは職業訓練学校ではなく，地域について話しているのにもかかわらずである。T氏は民主的アプローチもとるし，その重要性も認識しているが，このような発言に彼のワンマン・リーダー・マインドが現れる。冬山復興住宅の自治会の会計をしていた住民は，次のように述べている。

　「T氏は行政職員みんな知ってる。これはあまりよくないことだ。彼を疑っているといってるわけじゃないんだ。でも，証人が要る。会議には他の証人をいっしょにつれていくべきだ。彼は年だし。誰でも人の話が100％聞けるわけじゃない。彼はノートもとらないし。大事なことを話すときは，2，3人で行くべきだ。彼は責任感のある男だ。ちょっと，強引だけど。でも，公平な人間だ。彼のそこは好きだ。もちろん，われわれはみな人間だ。個人的な意見を言えば，言いたいことは他にもある。」（ここ

第6章 復興住宅　　　　　　　　　　　　　　　163

で，彼はこの話題をやめた。）（フィールドノーツ，1999年2月10日）

　T氏は行政との会合に1人で出かけていき，他の役員を連れて行かない。これは，ワンマンスタイルである。また，この情報源は，T氏は強引であるとも言った。これは，T氏が，コミュニティで何がなされるべきか，またどのように住民を「訓練」すべきか，彼の考えに基づいたワンマン・リーダーシップをとる傾向にあることを暗示している。

　しかし，彼は独裁者ではない。そのようなやり方にもかかわらず，自治会の役員はT氏を責任感があり，公平であると言っている。筆者がT氏と朝食サービスの行われるカトリック教会にむかって歩いているとき，路上で，とても怒った住民に出くわした。T氏は，はじめは困った様子であったが，彼の言い分を辛抱強く聞いて，彼の関心事を会合で話すように励ました。

　S夫人はいつも住民に話しかける。「何か一緒にしましょうよ」。彼女はいろいろなアイディアを話すが，こうしろとは言わない。どのようにしたら日常生活で助け合えるかの例を紹介する。コミュニティ活動やイベントの計画の提案もしてみる。具体的に，「4月には桜の木の下で花見ピクニックしましょうか。外で食べるのは，中で食べるのとまたぜんぜん違うよ。暖かくなったら，芝生の上で食べるのも気持ち良いよ。その前に，3月は何をしましょうか？　ひな祭り？」と。この段階では，まだ，これは高齢者住民がしたいと思っていることなのか，影響力の強いリーダーが提案しているだけなのかは疑問が残る。

　また，S夫人は「自分の地域コミュニティだから一生懸命している。自分自身が年をとったときに住み心地のいい町であるようにしたいから」と言う。S夫人は，高齢化社会について意識が高い。

「ここは，高齢化社会のモデルです。ここを実験にしてるという表現は悪いと思うけど，でもやっぱりテストです。ここで実験をしています。ここで上手くいかないなら，まもなくやってくる高齢化社会にどんなふうに直面することがいったいできるというのでしょうか。割合から言うと，復興住宅では，日本全体よりずっと高齢化がすすんでいます。ここの300世帯

が高齢者世帯です。ここでうまくいけば，日本の高齢化の将来もうまくいきます。東側でも高齢化は進みます。10年後には，ここくらい高齢化がすすみます。」（フィールドノーツ，1999年2月16日）

行政から見ると，彼女のやり方はコミュニティからのボトムアップアプローチであるが，コミュニティの中から見ると，さまざまな組織の会長を兼任している彼女なので，また違ったふうにみえる。

S夫人は，「外部」と「内部」ボランティアの区別をつける。彼女は，外部ボランティアがコミュニティに入ってきて働くことに抵抗を感じる。外部者の進入を防ぐということでは，介入をする。1999年2月の友愛訪問のボランティアがニュータウン西側の復興住宅の住民によって組織されたとき，彼女は非常に喜んだ。

コミュニティへの，専門業者による介護サービスの進入にも深い注意が必要である。よりよいサービスをもった専門業者の参入は，自発的コミュニティづくりのプログラムとダイナミズムの機会を破壊してしまう可能性がある。地域コミュニティには十分競争できる資源がないので，立ち上げのところでつぶされてしまう。

震災の直後，ボランティアリズムは日本社会で大きな発展をしたと見られた。災害から生まれた良い結果の1つは，人々がボランティアとして働くことを体験し，助けの必要のある他人のもとに出かけていくようになったということだった。しかし，S夫人は，避難所や仮設住宅では助けとなったボランティアたちも，復興住宅では問題であると考える。外部のボランティアは来たいときに来れるが，責任も伴わない。ボランティアには住民のニーズをみてというよりも，自分の居場所をつくるためにその活動を行っている人たちもいる。ボランティアの押し付けである。また，住まいを失ったのだから，恒久住宅である復興住宅を得た今でも，住民に「ただで助けてもらうのが当然」と思わせ続け，自立心をくじいてしまう。

夏秋復興住宅でのコミュニティ活動のとき，お茶代として50円を徴収したら，ただでもらうことに慣れてしまった住民の中には，「えっ，被災者からお金をとるというの？」と文句を言うものがいた。T氏もS夫人と同じ意

見をもっている。「ボランティアがたくさん助けに来るけど，多くの人がとても依存的になってしまった」。

他に重要な点として，S夫人は，他の人のために働けることは幸せであるという哲学を持っている。人に助けを求めないといけないということは，自分を借りのある立場に陥れ，相手のパワーの支配下におくことである。彼女はまた，「私は自分が年をとったときに，「文句言い」になりたくないんです」という。幸せといきがいについては，第7章第3節「「寂しい」気持ちと孤独感」でさらに述べる。

最後に，S夫人は人のつながりの重要性を信じている。これも，第7章で述べる。

なぜ，コミュニティが活発になるところと，盛り上がらないところがあるのかということであるが，神戸市職員が，Vさん（高齢者生活復興支援員，若い女性）に話したことは，「ボランティアがでてきて，コミュニティづくりがうまくいく土地と，そうでない土地がある」。Vさんはどうしてこのような違いが生じるのかはっきりはわからないが，彼女が考えるところでは，「何かしたい人はいっぱいいるんですよ。でも，リーダーシップをとる人はあまりいません。ここの復興住宅は活発ですけど，もう1つ私が担当しているところは，何もおきていません」。そのもう1つの復興住宅では住民からのイニシアティブがなく，また，コミュニティを動員するリーダーシップを持った人材がいない。

リーダーシップはコミュニティづくりに重要である。リーダーはコミュニティが発展していくために，全体を理解しまとめ上げる必要がある (Vanier, 1989)。よいコーディネーションを持ったリーダーシップがコミュニティづくりの鍵である。

連携

夏秋復興住宅のケースが示したことは，行政と地域住民の連携は，鍵となる複数の役職を同一人物が担ったときうまくいっていたということである。責任のある代表間の上手なコミュニケーションによって，あるいは，鍵と

る人物がいくつかの役職を担うことで，連携はうまくいく。そのメカニズムは，コミュニティの複数のセクターの，よりよい統合，協力と上手なコミュニケーションを促進する。

　たとえば，高齢者生活復興支援員がアンケート調査施行を手伝い，友愛訪問も一緒に行い，また，ランチサービスにも参加することで，ランチサービスのボランティアが知らない住民のことを理解することができた。ランチサービスのボランティアグループのチーフは，高齢者生活復興支援員が，ランチサービスにも参加してくれることで，住民の会話がはずみ，違いが出ると感謝していた。これも，各活動を行う人の間のコーディネーションやコミュニケーションの重要性を示す例である。

　よいコミュニケーションは，人的資源を動員し活用するのに重要である。つまり，すでに存在している資源やスキームを同定し，それを利用できるフレキシブルさと賢さを備え，その資源にどのようにアクセスすることができるかに関わっている。夏秋復興住宅では，行政保健部の健康促進プログラムと地域の茶話会が一緒に行われていた。民生委員とボランティアグループは，行政の保健師らがカウンセリングにくるときに，その同じホールで茶話会を催した。順番待ちの間，人々は座って雑談することができたし，終わったあとも，続けて座って雑談をしたり，またお茶にだけ出てくることもできた。民生委員は，COOPやヤマビコというボランティアグループとコーディネートして彼らを活動に巻き込んだ。これらのボランティアグループは春山仮設住宅でも働いていたが，仮設住宅の閉鎖が近くなると，そこでの活動をやめていたグループであった。地域コミュニティとボランティアグループは，行政とも連携して，より効果的に働こうとした。

　冬山復興住宅では，自治会長は行政と連携していた。夏山復興住宅では自治会が結成されていないこともあって，すでに話のできる立場にある民生委員のS夫人が，ボランティアグループと行政の連携を担う役割を果たしていた。夏秋復興住宅が活発であるのは，ニュータウンの東側からのS夫人やボランティアグループの介入によってであり，独自の自治会を代表として持っていない地域にはできることに限りがある。立ち上げは東側からの介入で手助けをしても，長期的には独自のコミュニティとして自立してほしいという

のが狙いである。
　夏山復興住宅はコミュニティを代表し，また責任をもつ自治会を作る必要があった。自治会の結成に関しては，夏山復興住宅は1年ももめていた。問題はメディアでも言及していたように住民が高齢であることにあるのか訊いたところ，S夫人は「そうではない」と他の理由を挙げた。一方で，やはり住民の大半が高齢であることも自治会の結成やコミュニティづくりが困難な理由として別の機会にあげていた。つまり，高齢であることそれのみが問題の要因ではなく，いろいろな要因と絡み合った問題であるということである。その他の要因とは，金銭問題，住民の態度，コミュニティのサイズ，役員の多さであった。S夫人の意見は，以下のとおりである。

「年齢は問題じゃないと思う。彼らは仮設住宅からきていて，そこでは4年間住んだ。神戸市行政からもいろいろ支援をうけた。自力で立つことができなくなっている。仮設ではどうであったのにということばかり覚えている。ただでもらったお金をどう使うかは知っている。一緒に集まって，助成金をつかって，パーティーをすることはできる。役員が多すぎる。
　役員が，われわれボランティアはお金をうけとっているんじゃないかと疑うのは本当に閉口する。もらってないんですよ。もう避難所や仮設のような災害救助活動と生活じゃないんですよ。
　結局はお金の問題です。お金がすべて。お金があるかないかが大きな違い。
　彼らは，まるで120か200世帯を管理しているようなつもりで話してる。ここはそんな規模じゃないのに。」（フィールドノーツ，1999年7月8日）

　高齢であることそれ自体はなぜ自治会がつくられないかの直接の原因ではない。コミュニティのサイズも問題である。大規模なコミュニティが，徐々に拡大してできたのでなく，一時にできたという特質も問題である。大都会の一部に時間をかけてできた小さな町ではない。また，透明性のあるコミュニケーションの場の欠如と，住民一人ひとりが声を出すことを励ますよう

な，コミュニケーションを管理するリーダーシップの欠如が大きな問題である。

見守り委員会で，S夫人は議論した。

「任意団体を作る必要がある。参加したい人は参加する。したくない人はしない。連合。名前は何か付ければいい。みんなを招待して，みんなに聞いてもらう。変な解釈する人はいちいち相手してられない。そんな人たちは無視して。でもとにかく，みんなを1ヶ所に集めてみて。これが鍵です。別々に話させてたら，いつまでも終わらない。もし参加したくなければ，彼らなしでいけばいい。参加したければ，一緒にする。出てこないのもその人の責任。有罪。立ち上がって自分たちで話さないと。

噂で，何か変に解釈するとけんかは始まる。先にそれを終わらせる。はじめに最後までいっぺん聞かせる。聞いてもらう。自治会は役員のためのものじゃないことを覚えておいてください。だれが役員になるか制限する必要はない。自発的に来る人はみんな入れたらいい。自治会はできそうになったら，壊れる。話し合いが一番大事。話して聞かせて。

とにかく，自治会を作らんとあかん。だれか強くて支配制御できる人が必要。「聞いてください」といえる誰か。自治会をつくるということがどういうことかわかっているなら，こんな問題をくりかえすはずがない。全員一致なんてありえない。おぼえといてください。不可能を求めないでください。そうでしょう。あなたたちは専門家。一同に集まって，聞くことからはじめて。出てこないのは無視。今できることからはじめましょう。」
（フィールドノーツ，1999年7月9日）

地域が自治会を持つことは重要で，それでなければ行政との連携は困難である。

冬山復興住宅のLSAはいった。

「T氏には感謝してます。彼は本当によくやっています。こんなふうに地ならししてくれてなかったら，われわれがこんなふうに入ってくることは

第6章 復興住宅　　169

困難です。自治会で先に地ならしをしてくれてる。それがなくては，いきなり入ってこれません。行政だけではできないんです。地域社会コミュニティでの動きがないと。行政がそれを支援するんです。」（フィールドノーツ，1999年2月10日）

神戸市保健部部長もいった。

「自治会がそれぞれの復興住宅で設立されています。これが，健康福祉事業の発展を促します。」（フィールドノーツ，1999年1月26日）

彼自身は直接に復興住宅では働いていないが，現場で働く職員からの報告が届いている。一方で，神戸市と兵庫県（地方政府）と中央政府の間の認識のギャップ[10]も指摘されていた。

連携は一緒に働くという概念も含む。アメリカ疾病予防管理センター（CDC）の，コミュニティを巻き込む原則は，人々の長期的な健康の改善は，人々自身がコミュニティ活動に参加し，一緒に働き，よい方向に変化したときに見られると実証している（Hanson, 1988-1989）。

Heywood et al. は，一緒に働くことについて，その各々のレベルを識別している。すなわち，住まい，医療保健と社会サービスの分野の例を用いて，お互いを理解すること（understanding each other），協力すること（co-operation），共同すること（collaboration），コーディネートすること（coor-

---

10) 神戸においては，被災5年後も復興住宅は優先課題であったが，東京（中央政府）にとっては優先課題でなくなってしまった。神戸の復興にはまだまだ援助が必要であったが，時間がたつにつれ，中央政府の関心を維持することは困難となっていった。中央政府には他にも対処しなければならない問題があった。特に震災と同じ年の1995年3月に起きた地下鉄サリン事件で，メディアの関心も移ってしまった。しかし，神戸では，震災後，神戸港の機能が香港など他のアジアの都市にうつってしまったものを取り返せなかったため，神戸の経済復興がままならず，雇用機会の創出の必要など，被災後に取り組む問題が残されたままだった。

dination），ネットワーク（networks），パートナーシップ（partnership）の各レベルである（Heywood, Oldman and Means, 2002：137-139）。そのモデルを実際の現場にあてはめると，はじめの段階は，住まいの世話人・管理人が，住民の代わりに医療保健・社会サービスに連絡をとるのをcooperationの一形式として，collaborationは専門家と機関が特定の事項・共同プロジェクト，たとえば，その住まいの高齢者の孤立を改善するなどケースを共有し，一緒に仕事を始めたときである。coordinationは同意した共通の目的を達成するために，それぞれの世話をする人々が一緒に働くことをいう。networkは，関係者たちが，インフォーマルに会って，見解を交換し，相互理解を改善し，cooperationとcollaborationをつくりだすことをいう。これらは，公式なcoordinationアレンジの前段階となりうる。政府・行政は医療保険と社会サービスとpartnershipを組んで働く。

ジェンダーとコミュニティポリティクス

リーダーシップはコミュニティづくりが成功するための鍵である。そのような鍵となる役割を担うのはかならずしも男性ではない。女性はしばしば肝心な役割を果たしているが，男性の役割と比較して，表立っては認識されにくいコミュニティ内の役割を担っていたりする（Moser, 1987）。夏秋復興住宅の男性の民生委員や神戸市保健部部長が別々の機会に述べたように，女性の力はコミュニティづくりの原動力である。第4章で述べたように，被災者を取り上げたテレビ番組では男性も女性も紹介されたが，司会者のコメントはいつも，例外なしに，「男性はもっと女性のようにがんばらないといけない」という内容であった。

コミュニティでの活動には，ジェンダーの課題がある。グループで働いていない限り，男性は個人名で認識されるのに対し，女性アクターはグループとして認識されがちである。活動に従事するレベルにも違いが生じることがある。たとえば，公式な，団体を代表する役割は男性が担う傾向にある。すなわち，コミュニティの実際的運営作業は女性が担い，公式なコミュニティポリティックスの役割は男性が担うと言うことができる（Moser, 1993）。

神戸でのエスノグラフィックなフィールドワークで観察した結果は，夏秋

第6章 復興住宅

　ニュータウンの女性リーダーであるS夫人はコミュニティの実際運営の役割とポリティックスの両方の役割を担っていた。これは例外的存在ともいえる。たとえ，実際は女性が主導権を持っているところでも，各地域コミュニティや団体の公式な代表は男性であることが多かった。複数の役割を担うことで，女性のS夫人は，行政と地域住民の間，地域住民間などすべての団体のコーディネーションをうまくこなしていた。

　しかし，一般的な見識としては，代表は男性にしておいたほうが物事がうまくいくというものの方が多かった。S夫人や，別の仮設住宅でリーダーシップをとっていた看護師ボランティアのQ夫人は，会合に出ていくと，「女のくせにだまっとれ」とどなられたり，「どうして，あんたのとこは女の代表なんか送ってくるんや？」と訊かれたことがあるという。彼女たちは2人とも，それぞれのコミュニティからも高い尊敬と信頼を受け，頼りにされている人たちである。それでも，一般的な現代の世間の見解は，代表は男性を立てるべきであるというものであった。

　別の復興住宅でも，女性の副会長がすべてを管理し決定していたが，公式な自治会長にはおとなしい男性を立てていた。そのほうが，ものごとがうまくいくというのである。特に古い世代では，団体の代表は男性でないといけないという概念がまだ根強く，女性は内助の功として，男性を支え，表面はおとなしく目立たなく装っているのが，有能な女性の美徳とされているようであった。

　夏秋復興住宅のケースに戻るが，S夫人は，行政にどんな資源があるか，また行政のできることがどのくらいかという限界も知っていた。行政と市民がお互いにどのように補い，協力していけばよいかアイディアを持っていた。政策決定の過程で，女性の役割はボトムアップアプローチをとるために重要であった。S夫人は，日常的に住民に話しかけ，コミュニティ活動をはじめるように励まし，自治会づくりを促していた。彼女は住民の声に忍耐強く耳を傾けていた。問題があると，解決に助け舟を出した。彼女は地域にいて，自分の時間を提供し，住民のために働いていることから，住民の信頼を得ていた。人々は彼女のところにやってきて助言を求めた。彼女は自分の利益のために働いていたわけではない。長い目で見て，コミュニティに大事な

ものを求めて，コミュニティの人々の自立の方法を模索していた。これは，成功する，いたわりあうコミュニティづくりの特徴であった。コミュニティづくりは，女性のグループが重要な役割を果たしているとき，成功する傾向にあった。しかし，夏秋復興住宅での成功の鍵は，伝統的に男性の役割であるものと，一般に女性のものとされる役割の両方を女性リーダーが担っていたことにあった。

第5節　メディア報道の焦点とトーンに対する人々の見方

エスノグラフィックなフィールドワークで，仮設住宅や復興住宅に関するテレビ報道について，人々が話しているのも時々耳にした。テレビは大事な情報源であることには疑いはない。しかし，住民はかならずしもメディアが言っていることを信用したり，同意していたわけでもなかった。

メディアのトーンの変化はフィールドでの変化より少し遅れていた。1999年夏，秋山復興住宅の自治会長，R氏は，「私たちの目的は，困難を経てきた人たちが，「ここに住めてよかった，しあわせだ」と思ってくれることです」と述べた（インタビューノート，1999年7月17日）。このようなポジティブな姿勢はR氏にかぎったものではなく，住民に共通する一般的な意見であり，それはメディアが報道していたようなネガティブなものではなかった。復興住宅でコミュニティ活動に従事していた人々は，幾度か，「もう震災後の緊急事態ではない，日常生活に戻ったのだから，自立しなければ」と話していた。大声で不平を言いながら，行政の助成金や援助を要求していた人々はむしろ少数派と言えた。

S夫人は，メディアのトーンや焦点にしばしば批判的であった。メディアの取材班は，ちらっときて，もっとも惨めで不幸せな人を紹介してくれとたのみ，高齢者だけに目をむけるため，その視点は偏っているという。実際の状態を把握するにはあまりにも短い時間しか滞在せず，すでにどんな人にどんなことを言ってほしいかシナリオを持っていて，ほしいものだけ録画したら，すぐに去るとも言う。

S夫人は説明した。

第6章 復興住宅

「住宅のサイズはこちら側（秋山復興住宅）のほうが大きい。これは家族用です。これらの公営住宅はすでに震災の前に建設を計画されていました。建設されたとき，家族世帯にはじめに割り当てしました。メディアが「高齢者を仮設住宅に置き去りにして」と批判していたのは知っています。でも，家族世帯を先に入居させて正しかったと思います。私は内側から見てます。家族世帯が仮設住宅の一間にそんなに長く生活することはできません。あれは，1，2年用に建てられたものです。限界があります。難しいことですが，選択しなければならないなら，やはり，家族世帯よりも，独居高齢者にもう少し長く，仮設住宅で我慢してもらうのが道理だったと思います。

　仮設住宅で，4人家族が一間に暮らし，毎日顔をつきあわせていると，ストレスのある状況で，家庭内暴力もおきます。彼らが先にその状況から救い出されなければなりませんでした。行政が，大きいほうの住宅が先に建てられたら，先に家族世帯を入居させたのは正しい決断だったと思います。メディアは行政が高齢者を仮設住宅に置き去りにしたのは残酷だと批判していましたが，これには賛成できません。」（フィールドノーツ，1999年2月4日）

S夫人は，メディアに不愉快な思いをしていたようだ。

「あるテレビ局の記者が1回限りの撮影に来ました。本当に迷惑です。いきなりやってきて，尋ねます。「惨めな人いませんか。精神的鬱になっている人いませんか」。すでに彼らのシナリオがあって。本当に真実，現実が何かを見るべきです。それがジャーナリズムなのに。もっと時間もかけて真実を追うべきです。彼らの頭でわかろうとして，彼らの足は使いません。彼らがかわいそうに思うのは，私たちであってもいいでしょ。

　メディアも沢山報道してきた。3年前，私は，独居老人よりも，3，4人の家族が仮設一間に住んでいるほうが，もっとかわいそうだと思っていた。私が訪問していたところでは，中学生が母親に物を投げつけていた。その子はもともと悪い子じゃないんです。でも，狭いところでイライラが

募ってました。お互いに顔を合わせて長い間。スペースもなく。彼らに先に住まいを割り当てして，全く賛成です。メディアの，「ああ，かわいそうな高齢者，ひとり仮設に残されて」というのは賛成できません。

　大阪の千里ニュータウンも住民人口の高齢化という意味では同じでしょう，でも，それはもっとゆっくりとした変化で，変化に対応する基盤もある。でも，ここは，はじめから，かたまりとしてボーンと高齢化社会が持ってこられた。

　先日，あるテレビ局が大学教授を連れてきて，講演させた。車で連れてきてもらって，車で送ってもらっていました。彼の話はまあよかったですけど，人々は，「わかってない。手の届かないことを話してた」と言ってました。大谷さん（筆者）は，じっくり時間をかけて真実を見て，書いてくださいね。」（フィールドノーツ，1999年2月16日）

一方，テレビの画面に報道されることは，必ずしも，取材をしたリポーターの意図したところを反映しているとも限らない。テレビ局の企画委員会があり，それぞれのリポーターは自分のものを番組表に載せてもらうように戦わなければならない。テレビ番組のリポーターは言った。

「ここで起きていることは実験的なことです。日本全国からの注意を引く価値があります。でも，神戸震災に関する問題は，地方ニュースなんです。震災直後は中央の注意を得ていましたが，もはや得ることはできません。中央のこのような態度に不満はあります。なぜ，この問題を地方ニュースとしてしか取り扱ってくれないのか理解できません。これは，全国ニュースであるべき問題です。高齢化する日本社会の近い未来にむけて，みんなで一緒に考えないといけないことが沢山ある日本全体の問題です。」（インタビューノート，1999年5月31日）

集めた情報すべての中から，何が取り上げられるかは，テレビ局の企画委員会が決定する。地方テレビ局は全国放送よりも，もっと多く被災者のニュースを取り上げるだけでなく，メッセージのトーンも，より被災者に同

情する立場をとり，行政にとても批判的であった。

第6節 生活再建のための政策における成功のめやす

仮設住宅に入居した高齢者

ここでは，2点について述べる。1つは，成功のめやすに用いたものの経時的変化，もう1つはメディアの焦点である。

震災後の高齢者による生活再建における成功のめやすは経時的に変化した。その変化は特に，仮設住宅から復興住宅に再定住した1年目に生じた。仮設住宅と復興住宅の生活の比較をするとき，その両者の違いを性質からおさえておく必要がある。建物のデザインやまちづくり計画の違いだけではない。仮設住宅はあくまで仮設であり，暫時的な住まいとして供給されたものである。仮設住宅をはなれ，恒久住宅である復興住宅へ入居，再定住したこと自体が生活再建の成功をあらわすことのはずである。しかしながら，実際はそれほど単純ではなかった。仮設住宅に住んだ高齢者は，仮設住宅で享受したいくつかの良かった点が復興住宅の生活にないと寂しく思った。

しかし，そのような高齢者の感情もまた，経時的に変化した。

まず仮設住宅に住み，そして，復興住宅に住んだという順序もこの変化の要因としてある。住めば都というが，彼らは，仮設住宅での生活に慣れるよう，少なくともそこを住まいにと，その期間は努力した。第2に，新しいところへ移るときは，そこが今よりいいところでもそうでなくても，未知への不安はあるものだ。第3に，復興住宅に入居すると，無料であった仮設住宅の特別待遇を失い，それでも他の面では大きく補助されているが，家賃を払わなければならなくなった。

行政

被災地の生活再建の成功のめやすは，時間の経過によって，量から質へ，すなわち，建設・供給された世帯数から生活の質へと大きく変わった。震災後1年間は，住まいをなくした人たちに，仮設住宅を供給することが行政の緊急課題だった。仮設住宅は，1，2年，長くても3年程度の住まいとして

供給された。しかし、実際に仮設住宅が閉鎖されるには5年かかった。震災後1年目の成功のめやすは、供給できた世帯数だった。量的目標を達成することが優先であった。しかし、時間が経つにつれて、メディア報道、現場で働く職員やボランティアからの報告、アンケート調査結果などあらゆる方法で浮かび上がってきた世論に対応して、住まいでの生活の質（QOL）へ注意が払われるようになった。

QOLへと成功のめやすが移行するにつれ、行政は新しいスキームを試みた。それは、既存の健康福祉制度を活用するスキームと、震災基金を活用した新しいスキームである。行政は、これらの方法でシルバーハウジングや、高齢者住民用に特別にデザインされた公営住宅を建てた。また、LSAの数を増やし、高齢者生活支援員などの新しいスタッフを雇用した。彼らは定期的に戸別訪問を行い、65歳以上の独居高齢者やシルバーハウジングの住民にアドバイスを与えた。

神戸は、地方行政のイニシアティブでコミュニティづくりを行った初めてのケースの1つといわれた（Kose, 1998：125-139）。つまり、そのコミュニティづくりの方法はキャパシティービルディングと呼ばれるものであった。阪神大震災の経験は、震災後の再建に対応して、中央からのトップダウンより、住民からのボトムアップアプローチを促す過程となった。

復興住宅のコミュニティリーダー

秋山復興住宅自治会長のR氏は、住まいに関するメディアの報道トーンにはじめは賛成だったが、時間とともに変わったという。復興住宅の住民は現代的な孤立化した場所で精神的に落ち込みがちだった。

「はじめは、復興住宅に入居できて喜んでいたんですが、だんだん、重たい鉄の扉の中に閉じこもってしまって。仮設住宅では建物はがたがただったけど、そのぶん、他の人たちに近かった。ここは、がっちり建てられてますから。孤立感や孤独感が増します。

ドアの開ける向きと反対に強い風が吹いたら、高齢者は重たい鉄の扉を開けることさえできないんでしょ。でも、夜は、鉄の扉がガン！としまっ

たときの音を思い出して，静けさの中で眠れなかったりするんだと不平をいっていました。」（インタビューノート，1999 年 7 月 17 日）

しかし，時間とともに，いい方向に変化してきたと感じているとR氏は言った。人々は再定住したことを実感し始めた。同時に，コミュニティを改善する難しさも感じている。見知らぬ者同士がどのように助け合うことができるかと考える。高齢化した人口をかかえた新しいコミュニティで，協力的なコミュニティライフを求めている。そのためには，いくつかの困難な問題が解決される必要がある。また，人々は自立する必要がある。

コミュニティのサイズはコミュニティづくりのダイナミックスに関係がある。マンモス・マンションビル群はコミュニティづくりが難しい。R氏は彼自身，こんな高層マンションビルに住んだことはないという。住まい環境のサイズは重要である。コミュニティが大きすぎたり，小さすぎると，コミュニティづくりはなかなかうまくいかない。大きすぎるとコミュニティ内の同意にこぎつけることも，活発でない人に手が届くこともむずかしい。逆に，小さすぎると，ダイナミックスが起こりにくく，十分なネットワークに発展しにくい。

復興住宅の特徴の1つはその大規模さである。震災前は，公営住宅は5階建ての団地が典型的だった。しかし，復興住宅は，10 階から 18 階建ての高層マンションビル群となった。コミュニティが大きすぎると自治会をつくるのが難しい。自治会ができないと，公式の代表を持つことができず，行政や他の代表との責任ある連携が難しくなる。これは，コミュニティづくり，そして住民の健康的な生活環境を築くのに，ネガティブな要因となる。

一方で，コミュニティが大きいとより多くのアクターが同定できる。民生委員，自治会，行政，健康福祉部，住民，ボランティア，女性のグループ，NPO，メディアなどである。

夏秋復興住宅の男性民生委員であるP氏は，引越ししてくる前は，神戸市垂水区で，民生委員を 12 年間務めていた。

「震災前に，この夏秋の東側に引越ししてきたときは，私は退職し，ここに買ったいい家でゆっくり自分の時間をすごせると思っていました。でも，神戸市から連絡があって，男の民生委員も要るからなってくれませんか，経験もあるし，と頼んでこられました。1年経ちましたけど，ここでの仕事のほうがずっと大変です。垂水区でももちろん独居老人も寝たきり老人もいます。でも，あそこに1人，ここに1人と注意していられる範囲だった。でも，ここは，これだけの大人数が突然バーンとあらわれました。」(フィールドノーツ，1999年2月4日)

フィールドワークで観察したどのコミュニティ活動も，全住民をカバーしているものでは到底なかった。集会所は住民の10分の1を収容できるくらいの大きさしかない。前にも述べたように，コミュニティのサイズはそのコミュニティづくりのダイナミックスに関係する。S夫人もコミュニティのサイズは大事であると考えていた。彼女は，コミュニティ活動は最初から大規模に始めるのではなく，時間とともに拡大していこうという方法をとっていた。

第7節　震災ボランティア

ボランティアは仮設住宅でのコミュニティづくりのダイナミックスにおいて大事な役割を果たした。

神戸では，震災の後，人々は「コミュニティ」とは何か，その意味を話し合った。「コミュニティサポートネットワーク」というカタカナ英語で名付けられたNGOもでき，「コミュニティづくり」のシンポジウムもいろいろと開催された。神戸にある世界保健機関（WHO）センターの推奨する「健康的なコミュニティ」とも結びつけ，社会的生活を追求できるよう住民が機会を得る強い社会ネットワークづくりが求められた。社会支援，社会ネットワーク，そして身体的かつ心理的な健康状態にはそれぞれ相関関係がある（Bowling, 1991 : 68-83）。このことは，本研究でもわかる。ネットワークは震災により喪失したもの，つまり，家族や友人の役割，住まいや地域コミュ

第6章　復興住宅

ニティの持っていた役割を補った。神戸のケースは、キリスト教団体などの活動が西洋ほど広まっていない非西洋社会でのコミュニティ支援ネットワーク構築の実験でもあった。

　欧米社会からコミュニティケアや老人介護について学ぶとき、研修旅行の行き先の病院や老人施設は、しばしばキリスト教団体が経営していたり、そのような団体と連携していたり、もしくは、牧師や司祭が一緒に働いていたりする。日本はキリスト教国ではなく、キリスト教徒は国民の1％ほどといわれている。キリスト教徒の慈善団体やNGOもあるが、仏教やお寺が歴史的にそのような役割も果たしてきた。しかし、現代日本社会での寺の役割も変容している。タイの仏教の寺が、コミュニティケアを提供し、エイズ問題に取り組んできたことの報告もある（UNICEF, 2001）。

　住まいのタイプは、ボランティアのアクセスに大きく影響する。復興住宅でもっとも欠けていると報告された問題は人間的接触であった。ボランティアによる人間的ふれあいは、仮設住宅の住民に、誰かが心配してくれているという感覚を提供した。いろいろな理由から、復興住宅ではボランティアは仮設住宅と同様には機能しなかった。

　第1に、復興住宅での生活はもはや恒久のものであり、いつまでも被災者としての緊急生活ではなく日常生活に戻っているべきだと考えられた。そのため、仮設住宅のボランティアは復興住宅では必要とされないと考えられた。これは、ボランティアたちの希望や考え方だけでなく、その活動を支えた政府からの被災救援資金が打ち切りとなるという現状もあった。震災から3年後からは、交渉により、1年、また1年と更新もされたが、この資金源はあくまで緊急支援金である。

　第2に、仮設住宅のような平屋の長屋タイプの構造では、ボランティアが訪問しやすかった。しかし、復興住宅はがっちりと建てられ、戸口は鉄の扉で閉じられた高層マンションビル群であり、外部の者が訪問しにくい。戸がいったん閉められると、外の世界から切り離される。近所の物音も聞こえない。窓から見えるのは空だけで、仮設住宅での生活のように、人を見かけない。この点は第7章でさらに述べる。

　復興住宅からボランティアたちが消えたが、代わりにLSAなどの新しい

アクターが登場した。しかし，LSA はボランティアとまったく同じ働きをするわけではない。LSA は契約された身分を持つ。彼らがボランティアと異なることの1つは，LSA の数は，仮設住宅でのボランティアほど多くないということである。1人の LSA が見守れる人数にも限界がある。LSA によっては若すぎて経験もあまりなく，高齢者のよき話し相手になり，信頼のある人間関係をつくっていくにはまだ無理があるケースもある。友情を築くために経験をわかちあうことも，高齢者と働くときのソーシャルワークの必要なスキルである。

　第3に，職業として契約を結ぶということは，復興住宅にオフィススペースが与えられ，収入も立場も安定するなどのメリットがある一方，デメリットとなりうる要因も生じた。すなわち，責任問題などを避けるための規則，LSA はこれをすべきでないという規則ができる。この規則が，住民との事務的なもの以上の人間関係をつくるのに障害になるときもある。高齢者住民の力になりたいと思うが，過度な親密関係を避けて距離を置かなければならないこともある。規則の1つで，贈り物を受け取ってはいけない，お茶1杯もいただいてはいけないことになっている。しかし，被災高齢者の中には，やっと落ち着いて温泉旅行にもいったが，そこでみやげを買おうにも，たった1人の身内であった娘も震災で亡くなり，相手がいなかったので，小さなみやげを高齢者生活復興支援員の女性に買ってきた人もいて，そのときはやはり受け取らないわけにはいかなかったという。

　筆者が，保健師ボランティアと仮設住宅を回っている間も，その訪問を喜ぶ住民にはお茶を出してくださる方，また，お茶では悪いと，（美容と健康にいいといわれる）アロエヨーグルトドリンクを出してくださる方がいた。もう訪れる人もなくなってきた仮設住宅に取り残された独り暮らしの高齢者の，精一杯のおもてなしの機会でもある。お茶を出すということは，ゆっくり話をきいてほしいということである。1日外回りなので，トイレに行く機会も不便であるからと思って飲まないでいると，お茶を出してくださった方は，観察していて気にされる。「こんな汚いところで自分たちのだしたお茶なんか飲めないということか，だから外の人は……」とも受け取られ，せっかく築いた信頼関係も壊れてしまう。その視線に気付くと，有り難くお茶を

いただくことが，大事な思いやりに応える行為であると思うようになった。

第8節　コミュニティと人々の健康

コミュニティ形成への道としての健康増進活動

　前にも述べたが，1999年1月26日，神戸市保健部部長らと会ったとき，こちらがインタビューの質問を投げかける前に，先方から，訪問者（筆者）が何をききたいのかすでに知っているような様子で，「地域コミュニティづくりと健康促進活動」について話し始められた。それは，ここに取材に来る人が皆訊く話であり，その話を聞くことが一般的に訪問者の目的だったであろうことがうかがえた。

　夏秋と冬山復興住宅のどちらでも，その区の行政保健部と協力して活動が行われていた。健康は満足感のある自立した生活の大事な部分を占める。高齢者はしばしば健康を彼らのQOLの主な決定要因と見ている（Wilson, 2000：15）。健康促進活動はしばしばコミュニティづくりにつながる糸口となる効果的な道でもある。日本人は健康志向意識の高い国民であり，日本は世界でもっとも長寿国になった。高齢者，特に独居高齢者が心配していることは，もしも健康を失ったときどうなるかということである。秋山復興住宅の自治会長も，テレビでインタビューされていた他の住宅の自治会長も，独居高齢者のことを心配していた。健康管理に関する課題は，コミュニティ活動を立ち上げるのに成功しやすいテーマである。そのため行政の中でも保健部が，地域住民の代表と連携して，コミュニティ活動を始めやすかった。福祉は個人のプライバシーもあり，困難な面もある。それに対して，健康促進，健康管理は，コミュニティみんなの活動としてはじめやすかった。そのために，行政にとっては，自治会などコミュニティにカウンターパートとなる責任を持つ代表があることが必要であった。

　健康促進プログラムは，健康促進を目的としているが，狭義の健康管理・健康増進だけが目的ではない。このプログラムは，コミュニティづくりの場でもある。健康促進活動は，行政と地域が共同で行う。地域コミュニティには任意団体，自治会などの代表が必要である。行政の支援介入をうけるの

に，コミュニティも責任が持てないといけないし，キャパシティーもなければならない。コミュニティづくりと健康促進活動は強い相互関係があり，健康促進活動は，コミュニティづくりの大事な道具でもある。

ただ，行政に健康促進活動を実施してほしいと訴えるだけでは実施できない。地域社会からも行政が働けるように，参加できるように環境を整えないといけない。住民はただ座って，行政がすべてしてくれるのを待つというのは非現実的である。相互ダイナミックスによるコミュニティワークは，住民が行政にいったい何を求めるのかをはっきりさせる機会でもある。それは，ボトムアップアプローチである。

兵庫県健康調査報告書では，その報告の仕方，カテゴリーの分けかたから，独居高齢者に特別の関心を払っていたことがわかった。栄養，食生活教育のプログラムを特に行ったと報告している。食生活は日本社会で一般的に関心の高い課題である。バランスの取れた食生活は，高齢者が，独り暮らしで，特にショッピングセンターやレストランから離れた郊外で生活しているとき，維持するのが難しいと考えられていた。この調査では，仮設住宅でも，一般住宅でも，病気がある人の割合は，高齢者，特に独り暮らしの高齢者に高かった。

神戸市保健部部長は以下のように説明する。

「われわれはコミュニティづくりのための場所と機会を，栄養クラスや運動クラスをとおして提供します。地域コミュニティの人々に一緒に働くように呼びかけます。いま，元気にされている方々の中でも，彼らもすでにお年ですから，近い将来，どのような状態になるか心配しています。コミュニティづくりが肝心だと信じます。コミュニティは，もはや自立することができなくなった人々を受け入れる基礎と容量を作る必要があります。健康を害し，近所づきあいができなくなった人々も助けることができるシステムづくりをしています。健康促進活動には遊びも取り入れます。折り紙クラスとか遊びを。自治会と協力しています。」（インタビューノート，1999年1月26日）

栄養と食生活習慣

　独り暮らしのときは，食事が不規則になりがちであり，食事内容も偏りがちとなる。日本社会では，食事は健康的な生活の基本と考えられている。中国語・日本語には，医食同源という言葉がある。高齢者は若い人より食べる量が減る。要因はいろいろある。医学的には，自分の歯を持たない人，入れ歯がうまく合っていない人は，自分の歯を持っている人よりも，1日の栄養摂取量が少なくなる（Marshall et al., 2002）。社会的及び心理的要因も影響する。高齢者は，一緒に食べる人の数が少なくなる傾向にある（De Castro, 2002）。神戸のフィールドワークでは，独り暮らしや夫婦だけのとき，一品だけなべに作って，同じものをしばらく毎日食べていると話した高齢者たちもいた。独り暮らしと食事については第7章でも述べる。

　高齢者の食事は，より単調になりがちであり（Fanelli and Stevenhagen, 1985），従って，偏った食事になりがちである。経済的に裕福な，栄養不良がないはずの国や地域でも，高齢者になると栄養失調になったりする（Wilson, 2000：105）。女性高齢者は，多くの人と一堂に会して食事をすることを喜びと感じる傾向にあるが，独り暮らしの女性高齢者は簡単な食事で済ませてしまいがちである（Gustafsson, 2002）。これらの欧米での経験は，神戸のフィールドで観察した傾向とも一致している。それから，生理学的に，高齢者の食細りはホルモン分泌の年齢的変化にも関係しているという（Science News, 2001；MacIntosh, 2001）。

　コミュニティ活動として健康的な食生活を促進する活動は行政，自治会，ボランティアなど地域が一緒に行う人気のある活動であった。日本には四季があり，それぞれに旬の食材がある。また，日本人は一般的にグルメである。小学校の家庭科でも栄養のバランスなどの教育がされ，テレビでも料理番組が人気がある。新聞や雑誌にも記事が載り，特集も組まれる。バランスの取れた食事に関する一般知識の高さは日本の長寿の重要な要因の1つでもあろう（Cockerham and Yamori, 2001；Suzuki et al., 2001）。

　一般的に，独り暮らしの高齢者はきちんと食事を食べていないと考えられた。健康的な食生活を促進する活動は，保健師らが，復興住宅での食生活と健康を心配していることから生まれ，また，閉じこもりにならないように，

外に連れ出す目的を持っていた。

冬山復興住宅で健康促進活動に参加していた神戸市中央区保健部の保健師は，こう述べている。

「このプログラムは保健部が企画しています。保健部は巡回相談を行っています。それは，ふれあい健康相談の一種です。医者も参加します。今日のプログラムは独り暮らしの老人向けです。健康的な食生活のしかたを教え，実際に試食していただきます。健康，医療，こころのケア，栄養などの分野のカウンセリングを行います。

一皿は1ポイントとかぞえます。（受付で，高齢者に，栄養の図式と，その日のプログラムでどの品目をたべたか印をつける表がのった用紙を渡す。）

それから，食事の後，コミュニティづくりの一環として健康体操をします。」（インタビューノート，1999年2月25日）

このプログラムはまだ立ち上げの段階で，対象も独り暮らしの高齢者のみであった。独り暮らしで，独りで食事を取っている人は特に，料理をすることに興味を失う危険がある（Wilson, 2000：105）。もし，誰かと生活をともにしていれば，料理もきちんとするが，独り暮らしでは簡単に済ませがちであるし，同じものばかり食べる傾向にもあり，栄養が偏りがちである。

この保健師は，また，次のようにも述べた。

「私たちは自治会長のT氏に感謝しています。コミュニティの代表なしに，この活動はできません。彼はわれわれが入ってきてこの仕事をしやすいようにしてくれています。入ってくる前の基盤づくりをしてくれています。われわれも資源がかぎられており，できることにも限界があります。」（インタビューノート，1999年2月25日）

これは，前述のLSAの自治会長に対するコメントと一致している。

第9節　独居高齢者と住まい

「独り暮らし」や「独居」は住まいの影響を評価するときの大事な要因でもあった。これは，高齢者の住まいを評価するとき，とくに日本社会のコンテクストで重要であった。

日本は他の先進国に比べ子供世代との同居率がずっと高い。しかし，第1章に見たように，人口高齢化とさまざまな社会変容とともに同居率の低下も起こっている。将来，もっと多くの高齢者が子供と同居しないようになるであろう。これらの人々は政府に頼らないといけないとも見られている（Campbell, 2000）。高齢者対策の政策が急速に拡大した1970年ごろ，特別の注意が要る高齢者の条件は，「独り暮らし」とされていた（そして，そのあいまいな言い回しによって，このカテゴリーと，自立している高齢者夫婦世帯のカテゴリーとの違いがぼやけてしまった）(Campbell, 2000：86)。神戸でも，社会的弱者のカテゴリー，つまり日本の福祉制度の優先対象となる人口集団は同じであった。兵庫県健康調査，西区の報告書2冊，新聞記事，あらゆる文献が高齢者，特に「独り暮らしの高齢者」というカテゴリーを掲げていた。

住まいと孤独感

住まい環境がよくないとき，住民は外に出てきて近所の人と交わるが，住まい環境がよくなると，中に閉じこもり，孤独になるように見える。メディアは，「寂しさ」が，復興住宅での生活が仮設住宅での生活よりも悪くなった理由であると報道した。「高齢であること」をその孤独感の要因と見る人々もいた。第7章でさらに述べる。

高齢者と若い世代の生活スタイルの違いはどのような住まいが適しているか決める要因である。若い世代は，日中外に働きに出てしまい，都会では高層マンションビルのほうが住みよいかもしれない。しかし，1日の大半を住まいで過す高齢者には，話が違ってくる。コミュニティライフはいっそう重要となる。

不安感や孤独感は高齢者が何らかの施設にすすんで入居する決定をする要因となる（Wilson, 2000：151）。高齢者をコレクティブハウスに集める試みも神戸の被災地で行われた。その結果，他の住民と友達になり，孤独感や不安感を軽減することができた人たちもいた。友人ができて孤独感を軽減できたものの，その唯一の友達が老人性痴呆を発症して，施設に移ったあとは，さらに孤独感に襲われているという住民もテレビで紹介された。コレクティブハウスに一緒に住んでいるものの，他の住民と人間的関係を築くことができていない人たちも紹介されたが，すくなくとも，コレクティブハウスに住むことで，何か問題があるときの不安感は軽減されていた。

生きがいと一緒に働くこと

　高齢化社会について考えるとき，若い世代や健康な人々に支援してもらうように巻き込む必要があるという議論がしばしばなされてきた。高齢者の面倒をみる若者が足りない，ますます進む少子化は若者・若い女性が自己中心的になった結果であるとさえいう論調さえある。高齢者もまた，「近頃の若い者は……」と，礼儀を知らず目上の者を尊敬しない，甘やかされた今時の若者を嘆くこともある。しかし，神戸のケースは，高齢者はかならずしも若い世代によって面倒を見られなければならないわけでないことを示した。

　グループホーム型仮設住宅のLSAであるWさん，芦屋老人ホーム所長のM夫人は，高齢者たちがお互いに助け合っている様子を報告し，テレビ番組もそれを報じた。高齢者は失った機能を補うための少しの助けがあれば，自立して幸せに暮らすことができる。そのほうが，彼らもコミュニティに貢献し続けているし，生きている価値があると感じることができる。

　S夫人も，誰でも年齢に関係なく，また障害のあるなしに関係なく，皆，コミュニティケア活動で何か役割を担うことができるはずだと信じていた。「私のような何もとりえのない年寄りにはなにもできない」とひっこむ住民も，参加するようによびかけているうちに，「皿洗いくらいならできます」などと言い出すようになった。

住まい

　住まいは，物質的な条件による生活水準やQOLの決定要因であるだけでなく，しばしば主要な財産である（Hughes, 1995）。持ち家があるかどうかはしばしば老年期の富とQOLを左右する。

　高齢者向けの住まいやコミュニティの建設という発想は比較的新しい現象である。いろいろな試みがなされてきたが，これからもさらに広がる分野である。この分野は高齢化社会の最大の関心事の1つであり，欧米からいろいろな研究報告がなされている（Drake, 1998；Steinfeld, 1981）。顕著に隔離された住居である特別な老人ホームというのは，第二次世界大戦後アメリカ社会でも都会の風景のめだった要素となった（Rowles, 1994）。結果，隔離がすすみ，多くの高齢者がコミュニティのなかで生活を続ける一方で，大都会の都心部に立ち並ぶ高層の堂々とした建物は特に，高齢者のイメージを「何か隔離された特別のサービスと住まいのアレンジが必要なもの」とするようなメッセージを発信しているかのようである。

　それはまた，実際に入居している高齢者数は多くなかったとしても，高齢者向け高層住宅の存在は，高齢者のたどる標準的な行く末は，自分の家を去り，自宅では受けられない介護を受けることができる「支援のある」住宅へ移住することであると暗示しているようである。また，そのような高齢者向けの住まいや長期型介護を選択することは，高齢者が住み慣れた家を出て，すすんで引越しすることを前提としているようにも見える（Rowles, 1994：115-126）。

　Steinfeldは高齢者の住まいの意味について分析している（Steinfeld, 1981）。住まいにはいくつかの面があり，1つ目に高齢者自身の象徴としての住まいという面，2つ目に，社会変化の象徴としての住まいという面である。多くの住まいはアパート，タウンハウス[11]，あるいは，注文建築の一戸建てとして建てられている。高齢者向けの住まいは，アパートか，バリアフリーやユニバーサルデザインを取り入れたシルバーハウジングといった，工夫が特別にあしらわれた住まいとして建てられている。3つ目に，住まいはアイデンティティを形成するものでもある。高齢者の住まいは，どのような健康管理・医療介護を必要とするかの大事な決定要因でもある。老人ホーム

は病院と同様の機能もある程度備えている。

一方，住まいの選択は，便利さや医療へのアクセスの安全性だけで選ぶものではない。Palmoreは，以下のように述べている。

「住まいは，生活を行う場所以上のものであるので，多くの機能を持つことができる。独立の象徴，家族団らんの中心，楽しい思い出の源，コミュニティへのリンク，趣味，クラフト，ガーデニング，日曜大工など役に立つ活動。このような多くの機能のために，住まいにおける年齢による隔離は重大な影響を意味する。」(Palmore, 1999：140-151)（筆者訳）

老年期の住まいは住宅政策によって大きく改善することができるはずである（Wilson, 2000：106）。

まとめ

行政にとって，短期間に多数の住宅を供給しなければならなかったとき，高層ビルを建築するほか現実的にあまり選択肢はなかったといえよう。震災後の復興過程の初期の成功のめやすはとにかく何世帯に住まいを提供することができたかにあった。住まいのQOLに対する影響は，時間がたってから注意を引くようになった。これは，メディアの影響もあり，行政がメディアや世論に敏感であることもその原因である。

復興住宅でのコミュニティ活動は行政と地域コミュニティのコミュニケー

---

11) タウンハウスは「連続建て」のことで，「共同建て」であるマンションとの大きな違いは，共用廊下や共用階段がなく，それぞれの住戸の玄関が独立して敷地に面していることがある。また基本的には，建築構造上，上下階の生活騒音を気にしなくてよい。一戸建てとの大きな違いは，土地・建物の権利が異なることで，各住戸は区分所有，土地は共有であり，各住戸の専有面積の割合により土地の持ち分がある（敷地権）となる。従って「区分所有建物」という分類になり，その点ではマンションと同様，区分所有法という法律によって権利関係が守られている。つまり，住空間や生活空間はより一戸建てに近く，権利関係はよりマンションに近い。

第 6 章　復興住宅

ションの結果でもある。保健師，自治会，民生委員，地域で働く人々によって希望が伝えられ，変化を促した。ボトムアップアプローチの結果であり，行政が地域の希望に応えようとしていたことを反映している。

　仮設住宅や復興住宅について話すとき，その住まいの建築のタイプそのものだけについて評価するわけではない。建築物以上のものが大事で，そこに，コミュニティ全体の環境をつくるものや，コミュニティが提供できるものがある。人々は，サービス，資源，機会へのアクセスを総合的にみて，住まいと生活環境の良し悪しを評価する。コミュニティができないときは，その建物がどんなに立派なものであったとしても，それは重要ではなくなる。

　仮設住宅の看護師リーダーは，テレビのインタビューに答えた。「どうして，独り暮らしの高齢者があんなところ（復興住宅）に入居するのかわかりません。あそこに行って何をするというのですか」。復興住宅は日本の将来像でもある高齢化社会の行く末の象徴として見られた。

第7章 「寂しい」という気持ち

はじめに

　「寂しい」という言葉は，仮設住宅と復興住宅の高齢者住民を語るときに最もよく使われた言葉である。なぜ，このように表現されたのだろう。「寂しい」とは，どういう意味なのか。

　震災後最初の数年間は，行政にとって復興の成功のめやすは，被災して住まいを失った人たちに供給するために建造された住居世帯数であった。しかし，時が経つにつれて，成功のめやすは量的なハード面から質を問うソフト面に移行していった。「寂しい」は，復興住宅の生活が仮設住宅よりも悪くなった理由としてたびたび用いられた。ニュースは仮設住宅では幸せだったが復興住宅に移って孤独になった事例としてK氏（60歳）を紹介した。

　「仮設住宅に住んでたときは，いつも誰か来てくれた。なんか食べるものもって来てくれた。「味噌汁つくったよ」，「肉じゃがつくってみたよ」。でも，ここ（復興住宅）に移ってからは，寂しい。誰とも一言も話さん毎日が過ぎていく。年いったら友達つくんのも，若いときみたいにはいかへん。」（1999年1月13日，テレビ朝日，ニュースステーション　3日間シリーズ「閉ざされた空間　被災者　終の住みかで」）

　彼には，復興住宅では一言でも言葉を交わす人が1人もいない。食べ物を分かつ人も，一緒に食べる人もいない。彼は，人は老いたら，新しい友達をつくるのは難しいと言う。

Stevens（2001）は"Friendship"（友情）は，年をとると維持するのが難しくなりうる人間関係の1つであるとしている。年齢に関係する健康状態の変化，引越し，定年退職など，社会的状況や環境の変化は高齢者の現実の，また潜在的に友人になりうる人に出会う可能性に影響する（Stevens，2001：183-202）。

　テレビ番組にインタビューされ，「寂しい」と言った人たちは，だいたい「私は独りだ」，「話をする人がいない」，「ここでは友達を作るのが難しい」，「嫁さんがいない」とも言った。「寂しさ」とは，一緒にいる人がいないことであるかのように言い表された。

第1節　「寂しさ」と高齢者

　メディア報道はしばしば「寂しさ」と高齢者を関係付けた。前述のK氏は，高齢であることを，「寂しさ」と，新しい友人をつくることの難しさの要因として見ていた。

　第4章で述べたように，1999年までのメディアは，復興住宅を「寂しさ」の源のような論調で報道した。大規模な高層マンションビルといった非人間的な住まいを作り，そこに高齢者を置き去りにしたかのように，行政を責める論調もあった。メディアは独居高齢者の「寂しさ」に焦点をあて，震災後生活復興[1]の失敗として指摘した。メディアは，前の住まいに戻りたがっていた老人たちを紹介した。以前に住んでいた仮設住宅に毎日通うように訪れる老人や，仮設住宅が撤去されたあとの更地に立ちすくむ老人を映した。リポーターは，「これらの高齢者は寂しく，もともと住んでいたところに帰れるまで彼らの震災後生活復興は終わらないのだ」と結論付けた。恒久住宅で

1）「生活復興」という単語は，メディア報道にも用いられたし，フィールドでも人々の口から聞いた。第5章で述べたように，いくつかの仕事ポストは，「生活復興支援員」などこの単語を使った名前がつけられた。しかし，東京の研究者からは，「『生活復興』？　そんな言葉あるの？　そんな言葉聞いたことないよ」と驚かれ，こちらが驚いた。震災後に使われるようになった言葉なのかもしれない。

第7章 「寂しい」という気持ち

ある復興住宅にすでに入居し，震災以前に住んでいた住まいも町も完全に壊されてしまい，現実に戻るところがもはや存在しない女性高齢者を紹介したときにさえ，このように説明した。しかし，筆者のフィールドワークでの観察では，確かに住民は移行期に新しい住まいや生活への不安やとまどいを感じてはいたし，古きよき日々を思い出し懐かしんでもいたが，以前の町や住まいが現実にはもはや存在しないことは受け入れていた。

冬山復興住宅の自治会長，T氏は唱歌「故郷(ふるさと)」の一節を歌い，このような帰らない日々を懐かしむ気持ちであって，本当に戻れるとは誰も思っていないと語った。

高齢者たちは「寂しい」気持ちをしばしば認めたが，そのような気持ちは自然の過程として受け止めてもいた。新生活をまったく楽しみにしていないわけではなかった。第4章で説明したように，メディア報道のトーンも，5年目にはポジティブに変化した。

「寂しい」気持ちはメディアが復興住宅の失敗として焦点を当てただけでなく，筆者のフィールドワークでも，「寂しい」という言葉が絶えず聞かれた。そこで，「寂しい」気持ちについてこの章で触れることにする。

老年学の文献では，「寂しさ」は珍しい課題ではなく，むしろ重要な位置を占めている。Onyx and Benton (1995) は，貧困，死別，社会的孤立，「寂しい」気持ち，役割の喪失，病気，障害，無感動，無関心，いじめなどのエイジングの病理学モデルとして Fennel et al. (1988) の議論を紹介している。Heywood, Oldman and Means (2002) は，「寂しい」気持ちは老年期の深刻な問題であり，「寂しい」気持ちは，高齢者が既婚であろうが未婚であろうが，高齢者の住まいに関する最も重要な問題の1つだと訴えている。一方，独り暮らしに慣れてきたはずの人々でさえ，外出の機会が減り，聴力や視力など能力が衰え，社交的でいるための能力が衰えると，むしろさらにひどい「寂しさ」に苦しむことになるという。

「寂しさ」と社会的孤立

Enomoto (1996)[2] はそのアイスランドと日本の高齢者の研究で，以下のように述べた。

「リンク・サービスの方法は，アイスランドの高齢者にとって，セキュリティとセーフティを改善し，他の人たちと交わり，楽しみ，孤立感，「寂しさ」，自分を役立たずに思うことなどの気持ちを軽減し，自立した生活をし，生きがいを感じるのに大いに効果があった。」(Enomoto, 1996)（筆者訳）

「リンク・サービス」はアイスランドの老人ホームで試行されたシステムである。「リンク」とは，サービスの名前であるが，第6章で紹介したS夫人のいう「つながり」と同じような意味である。この Enomoto の一文には，いくつかの鍵となる言葉が集約されている。それは，「他の人々との交わり」，「孤立」，「他の人の役に立っていると感じること」，「生きがい」などである。これらは，他の文献にも出てくる言葉であるし，この神戸での研究にも出てきた。Giddens (1991) は言う。

「個人的な意味のなさ──人生になにも価値のあるものを提供することがないと感じること──は，近代社会に生じる根本的な精神の問題[3]である。」(Giddens, 1991：9)（筆者訳）

冬山復興住宅の女性高齢者は，「ここに住んでると，周りの人たちは，「あのひとたちは安い家賃しか払ってない」ってささやいてる。もともとの地域住民はわたしたちなんかに話しかけてくれへん。みじめや。早く死にたい」と言った。Hochschild (1973)[4] は，「予期されなかったコミュニティ (Unexpected community)」と題した社会学的研究で，43人の高齢者が住むコレクティブハウスを紹介し，老年期の最大の問題の1つ──「寂しさ」──の解決策を論じている。彼女は，「寂しい気持ち (loneliness)」へと導く「孤立 (isolation)」についての議論からはじめている。「分離 (separation)」

---

2) 日本語原著 1994 年，英語翻訳 1996 年。
3) 原文では "psychic problem"。
4) もとの PhD 論文は 1969 年。

と「統合 (integration)」についても論じているが、その研究書の主なテーマは「孤立」である。筆者の研究の対象人口が経験した孤立には、もっと特別な意味合いとなる「差別 (discrimination)」、「分離・隔離 (segregation)」の色もあったと言える。

神戸での研究においてメディアや行政が一般的に高齢者の問題として挙げる課題は、Hochschild (1973) が高齢者に関係する特徴的な問題として挙げている課題——貧困、健康の喪失、孤独感——と一致している[5]。健康の喪失に関して言えば、一般的にはそうかもしれないが、70歳以上よりも不健康な50歳代、60歳代の人たちもいる。この現象は、サバイバル効果[6]という (Bowling et al., 1991：S 20-32；Bowling et al., 1997)。

春山仮設住宅で、筆者が保健師ボランティアについて回ったときに出会ったT男氏は、60歳の男性で、アルコール依存症であり、筆者がフィールドワークを終える前に亡くなった。彼は、レストランの料理人だったが震災で職場を亡くした。震災の3年後、1998年4月に訪問したとき、彼は昼間からお酒を飲んでおり、何も食べていなかった。部屋に入ると、そこは悪臭を放っており、トイレ・風呂はひどく汚れていた。戦争孤児だった彼の人生は子供のときから困難の連続だった。第二次世界大戦の終わりの神戸の空襲で彼の両親は亡くなった。私たちは風呂・トイレ、部屋を掃除し、冷蔵庫の中をみて、ありあわせの野菜入り煮込みうどんをつくった。その間、彼はコタツに座っていた。彼は生きる気力を失っていっているようにも見えたが、他にあまり物はなくても、料理の本を何冊か購入しており、それを見る様子は、また料理人として働きたいのだという意欲もうかがわせた。自分はまだ

---

5) Hochschildは、研究法による結果の相違も報告している。彼女の実施したアンケート調査では、半数の回答者が「寂しい」と答えた。しかし、彼女のフィールド訪問では、これらの高齢者たちにはたくさんの電話がかかってきていたし、独りであるといえる状態とは認識されなかった。

6) より高齢の人ほど、それまでに病死した同じ年の人に比べ、そこまで生き残ることができるだけ、もともと元気であったので、ある年齢まで生き残っている人は、さらに元気で長生きをし生き残りやすいということ。つまり、もともと弱い人は先に死んでしまい、生き残っている人はもともと元気な人で、さらに生き残りやすいということ。

男であり，女性と付き合いたいとも言った。

　食事ができても，彼は独りでは食べたくなかった。食べる間は私たちに一緒にいてほしいと頼んだ。しかし，私たちは，他の世帯も訪問しなければならず，やはりボランティアとして付き合う距離に線を引かなければならなかった。結局，彼は希望を取り戻すことができないまま，アルコール依存症の引き起こす栄養失調で亡くなった。彼は，現代の裕福な先進国日本で栄養失調で亡くなったのだ。震災が突きつけたショッキングな現実だった。

　「独りで食事をすること」は，独りでいること，「寂しく」思うことの象徴的な行動としても見られた。Hochschildは近所付き合いをすること (neibouring) の意味を「一緒に食事をすること」(having meals with) と，高齢者住民の言ったことを取り上げて紹介した。近所付き合いをするということは，単にバターナイフをちょっと借りるとか，電話番号を教えてもらうとか，テレビ番組を一緒にみながら言葉をちょっと交わすくらいのことではないと言うのだ。「独りで食事をする」，「一緒に食事をする」ということは神戸のフィールドワークでも繰り返し浮上してきたポイントなので，本章の後半でさらに述べる。

　筆者の神戸でのフィールドワークで，高齢者がよく言ったことの中に，「私は大丈夫。いい息子がいるから。いい娘がいるから」という言葉，フレーズがある。また，悲劇的に寂しがっていた人々というのは，子供がいるのに，その子供たちが訪ねに来てくれないし，連絡もない状態の人たちであった。もっとも近い頼れるはずの関係の子供たちが，必要としているときにいない，いい関係を持てていないという現実は，高齢者にとって苦痛となる。嫁や婿のせいで，自分の息子や娘との関係がこじれてしまったと，嫁や婿を責める例もたびたびあった[7]。この問題についても，後でさらに述べる。

　震災をきっかけに子供や他の家族との間に深刻な問題が生じ，絶縁のよう

---

[7] 高齢者に関する問題を列挙した後，Hochschildは「しかし，健康と住まいは基本的問題であって，もっと深刻な問題というのは「拒絶 (rejection)」なのだ。老人が社会から必要とされないということなのだ」と続ける。

な状態になった人たちもいた。被災という緊急事態に，家族との間で優先することや価値観が違っていたとわかったりした。崩壊した家の瓦礫の下から，先に掘り起こしてくれなかったという理由で信頼を失った例もあった。震災の後も，家族から安否を尋ねる連絡がなかったので付き合うのをやめた例もあった。最も近いはずの人との信頼関係が壊れたために，閉じこもりになった例もあった。震災は家族のきずなを壊すきっかけともなったし，反対に，困難なときに支え合い助け合い，ともにがんばった経験からきずなが深まった家族もあった。震災のために起こった離婚も多い。震災が起こらなければ，結婚生活をつづけていただろうという人もいる。一方，震災のあと，被災地で，人を助けたり，一緒に再興にむけて働く場で知り合い，結婚した人たちもいた。

　独りでいることは，しばしば孤独であることのコンテクストの中で起こる。しかし，独りでいることは必ずしも「寂しい」ということではない。同様に，多くの人が周りにいて，それも，子供たちや孫たちに囲まれていても，とても「寂しい」思いをすることは珍しいことではない。それは，周りの人たちとのいい関係を楽しんでいるのだが，それでも誰にもわかってもらえないということであるかもしれない。

　メディアでは，第5章で説明したように，高齢者は社会的弱者として見られ，特別の介護を必要とする，「寂しい」，不幸な人の象徴のように見られた。テレビ番組のタイトルがそれを示した。たとえば，NHK，クローズアップ現代の題名には，「孤立する高齢者たち　復興住宅からの報告」(1999年1月14日（前年12月5日放送分の再放送））というものがあった。

　神戸市保健部幹部は筆者とのインタビューで言った。

「復興住宅には，高齢者，障害者，子供が多い低所得者などの弱者が優先された。」（インタビューノート，1999年1月26日）

　これは，正しい説明であり，メディアの行政批判を避けるものでもある。このインタビューのあと，彼は次のようにも言った。

「神戸市での就職率は大幅に落ちた。我々は雇用機会促進をしないといけない。私はこれが優先しないといけないことだと思う。神戸の失業した人たちのために雇用機会を作り出さないといけない。小さなことにお金を使うために……。雇用機会をつくるためにお金は使わないといけないと信じている。今は仕事を作り出す時期だ。被災後の生活復興において，雇用機会を作ることが今や優先だ。34万世帯が住まいを失ったんですよ（筆者注：2万8千世帯の住まいが行政によって建てられた）。他は自力でがんばっているんですよ。彼らは大きな借金を抱えている。彼らは15万～18万円の家賃を払っている。子供たちのいる若い夫婦も子育てにお金がいるし。」
（インタビューノート，1999年1月26日）

彼は，高齢者が十分な注意を向けられていないとは言わなかったし，高齢者を支援することを優先する必要がないとも言わなかった。しかし，彼の言ったことは，高齢者優先から，中高年世代への支援へと移行することの必要性を示している。第4章で紹介したように，これは，1999年から2000年へのメディア報道のトーン変化とも一致している。しかし，その変化のタイミングはメディアのほうが1年近く遅れていた。①メディアのトーン，焦点，優先事項，②優先事項と政策方向の変化に関する行政の声，③筆者がフィールドワークで直接地域の人々から見聞きし，観察した声という3つのものの間で，変化や意見転換のタイミングにギャップがあった。一般的に言って，復興住宅に入居した人々は労働者階級であった。神戸市保健部保健師幹部は上のインタビューのあと，言った。

「（復興住宅は）現代の最新テクノロジー設備を備えています。（日本の伝統的なお湯を沸かす風呂でなくて）現代的なお風呂です。西洋スタイルのお風呂に日本のテクノロジーが備わったもので，コンピュータ制御でお風呂の用意をするんですよ。（入居者は）どうやって使うかわからないんです。だから，生活支援員やスタッフがどうやって使うか教えないといけないんです。このお風呂では，「お風呂を沸かす」と言わないんです。「湯を張る」というんですよ。あのね……（入居者たちは）震災前はお風呂のない

第7章 「寂しい」という気持ち

ところにすんでいて，銭湯に通っていた人たちですよ。」（インタビューノート，1999年1月26日）

最後のコメントは，入居者が低所得層の人々であったことを示す。このインタビューの間，神戸市職員たちは彼らを貧困者・低所得者とは呼ばなかった。戦後の平等化された日本社会で，人口の90％は自分たちを中産階級だと思っており，社会文化的価値観においても経済的状況で人をおおっぴらに格差付けるようなことはしない。行政の人々は，彼らを貧乏人とは呼ばない。

貧困は高齢であることに関係する課題であるかもしれない。フィールドワークで会った人々は，今は貧しくなったが，若いときは羽振りが良かった，裕福であった様子の人たちもいた。テレビでも今は被災して貧しく独りだが，ビジネスがうまくいっていたときは，周りにたくさん人がいたという人も紹介された。

「寂しさ」と意味のある人間関係の欠如

仮設住宅や復興住宅に住む低所得層の高齢者住民が一般的に「寂しさ」を感じていることは明らかだった。一方，西宮や芦屋の比較的裕福な世帯が集まる地域は，被災した住居もほとんどが1年以内に建て直された。Hirayama (2000) はこの現象を「住居復興の極化」と呼んだ。住まい再建のピークは1997年7月であり，その後，減少していった。この地域の街の景観は，仮設住宅が，そして後に復興住宅が建てられた地域とは明らかに違っていた。費用を工面できる「持てる者」は家を再建し，「持たない者」はできなかったという格差をはっきりさせた。中産階級の人々は長屋住まいには慣れていない。彼らには，同じような環境背景の，また同じ趣味を持つ友人の輪が別にある。彼らは，都市の生活で必ずしも同じ地域近隣コミュニティに住まなくてもいい。Hochschild (1973) は，仕事や家族への義務がなくなったとき高齢者にとって重要なものは，住まい，近所，住居環境に関連した人間関係であるといっている。若い人たちと同じところに住んだ高齢者たちは，共通の興味が欠けていたりするために，かえって孤立を経験したとい

う。Hochschild はまた，低所得層高齢者にとって，住居は，中産階級高齢者にとってよりももっと大きな意義を持つといっている。これは，神戸のフィールドで，生活スタイルと近所の人との関係について，筆者が観察したことと一致している。

　第4章に紹介した兵庫県健康調査の1年目は仮設住宅と一般住宅で行われた。まだ復興住宅ができていなかったためである。2年目は仮設住宅，復興住宅，一般住宅で行われた。しかし，3年目は仮設住宅と復興住宅でのみ行われ，一般住宅では行われなかった。これは，健康福祉部が，復興住宅に住まない比較的裕福な人たちを，被災人口として特別の注意を払う対象から外したことを反映しているとも言える。彼らは生活を再建し，普段の生活に戻っていったとみなされた。

第2節　独りでいることと孤独を感じること

　独りで住むことは，高齢者にとってその子供たちとの関係を絶ったことを意味しない。少なからず文献で示されることの中で重要なことに，高齢者自身がその子供たちと同居を希望していないことがある。Hochschild（1973）はその研究の中でその点を述べている。Hashimoto（1996）は日本の高齢者を分析し，高齢者の中には，子供たちと別に住むことで，子供たちの重荷にならず，自立を保ち，かつ，子供たちとのいい関係を保つことができるので，別に住むことを希望しているものたちがいることを示している。

　Hashimoto（1996）の研究には，看護師として現役で活躍している60歳代後半の女性が紹介されており，その女性の発言を引用している。

　「独りで住んでて寂しくないの？とよくみんなに聞かれる。」（Hashimoto，1996：8）（筆者訳）

　日本の文化価値では，独りで住んでいることは「寂しい」と考えることは一般的であるようだ。

第7章 「寂しい」という気持ち

さて，前述の「独りで食べる」ということについて，もう少し述べてみたい。前章で述べたように，ランチサービスや，行政健康部の保健師や栄養士たちと行われていた他のサービスを正当化する理論は，独りで食事をするものはバランスの偏った食事をしがちで，ついには健康をそこないがちだということである。メディア報道で，独りで食事をすることは，独りであることや友達がいないことの象徴であった。閉じこもって自分の部屋で食事を済ませることは不健康な習慣行動で，食堂，ダイニングルーム，公共スペースに出てきて食事をすることは，健康的な行動と報道された。独りで食事をするということには，また，他の要素もあるといえる。言葉も交わさず，おしゃべりもしないで，同じ食事を他の人と分かつこともなく，独りで食事をしても，味も感じないという高齢者たちもいた。

ホスピタリティを見せる機会，おもてなしをする機会がないとき，人は寂しいと感じる。仮設住宅で観察したことの中に，高齢者たちは，たくさん食事をつくって，近所の人たちに分けることができたから，仮設住宅の生活のほうが幸せだったと言う人たちがいた。また，都心から離れた山間の仮設住宅に住んでいるほうが，周りに野菜を育てたり（そこで野菜を育てることは現実には違法であっても），山に入って山菜をとってきたりして，近所の人たちにあげることができたので幸せだったのに，復興住宅に移ってそのようなことができなくなって手持ちぶさたになり，近所の人たちとの付き合い・交流の機会がなくなり不幸になったと言う高齢者たちもいた。

メディア報道で，グループホーム型仮設住宅はむしろ成功例として紹介された。しかし，復興住宅では，公共スペースとなる大部屋がない設計ではうまくいかない。他の人と一緒に食事ができる部屋が必要である。第6章でも述べたように，イベント活動，余暇活動に使用できる公共スペースが必須である。それは，住民がふれあい，つながることができる場で，コミュニティ形成が始まる場所である。

メディアで，8人の被災女性がよりあってつくった私設のグループホームが紹介されたことがある。彼女たちは，一緒に食事をすることができるので幸せだと答えていた。彼女たちは，共有のダイニングキッチンで，食事の用意をしながら，一緒におしゃべりをし，一緒に笑い，一緒に食事をとってい

た。

第 3 節　「寂しい」気持ちと孤独感

　仮設住宅と復興住宅のコミュニティで特殊なことは，住民たちは震災によって家を失っただけでなく，仕事，生活スタイル，また家族をも失ったということである。テレビは 1995 年から 2000 年までの間，1 人の女性，C 子さん（70 歳くらい）を追い続けた。1999 年 12 月に撮影されたビデオで，彼女は，以下のように述べた。

　「仮設住宅に 3 年 5 ヶ月住んだ。そこでは，みんな同じような心の傷を負う経験をした。何にも言わなくても分かり合った。お互いに気をつかいあった。みんな親切だった。」(2000 年 1 月 7 日，サンテレビ，EYE f「復興住宅の 2 年　生活復興へ向けて」)

　仮設住宅や復興住宅の住民は同じような喪失感を共有していた。テレビは，一般住宅に入居した人は，孤立から「寂しさ」を感じていると報道した。仮設住宅に住んでいたときは，同じような境遇の人たちが周りにいたが，一般住宅に移ると，同じ体験をした人たちのなかにいるわけではなく，孤立し，それが孤独感を生み出していた。
　一方，仮設住宅や復興住宅の住民がみな喪失感を持っていることは，全体的な孤独感を強めた要因となった面もあるかもしれない。地域の一般的感覚や雰囲気は重要である。第 6 章でも述べた S 夫人は見守り委員会で，ランチサービスプログラムがうまくいっていると報告し，その理由に，「雰囲気がいいです。フレンドリーで，調和がとれている」と説明した。フレンドリーで，陽気で楽しそうな，そして前向きな雰囲気は，人と人をつなげ，コミュニティを形成していくのに重要である。Stevens は「寂しさ」に対処するための女性高齢者向け友情づくりプログラムの研究で次のように書いている。

　「彼女たちが共通に持っている感情，すなわち，彼女たちが寂しい，と思

うことは，彼女たち自身を，お互いに友情を育む相手として，友達になろうとする相手として，魅力のあるものとする要因ではない。」(Stevens, 2002：183-202)（筆者訳）

これは，夏秋復興住宅の住民が，その集会所でボランティアがミニデイケアサービスをがんばって行っているのに，わざわざ遠くの民間デイケアサービスに出かけていく理由の1つであるかもしれない。この寂しそうな復興住宅の住民たちとはまた別の，外の他の人に出会いたいのかもしれない。民生委員や他の高齢者生活支援員などのスタッフは，「商業的デイケアサービスには入浴サービスがあるので競争に負ける，自分たちにはそれができる設備や費用はないので，同じ日にしたら，住民はそちらに行ってしまう」と見ており，それも大きな理由であろうが，おもしろそうな雰囲気というのも大事であろう。お風呂に入るというのは，日本文化において，単に身ぎれいにし，リラックスし，疲れや不安を洗い流すというのではなく，そのリラックスしたところで，新しい人に出会うという面を持っている。公衆浴場は，風呂のない世帯の多い場所にあるというだけでなく，日本社会において，高齢者が社交の場として使ってきたところでもあった (Twigg, 2000：21)。復興住宅住民の多くは低所得層からきて，震災前も風呂のない長屋に住んでおり，銭湯に通うことが生活スタイルでもあった。

第4節　高齢者とその成人した子供たちとの関係

第1章に述べたように，かつて日本では長男が家を継いでいたが，戦後の法律により「家」制度は廃止され，長男に結びつけられた「家」制度の財産のあり方も崩壊の傾向にある。

若い世代にとって，長男の嫁は得な立場ではない。国民調査で，現代の若い女性が結婚相手を選ぶときに考慮する要因として，女性の79％が，義理の父母と同居する可能性を，その相手を結婚相手として選ばない理由に挙げている（人口問題研究所, 1998）[8]。いまや，長男，一人息子である男性にとって，自分の両親と同居しないと約束し，さらには，女性の両親の近くに

住むとまで約束しなければ結婚相手を得るのは難しくなってきていると議論されている（生活スタイル研究所，1996)[9]。また，女性が，財政的理由であろうと，生きがいのためであろうと（生きがいについては，あとでさらに述べる），他の理由であろうと働き続けるとき，子供たちの面倒を一緒に見てもらうためには，自分の親の近くに住むほうが都合がよかったりする。Hochschild (1973) は，古い英語のことわざを紹介している。「もし娘を授かったなら，娘はずっとあなたのためにいる。もし，息子が授かったなら，その妻にとられてしまう」。このことは，日本の伝統的社会ではあてはまらなかったかもしれない。しかし，社会的規範の変化は顕著である。

この日本の変化は，1997年の国民調査で新生児の性の好みの変化があらわれていることにも反映されているといえる（人口問題研究所，1998：17）。それ以前は，家の名前や家を継ぎ，その嫁が自分が高齢となったとき面倒を見てくれるという理由で，男児を希望する夫婦の数のほうが女児を希望する夫婦の数よりも多かったのが，1997年からは，結婚した後も近くに住み，年をとったら面倒をみてくれる娘，女児を希望する夫婦の数のほうが多くなったというのである。

さて，家族と接触があることが，すなわち，高齢者にとって寂しくないということにはならない。Hashimotoは，家族と頻繁に接触があるにもかか

---

8) 国立社会保障・人口問題研究所
http://www.ipss.go.jp/index.html ［アクセス日 2004 年 1 月］
第 11 回出生動向基本調査：結婚と出産に関する全国調査（夫婦調査の結果概要）
http://www.ipss.go.jp/Japanese/doukou11/doukou11.html ［アクセス日 2004 年 1 月］
第 11 回出生動向基本調査：結婚と出産に関する全国調査（独身者調査の結果概要）
http://www.ipss.go.jp/Japanese/doukou11/single.html ［アクセス日 2004 年 1 月］
9) 親や義理の親との同居あるいは近所に住むことに関する意見調査
http://www.dai-ichi-life.co.jp/LDI/report/rp 9609 b.htm #2 ［アクセス日 2004 年 1 月］
生活スタイル研究所ホームページ
http://www.dai-ichi-life.co.jp/LDI/ROOT.html ［アクセス日 2004 年 1 月］

わらず過度の「寂しい」という感情に襲われる女性高齢者を紹介している (Hashimoto, 1996：87)。

この章のはじめに言及した，子供との関係が良くないことによって感じる「寂しさ」についてさらに述べたい。「寂しさ」や社会的孤立は独りで住むことから生じるかもしれない。しかし，むしろ意味のある人間関係がないことから生じると言った方が正しいのである (Russel and Schofield, 1999：69-91)。

Bさん（筆者が夏秋復興住宅のミニデイケアサービスで出会った女性高齢者）の言葉を引用したい。

「わたしは娘が2人いたよ。でも嫁に行ってしまった。娘の1人が結婚して，そのだんなが青山台[10]に家を買ったんよ。わたしたち，3人で，一緒に住んだ。でも，わたしはあの子達に気を使ってさ。言わなくていいことは言わないようにしたよ。義理の息子は何も言わんけどね，他人と一緒に住むのはむずかしいわ。ここでは，窓から緑も見えるし，美しい。でも，私は寂しい。娘は毎日立ち寄ってくれる。掃除してくれて，食べ物も持ってきてくれる。義理の息子は今入院してんねん。でも，また退院するからね。家に戻ってくる。私はここで独り。寂しい。私たち，3人で住んだんよ。でも，ここがくじであたったし，ここに移るわって言ったんよ。私のほうから言ったのよ。私がこっちに移るって言ったんよ。2号棟の2号室やから（それまで筆者の目を見ずに独り言のようにはなしていたが，このときは，とまって顔をあげ，筆者をみて，どこに住んでいるか覚えて，また遊びに来てほしいというように）。お隣さんも毎日出かけてしまうし。反対側の部屋は空いてる。誰も住んでない。」彼女は周りをみわたし，たくさんの人が昼食を一緒に食べている様子を見た。「私も前はこんなとこに住んでたんよ」と微笑んだ。「今は，寂しい。戸をしめたら，家で独りで座ってるだけ。娘と一緒に住みたい……ねえ，私，2号棟の2号室やからね。」

---

10) 神戸市内だが，夏秋復興住宅とは別のところに開発された住宅地。通える距離ではある。

(フィールドノーツ，1999年7月19日)

　この例は，娘をその夫にとられたと思っている女性高齢者の例である。彼らは一緒に住んでみたがうまくいかなかった。Bさんは，けんかを避けて，トラブルになりそうなことは言わずに我慢したという。「私が引越しすると言った。私から言った」と言うことで，彼女は自分が娘やその家族から拒否されたのではないことを示そうとしたといえる。彼女はまた繰り返し，独りで「寂しい」と言った。新築のモダンな住まいを与えられたのにもかかわらず，絶望的に不幸で寂しそうであった。ここでも，他の人と一緒に食事をすること，また他の人々から受け入れられることの重要性が現れている。

　Bさんと出会ったのはこのとき1回きりであった。あとで，高齢者生活復興支援員のVさんが説明した。

　「彼女はお嬢さんの夫のことが好きでないんです。彼女から聞いたんじゃなくてLSAから聞いたんですけど。人間関係ができてから，Bさんがそんなことを言ったらしいんです。先日は，彼女がぐちぐちとぐちっていて，そのうち怒り出してね。「私の娘は間違ってる！　こんなところに私を独り置き去りにして！」と。彼女はいつもあんな感じなんです。「はやくお迎えが来てほしい」って言うんです。でも，大谷さん（筆者），今日は，大谷さん（筆者）の横に座って，話を聞いてもらえて，彼女とても幸せそうでしたよ。彼女は愚痴を聞いてくれる人がほしいんです。」筆者は答えた。「べつに愚痴ってらしたわけではないですよ。べつに義理の息子さんのこと文句はいってなかったですよ。まあ完璧に居心地がいいというわけではないのは感じましたけど。」Vさんは続けた。「彼女には「甘え」があるんです。頭痛が本当にあったとは思いません[11]。でも，そう言うことで，他の人の気を引こうとするのが彼女のやり方なんです。「頭痛がするから，もう帰る」といえば，誰か来て大丈夫か訊いて，もう少し居るように頼んでくれるから。彼女は心配性なんです。お嬢さんと一緒に住んで

---

11) Bさんはこの日，途中で「頭痛がするので」と立ち上がりかけることを繰り返した。

いたとき，なにか心配し始めると，夜中の3時にでもお嬢さんを起こして，同じ質問を何回も繰り返して訊くそうなんです。それに，とても敏感で，耳はよく聞こえないんですけど，他の人が何か彼女のことを話しているようなのとかはすぐわかるんです。聞いていないふりをしてても，感じ取るんです。被害妄想といえるくらいのときもあります。だから，私たち，彼女の前では彼女の話はしないようにしています。」（フィールドノーツ，1999年7月19日）

Bさんは自分のほうから復興住宅に引っ越すといったかもしれないが，心の中では，自分が復興住宅に独り取り残されたと考えて，自分の娘を責めているし，おそらく，娘の夫のことも責めているのであろう。もし，娘に夫がいなければ，娘と一緒に幸せに暮らせるとも考えたのだろう。「今，婿は入院している。でも，またすぐ戻ってくる」と言ったその口調があらわしている。しかし，3人で暮らしてみたのがうまくいかなかったのは，娘の夫のせいではなく，彼女にも原因があったとも言えよう。

筆者は，春山仮設住宅の茶話会でボランティアのウェイトレスとして働いたとき，Jさんに会った。彼女は60歳くらいであった。彼女には30歳代半ばの息子が2人いた。2人とも結婚していた。震災で何かがあったらしく，震災後長男夫婦との関係は絶たれてしまった。何があったかは説明されなかった。次男には2歳になる男の子がいて，彼女の唯一の孫であった。彼女は，次男家族が遊びに来てくれるのが最も楽しみであった。でも，お嫁さんの両親のほうにはよく行っているようなのに，Jさんのところにはあまりこないことを寂しく思っていた。彼女は，「このごろは息子は結局嫁にとられてしまうのだ」と言った。彼女は，「娘がほしかった，娘だったら，ずっとそばにいてくれたのに」と言った。彼女は，仮設住宅では夫と住んでいるが，夫は仮設ふれあいセンターの茶話会には出てこなかった。筆者は，彼女と一緒に座っていろいろ話をきいたので，彼女は，「（筆者が）嫁だったらずっとよかったのに」とまで言うようになった。Jさんは，息子をその嫁にとられたと本人が認識しているケースといえる。一方で，息子の嫁を，遠く

にいる実の娘よりもかわいいと思うし，頼りにしているという女性高齢者たちのケースもあった。

そのうちの一例は第6章で紹介した夏秋復興住宅の友愛訪問プログラムで訪れた女性高齢者である。はじめは，「私は大丈夫です。息子がいるから。息子が来ますし，食べ物も持ってきてくれます」とだけ言って，戸を閉めようとした。しかし，S夫人がすぐに去ろうとしなかったので，その女性は，本当は息子はあまり訪ねてこないことを話し始めた。そこの戸口での立ち話を少し終えた後，S夫人は他のメンバーに，息子さんは50歳代の働き盛りで，そんなに頻繁に面倒を見に訪ねてくる余裕がないくらい忙しいはずなのだと説明した。

これは，実際がどうであろうと，日本社会で，高齢者は「娘や息子がいれば大丈夫だ」と言いたいということを示す例である。日本の高齢者は，自分の子供たちと深い人間関係がないと認めることを恥とも思いがちで，まして，独り置き去りにされたような状態であるとか，子供たちが十分年老いた親の日常の面倒を見ていないということをほかの人に知られたくないという，面子の問題がまだあるということでもある。

一方，ほとんどの高齢者は，たとえ独り暮らしが寂しくても，子供たちから離れることになっても，彼らの負担になるよりは，子供たちと一緒に住むことを拒否するという見方もある（Hashimoto, 1996）。そのような物理的離別は必ずしも精神的離別ではない。「意味のある人間関係の欠落」（Russell and Schofield, 1999）という論文では，「独りとなること」は，「独りで住むこと」よりも問題として大きいと述べられている。しかし，被災した高齢者の多くは，仮設住宅や復興住宅に独り残されたことは残念だ，恥だ，不幸だと感じた。仮設住宅の住民にとって，繰り返し復興住宅のくじに落ちたことは，自殺のきっかけともなったこともある。しかし高齢者たちは，復興住宅に引越したら，今度は，子供はいるが，独りで復興住宅に住んでいることが不幸なことであると感じているようであった。

第5節　近隣の人との意味のある人間関係——Z氏の事例——

　さて，震災のあと，劇的に人とのつながりへの態度が変わったZ氏の事例を紹介したい。Z氏は，筆者が春山仮設住宅でフィールドワークをしていたとき，そこに住んでいた。のちに，夏秋復興住宅でフィールドワークをしたとき，時期を同じくして，Z氏も夏秋復興住宅に入居した。

　春山仮設住宅でのはじめの2年間，Z氏は閉じこもり，誰とも口をきかなかった。彼は50歳代前半だった。震災の前は自動車修理工だった。彼は，小学校5年生までしか教育を受けていない。戦争のために，彼は，それ以上の教育を受けることができなくなった。彼は28歳のとき，職場の年上の女性と結婚した。彼女が癌で亡くなるまで，彼女の世話をした。震災が起きたとき，すでに死別し独り暮らしだった。仮設住宅では戸をしめて閉じこもっていたが，近所に入居した70歳くらいの女性が引越しに苦労していたら，出てきて，大きな家具などの搬入を手伝ってあげた。しかし，そんな時以外は，近所の人と付き合わなかった。

　3年後，Z氏はピークも過ぎたふれあいセンターの茶話会に顔をだすようになった。それは，NGO[12]の保健師ボランティアで春山仮設住宅を訪問していたO夫人と信頼関係が生まれ，O夫人が水曜日はふれあいセンターで茶話会をしているから来てくださいと頼んだからである。震災を経験した後，彼は人を信じなくなっていた。家族でさえ，安否を確認する電話一本くれなかったと言い，信用しなくなった。O夫人は，Z氏は震災で，もはや信用できない自己中心的な人たちと，それとは対照的に，人里はなれた見捨てられたような仮設住宅に，3年たってもまだいる，忘れ去られたような人たちを励ますために，何の得にもならないのに，わざわざ通ってくるボランティアたちという，両極端の人間をみて，混乱しているのだと言う。

　はじめは，Z氏は，用もなく現れることはなく，なにか言い訳をつけて来

---

12) 日本キリスト教海外医療協力会（JOCS）はアジア諸国に医療従事者をおくるなどの活動をしているNGO。

ていた。ある時は，茶話会の台所で使うだろうとサランラップを渡すために来た。次は，時計を持ってきた。彼は，人の善意というものを信じなかった。いつも，「ギブ＆テイク」で考えていた。しかし，そのように何度か顔を出した後，何も持たずに，普通に客としてやってきた。これは，大きな前進のステップだとO夫人をとても喜ばせた。近所の女性高齢者を助けるために出てきたこともあり，Z氏には変化を予期させる大きな潜在的可能性があったと思ってはいたが，それでもなお，その変化は驚きに値したという。しかし，Z氏は，茶話会の大部屋には座らず，ボランティアたちの畳の小部屋に座っていて，ボランティアとばかり話していた。仮設住宅の他の住民とも話をするようになるには，さらに月日を要した。

数ヶ月後ついに，Z氏も夏秋復興住宅の抽選にあたった。夏秋復興住宅に入居した後も，毎週水曜日には春山仮設住宅に戻ってきて，ボランティアたちと話をした。彼は，このクリスチャンたちは何かが違うと興味をもって見つめていた。

彼は，復興住宅での新生活を前向きに考えていた。夏山復興住宅では，彼の住んでいる棟の代表（組長）に立候補するつもりだと抱負を語った。復興住宅の自治会をつくるために各棟が代表を送らないといけないので，その代表になろうと考えていると説明し，彼の大志や計画を話した。「復興住宅の集会所でも毎週こんな茶話会を開こうと思うんや。自治会の会計に立候補しようかと思っている。管理人になろうと思っている」。ボランティアたちは，「それはすばらしい。いっそのこと自治会長に立候補したらどうなの？」と励ましたが，彼は，「いやいや，そんな器でないことはわかってる。でも，新しい生活環境で，いろんなことをしたいなあと希望をもってる」と答えた。

後日，夏山復興住宅に行ったとき，そこでは，ほとんどの人が外にはおらず，高齢者たちは鉄の扉の中に閉じこもって自宅で独りで座っているというのに，誰か話しかける人がいないかと外を歩き回っているZ氏を見かけた。実際に，人を見つけると，話しかけに行っていた。彼の表情は，仮設住宅ではじめに見たときとはまったく違っていた。この変化をもってすると，彼は大丈夫であろう。彼は，昔のように「寂しい」男ではなくなるだろう。

第6節　人間らしいつきあい

「孤立」を高齢者の社会的問題として研究している老年学の文献はたくさんある（Russel and Schofield, 1999：69-91；Wenger, Davies, Shahtahmasebi and Scott, 1996）。これらの文献では、社会的孤立の定義は「最小限の接触しかない客観的状態」とある。

第6章で提起したように、「人間らしいつきあい」はコミュニティへの帰属感やコミュニティ形成への鍵と見られている。また、幸福で健康な生活のめやすともされている。誰かと言葉を交わすことは、人間らしいつきあいがあるかどうかのめやすとみられる。これは、筆者が、フィールドワークで観察する際の視点でもあった。さらに、メディア資料とも対比してみよう。

コミュニティの活動は閉じこもりを防ぐ。閉じこもりは、住民が高齢化し、独居の割合が多くなるコミュニティでの問題とも見られる。関西学院大学の小西砂千夫教授は、2000年に、震災後の復興をテーマとしたテレビ討論会で述べている。

「はじめ入居したときは寂しかったんです。でも、3年間に（仮設住宅で）人間関係を築いたんです。長屋タイプの仮設住居で、ボランティアが入ってくる環境では、コミュニティをつくり人間関係をつくることはずっと簡単だった。問題は、復興住宅でコミュニティがつくれるかです。」（1999年1月17日、NHK衛星第1放送（BS 7）、「阪神大震災4年　新しい街づくりへの模索——どうつくる新しい暮らし」）

また他のテレビ番組で貝原俊民兵庫県知事（当時）のメッセージも放映された。

「慣れない環境で新しい住まいに入居されて、いまは寂しい時期だとわかります。我々行政は、みなさんを支援します。この新しい場所でのコミュニティづくりを見守ります。ほんとうの復興のために我々の支援をつづけ

て送ります。」(1999年1月17日，関西テレビ，ニュースパーク関西「特集・震災から4年」)

この状況に応えて，行政は復興住宅にLSAを配置し，独居者の安否確認を行い，コミュニティ形成の支援を行うことにした。しかし，独居高齢者すべてに目が届くだけの十分な数のLSAスタッフを配置できなかった。そこで，高齢者生活復興支援員という高齢者世帯を支援するスタッフも，被災対策の予算から市が雇用し，シルバーハウジングではなく，一般の復興住宅に住んでいる高齢者たちの世話をするために配置された（前述のVさんもこの支援員である）。しかし，1人で100世帯もカバーするので，目が届かない現状もあった。

復興住宅によっては，LSAがイベント活動を組織するのに活発な役割を果たしていたところもあるが，一方，なかなか手が出せないのか，限界を感じているのか，むしろ受動的に傍観あるいは見守っているようなところもあった。前章でも述べたように，コミュニティ形成の実践的スキルを持った人が他をうまくリードする必要がある。

テレビリポーターはコメントした。

「震災のダメージは伝統的な人間的つきあいがあった地域でもっとも大きかった。ほとんどの火事はそのような地域で起こり，破壊はもっとも深刻だった。そして，再建は遅れている。」(1999年1月17日，NHK衛星第1放送（BS7），「阪神大震災4年 新しい街づくりへの模索――どうつくる新しい暮らし」)

自治会長であるG夫人は西宮市江戸川町仮設住宅の老人クラブで言った。

「復興住宅では，裏通りの人間的関係がないんですよ。」(1999年1月17日，NHK衛星第1放送（BS7），「阪神大震災4年 新しい街づくりへの模索――どうつくる新しい暮らし」)

第7章 「寂しい」という気持ち

1999年のテレビ番組は，復興住宅での新しい生活での「寂しさ」と，人間的つきあいの欠如を訴える高齢者を紹介した。

K氏（60歳）「だれともひとことも話さない毎日がつづきます。」（1999年1月13日，テレビ朝日，ニュースステーション　3日間シリーズ「閉ざされた空間　被災者　終の住みかで」）
Y夫氏（70歳）「（ナレーション）復興住宅では，人間的つきあいはない，ここでは人との交流がない。人間的交際がない。」（1999年1月14日，NHK，クローズアップ現代「孤立する高齢者たち　復興住宅からの報告」）
D子さん（85歳）「（ナレーション）彼女は6ヶ月前に入居した。ここに友達はいない。「生活アドバイザーがくるけど，中には入ってくれない。だから，あんまり話もできない。ここではみんな戸をしめて閉じこもる。コミュニケーションとるなんて無理。こんなところでは，人と顔を合わせるのもめったにない。」」（1999年1月14日，NHK，クローズアップ現代「孤立する高齢者たち　復興住宅からの報告」）
M江さん（70代）「（ナレーション）1998年4月に引っ越した。「ここの前は，仮設に住んどった。窓から人が歩いているのも見えた。見かけたら，人間的つきあいもできた。でもここでは，近所の人と言葉をかわすことはない。」」（1999年1月17日，NHK衛星第1放送（BS 7），「阪神大震災4年　新しい街づくりへの模索——どうつくる新しい暮らし」）

前章で述べたように，どのような住まいのつくりになっているかは，コミュニティ形成と，孤立化した生活スタイルを防ぐための要因となっている。プライバシーや噂話の問題もあり，近所の人たちがいつも見えるつくりがいいとも限らない一方，顔をあわせることがないとコミュニティづくりも難しい。Hochschildの研究対象の高齢者用アパートは，エレベーターに乗るためには，他の人に見られないで歩くことはほとんど不可能なようにつくられていた。ベランダを見渡す居間の窓が続いているところを通るようになっていた。目をあげると簡単に窓の外を人が歩いているのが見えて，通りがかる人に手を振ることができた。それが，その住宅にコミュニティがつく

られていった理由の1つに挙げられている。

　S夫人は「つながり」の重要さを強調し，コミュニティダイナミックスのための人間的関係の重要性に関してしっかりと意見を持っていた。彼女はまたどのようにコミュニティの問題がおきるか観察・分析し，それを見守り委員会でも報告し，経験を分かち，このような問題にどのように対処するべきか提案を行っていた。

第7節　ふれあい

　それぞれの仮設住宅には「ふれあいセンター」という集会所があった。「ふれあい」には，交流，人間的接触，新しい人と友達になる，などといった意味合いがある。本研究のフィールドノーツは英語でとったので，ふれあいという言葉にはそのときのコンテクストやそのフィールドノーツをデータとして打ち込むときにどのような分析段階にあったのかなどで，英語訳の単語がいくつかあった。

　テレビ報道は，震災で破壊された地域がかつてどのようであったか，どのようにして人々が仮設住宅や復興住宅に移り住んでいったのか報じた。映画監督山田洋次氏は，有名な「男はつらいよ」シリーズの1本を震災後（1995年）の神戸の下町で撮影した。

　「（ナレーション）この神戸の下町はあたたかい人間関係があった。お店の人と，買い物する人の間に親しい関係があった。おばあさんが買い物に毎日来た。お店の人は，そんなおばあさんに声をかけて，「これは昨日買ったでしょ。今日はこっち買ったら？　今日はこれがお得よ」と声をかけた。そこには，人間関係があった。商店街にあった。日常生活の中心的な一部分だった。」（1999年1月17日，NHK衛星第1放送（BS 7），「阪神大震災4年　新しい街づくりへの模索――どうつくる新しい暮らし」）

　現代的な復興住宅には，そんな伝統的な下町の裏通りはない。代わりに，駅の近くに，大きなアメリカ式のスーパーやデパートがある。何が商店街に

あったような日々の人間関係の代わりになることができるのだろうか。日々の食品や日用品の買い物は独居高齢者にとって特別なことではなく，普通の生活の毎日の慣習の一部だ。

テレビリポーターはコメントした。

「新しい形の住まい，「コレクティブハウス」を紹介しようとしました。これは「ふれあい」のある生活スタイルをもとめているのです。でも，被災前の家，避難所，仮設住宅，復興住宅と何度も引越しをくりかえした高齢者たちはもう新しい住まいでの「ふれあい」もうまくできなくなっています。」(1999年6月13日，NHK，「復興'99」)

これらのメディア報道は，人間的つきあい，ふれあいを「寂しさ」への対策として取り上げ，強調している。

なぜ，被災後の神戸でボランティアが重要な役割を持ったのか。そこにも，人間的つきあいの鍵がある。ボランティアが被災高齢者たちに提供したものは，単に暖かい食事だけではない，それは，人間的つきあいと，誰かが気にかけてくれているという実感である。ボランティアはこれを，行政の官僚，職員，公務員よりも，もっと自然な方法で提供することができる (Vaughan, 1998)。

第5章で述べたように，住まいとまちづくり計画はコミュニティ形成を促すかたちのものでなければならない。それは，人間的つきあいの機会をつくりやすく，日々の生活の成り立ち，特に人口が高齢化する都市社会で，人間的つきあいの質をよりよくできるものでなければならない。社会的相互作用は人生に生きがいをあたえるもので，健康的なエイジングの鍵となる見地である (Wilson, 2000 : 107)。

第8節 生きがい[13]

いままでに述べてきたように，生きがいを持つということは，「寂しさ」を感じないためだけでなく，幸せでいるためにも大事な決定要因である。人

はもし，成すべきことがあって，それが社会の役に立っていると思えれば，それが報酬を支払われているものであっても，支払われていなくても，その人生が価値のあるものだと感じることができる。

　震災で「生きがい」を失った人たちがいた。彼らは，他に生きがいを探そうともがいたり，あきらめたりした。反対に特に生きがいがなかった人が，震災によって起きた喪失や変化により，かえって生きがいを与えられた事例もあった。もともとの生きがいを失ったかもしれないが，代わりに新しい生きがいを見つけた人もいた。テレビ報道の事例を紹介する。

「（ナレーション）H子さんがレストランの開店準備の手伝いをしている様子を映している。まだ改装準備中の店内が映っている。何か仕事があるとき，人は前向きになる。
近所の人「Q夫人，あんたたちのグループ，被災地に仕事を作ろうとしてるんだって？」
Q夫人「そうよ。彼らは（店で出す料理を）自分で作ってるから。彼らは自分で作って売ろうということなの。それで自分たちの作ったもの売ってもし収益もでたら，生きがいになるでしょう。」」(2000年1月15日，NHK，「震災スペシャル」)

T子さん (89)「（ナレーション）娘のX子さんは復興住宅に入居してすぐ亡くなった。「ときどき，もう私は天国に行ったほうがいいと思うよ。私

---

13) Campbellは「生きがい」という言葉を, life fulfilmentと訳した (Campbell, 1992：121)。Mathews Gordon (1996) は，日米比較研究を行った博士論文の中で, "What makes life worth living?" と題して，「生きがい」について考察している。Ingrid Getreuer-Kargl (1995) は，「生きがい」を self-realization と表現し，日本の社会福祉に4つの必要性を挙げている。それらは，経済的福祉の必要性，健康の必要性，感情的福祉の必要性，生きがいの必要性である。その「生きがい」の章は，厚生白書の「個人ひとりひとりが老年期に準備をしなければならない，例えば，健康を守るように気をつけ，人間関係をつくり，人生の意味を確固とし……」(1989, 30-31) という記述の引用翻訳から始めている (Getreuer-Kargl, 1995：162-168)。彼女の「生きがい」という言葉の翻訳は 'meaning in life' である。

は誰の役にもたたないもん。」」(1998年11月10日，サンテレビ，EYE f (1999年1月17日分の再放送))

「(ナレーション) Y郎氏は障害者である。昔はいつも不平ばかりだった。人生に目的もなかった。今，彼は彼の人生を揺り動かし，目を覚まさせた地震に感謝しなければならないと思っている。震災から，コミュニティ支援グループで活発になった。人生に生きがいを感じるようになった。」(1999年1月17日，毎日テレビ，報道特集「震災4年──仮設最後の冬に」)

どんなに高齢者が体に不自由を持つようになっても同じことが言える。春山仮設住宅で，60歳のアルコール依存症の男性が栄養失調で亡くなった。しかし，その本当の死因は，仕事の喪失，生きがいの喪失だった。
　芦屋の老人ホーム長M夫人は言った。

「グループハウスの経験は，違う障害を持った人たちが混ざることの重要性に気づかせてくれました。違う障害なら，助け合うことができます。ひとりができないことを，別の能力の残っているほかの人が補える。そのようにして，お互いに役に立つことが彼らの生きがいとなるのです。」(インタビューノート，1999年7月22日)

「生きがい」とはどういうことか。1つに，個人特有の生きる意味や目的という，個人的な意味がある。また1つには，MellorがGiddensの理論を要約している中にもその答えはあるかもしれない。すなわち，我々が日々行っている活動の価値について実際に意識すること (Mellor, 1993：12) である。Mellorは，日常生活の中で活動に参加し経験することで，その活動や出来事に関連して秩序感と継続感をもつことに言及しながら，Giddensの "ontological security" (1991：36) を紹介している (Giddens, 1990 and 1991；Mellor, 1993：12)。もし，日々の生活に安心感と実際的な意識を与える日常の仕事を持つことができれば，それは新しい人生の新しい生きがいになりうるのだ。

第 9 節　ジェンダー

　人口学的また社会経済的データは，仮設住宅と復興住宅の研究対象人口において，高齢者——主に女性の高齢者——の割合が高く，その人たちが社会経済的にもっとも不利な立場にある人たちであることを示している。メディアや行政は，この不利な立場を，しばしば，女性高齢者の問題として言及した。しかしながら，行政の職員も，メディアのリポーターも，フィールドワークの重要な情報源となった人々も，男性よりも女性のほうが状況によく適応しているという。女性のほうが男性よりも経済的に不利な立場にあるにもかかわらずである。

　行政保健部の幹部は，インタビューで言った。

「女性は大丈夫です。問題は独居男性ですよ。彼らが生命力や動機を失っています。私自身，私の妻が亡くなったら，想像もしてみて，僕自身どうなるか心配ですよ。」（インタビューノート，1999 年 1 月 26 日）

　男性にも，独身であろうが結婚していようが社交的な人はいる。現代日本の都市社会では，仕事に忙しく，家族やコミュニティのために割く時間がなくて，仕事を通してしか友達ができないような男性たちが多く，対して，近所の人たちと友達を作るに十分なほど社交的な日本人男性は多いとは言えない。そのような男性は，妻が生きている間は，妻を通して近所づきあいもしていることになるし，なんとかやっていけるのだろう。しかし，妻が先に亡くなった場合，独居高齢男性はしばしば，孤立状態に陥ってしまう。

　女性であるというだけでは，健康的な生活状況をつくりだすのが上手だと必ずしも言えない。では，何が，女性のエンパワメント[14]を促進するのだろうか。その要因の 1 つとして，物事の決定過程への参加が挙げられる。それは，予算計画であろうと，評価への参加であろうと，コミュニティの物事の決定過程に参加することである。

　反対に，生き残りのために，静かに黙って受動的であることを選択する女

第7章 「寂しい」という気持ち

性もいる。彼女たちは、そのほうが、争うこともなく安全だと思うのである（Hashimoto, 1996）。

女性のほうが一般的に友達づくりが上手いと言われてきた。友達をつくることは、孤独を防ぐ重要な方法である。友達がいるほうが、健康的な生活をし、食生活もよくなる傾向にある。友達をつくる能力は、ジェンダー格差の1つともいえる。これは、コミュニティ形成ダイナミックスに重要な点である。

社会的弱者の「女性化（feminisation）」という現象が報道された。仮設住宅と復興住宅の住民の高い割合が女性であった。また、高齢者を介護するものたちの大部分が女性であるという、高齢者介護の女性化もある。老人ホームでは、10人の入居者のうち男性は1人の割合である。これは、男性を少数派として困難な立場に置くことにもなる。

テレビで報道された討論会において、テレビが女性被災者を多く報道したことは、「仮設住民は女性ばかり」というメッセージを世間に送ったことになるのかもしれないと指摘された。メディアも行政幹部も仮設住民のことを、「おばあちゃんたち」と表現することがあった。しかし、夏山復興住宅で民生委員やLSAが施行中であった調査では、住民はかならずしも独居女

---

14) エンパワメント（empowerment）という概念が、アメリカにおけるソーシャルワークの手法や考え方として最初に登場したのは、1970年代の公民権運動にまでさかのぼる。日本では、1995年に北京で開催された第4回国連女性会議の決議のタイトルの一部にエンパワメントという単語が使用されて以降、広まった。ジェンダー、エイズ、貧困などの問題の社会的文化的問題を論じるときにも重要な概念である。

アメリカの障害者問題では、1970年代の自立生活運動の文献の中にまでさかのぼるが、現在のように障害者問題に関連する文脈に登場するようになったのは、ADA（障害をもつアメリカ人法）制定の可能性をさぐるために「障害者の権利とエンパワメントに関する調査委員会」が設けられたころからである。アメリカにおいても障害者のエンパワメントに関する定義については一致しておらず、さかんに議論がなされている。

エンパワメントという単語そのものは「能力をつける」、「権限を与える」という意味であるが、日本語としての適切な訳語をみつけることが難しい概念である。英語におけるその反対概念はパターナリズム（温情主義）である。

性ばかりでないこと，目立たなくても男性もいること，また独居男性もいることがはっきりしてきているとのことだった。

男性を話や活動に参加させる方法

　S夫人は提案する。「男性も話にのせるには，スポーツの話をすることです。野球の話なんかすると，のってきます。だいたいどの男性でも加われる話題です」。この発言があったこと自体，やはり女性と話をするのは簡単だが，男性と話をするには工夫がいるとボランティアの人々が感じていることの証拠である。S夫人のもつようなコミュニケーションスキルと気転がないと，マイノリティ化した男性のほうもグループやコミュニティ活動に加わることが難しい。

　グループホームの男性高齢者は，いつも自分の部屋に閉じこもっていた。ほかの人たち——ほとんどは女性たち——と話をするのが苦手だというのだ。ほかに男性がいたとしても，かならずしも話があうとも限らない。しかし，会話を特にしなくても，ちょっとした修理や大工仕事の手伝いを頼まれて，彼らは，共有スペースに徐々に姿をあらわすようになった。彼らは，自分の居場所と役割がわかると，参加するようになり，皆の役に立っていると感じることで，表情も生き生きとしてきた。

　住民の男女数のバランスが取れていないとき，少数派の男性をどのようにコミュニティに組み込むかの注意と工夫が必要である。

　テレビで紹介された復興住宅の住民，I男氏（70歳）の事例を挙げる。

「（ナレーション）彼は鉄の扉をわざと開けたままにしている。通りがかりに人が挨拶しやすいようにと。「近所の人と話をすることはできます。でも，中に入ってとは言えないでしょ。たとえ何歳に年をとっても，女性は女性ですから。後で問題になるかもしれません。」彼は週に1回，共通ルームでカラオケ教室も開いている。街中の喫茶店にも出かけていって，友達をつくる。男性高齢者ばかりが集まって話をする喫茶店があるのだ。それは，あまりない大事な機会，場所である。」（1999年1月14日，NHK，クローズアップ現代「孤立する高齢者たち　復興住宅からの報告」）

第7章 「寂しい」という気持ち

この発言は，彼が「近所の人たち」と言うときは，そのほとんどが女性であることを示唆している。男性の友達を見つけるには，少し遠出をして特別の機会を見つけなくてはいけない。

まとめ

「寂しい」とは，仮設住宅や復興住宅の高齢者を描写するのに最もよく使われた言葉である。本章は「寂しい」という言葉の意味を探ってみた。

「寂しい」という言葉は，テレビ報道でも，仮設住宅や復興住宅の高齢者を描写するのに最もよく使われた言葉であった。たとえば，復興住宅の議論は，「ここでは友達ができないので，寂しい。だから，復興住宅はいい場所ではない。仮設住宅が懐かしい」というようなものだった。また，仮設住宅でも復興住宅でも，筆者は住民たちから，「私は独りだ。寂しい」という訴えをよく受けた。

英語では「独りでいること（being alone）」と「寂しい（being lonely）」は別のことであると区別するが，本研究のフィールドでは，ほとんど同じように使われていた。「私は年をとっていて，友達をつくれず，寂しい」，「私は男なので，女性たちみたいにただぺちゃくちゃしゃべりつづけて簡単に友達ができるというわけにはいかず，友達ができず（寂しい）」など。仮設住宅や復興住宅での最大の課題は，「寂しさ」を感じないでいることと思えるほどであった。

しかし，高齢者の「寂しい」という感情は，一般的な老年期の問題でもある。高齢者が「寂しい」と言うと，メディアはまるで高齢者たちがきちんと扱われていないかのように，行政の責任であるかのように報じるところがあった。

第6章で紹介した復興住宅での活動はみな「ふれあい」の場を提供するものであり，「寂しさ」に対処する対策として，「人間的つきあい」や「生きがい」を見出し，「寂しさ」を癒すためのものである。

仮設住宅のコミュニティは，人生の良いときも悪いときも一緒に過ごした，お互いに信用のできる，助けになる人たちのグループであった。復興住

宅は何百人の孤独な人たちがふれあうことなく同じ場所にいるだけのところである。仮設住宅も，孤独な人たちが一緒に同じ場所にいるところであったが，住民たちは同じような喪失感の経験を共有し，もっとオープンに交流することができた。

　一般に，都会は孤独なところであるという。しかし，都会そのものだけが，孤独感をつくりだすわけではない。都会社会での，人間味のある温かいコミュニティの欠如が，孤独感をつくりだす。復興住宅は，周りにたくさん人がいるはずなのに，言葉を交わすこともない，住民にとって「寂しい」ところであった。復興住宅の住民は，入居によって，仮設住宅にあったコミュニティを失った。もし，行きたい入居先を選びそこに入居することができ，それによって友達と同じところに入居できたなら，「寂しさ」も軽減され，コミュニティ喪失感に対処することも比較的簡単だったかもしれない。

　すすんで引っ越したいと思っているかは重要な点である。夏秋復興住宅と冬山復興住宅では，ほかの復興住宅よりもずっと，活発になろうとしているモメンタム（動き・勢い）があるので，状況もいい方向に変わる可能性がある。しかし，コミュニティにそのようなモメンタムがない復興住宅では，住民はみな閉じこもり，それぞれに「寂しい」と思っているだけである。どの復興住宅に入居することになったかということは，幸福感をみつける，あまり寂しく思わない，また生きがいを見つけるということを実現できるかどうかの要因になっている。復興住宅でも，人間的関係をつくる基礎としてのコミュニティをつくることができるはずである。

　Vanierは，「寂しさ」の「治療薬」は相互の愛情と本当のコミュニティへの参加であり，誰かが何かしてくれるのを，何かが起きるのをただ受動的に否定的に待っているのではなく，そのコミュニティで一緒に何ができるのかを考え，自らがアクティブでポジティブな態度に変わることだと述べている（Vanier, 1989）。

　どこにいて，どんな状況であっても，いつも自分には何がないか，ほかの人には何があるか，前にはあったのに今は失ってしまったことなどにばかり気がいって，「寂しい」人がいる。反対に，どこにいて，どんな状況で，何を持っていて何を持っていなくても，満足することを知り，幸せで，希望を

持つことのできる人がいる。それらは，個人の問題であり，社会の問題でもある。

メディアが街中から離れた仮設住宅に住む高齢者が健康を害したと報じたことを紹介したが，実際に訪れてみると，そういう人がいる一方で，山の自然に囲まれた新しい環境で，前向きに新しい生活スタイルを見出し，近所の人の役に立つことが，健康的で，より幸せであると感じた人たちもいた。もちろん，避難所，仮設住宅，復興住宅と新しい環境に移るたびに，友達をつくり，コミュニティづくりをしなければならないことは，たやすいことばかりではないにもかかわらずである。

年月が経ち，身体的健康への注意から，精神的健康の重要さに，より関心が払われるようになった。阪神大震災被災高齢者の繰り返される引越しと厳しい生活復興の過程で，あらゆるメディアが，孤独を取り上げた。「心のケア」と「つながり」が活動と政策のキーワードとなった。コミュニティセンターは「ふれあいセンター」と名付けられた。

震災の後の被災民の移動の中で，高齢者に注意が払われたが，実際に行われたこととその経験から学んだことは，今後改善すべき課題も提起した。もっとも大事な課題の1つは，どのようにして，新しい生活環境で人間的つながりを保障し，人間関係をつくりあげることができるかということである。

第8章 「孤独死」

はじめに

　2002（平成13）年1月，阪神大震災7周年記念の週の朝日新聞における震災関連の記事は，6日の第1面，「孤独死」という見出しのトップ記事で始まった。前年までと同じく，この年も，「孤独死」がトップ見出しであった。副題は，「復興住宅住民の4割以上が65歳以上で3割が独居。孤独死の要因」とあった。

　「孤独死」という単語は，それまでの震災関連のメディア報道の中でも，新聞の見出し，テレビニュース，特集番組の題名に使われるほど，警告のような意味を持つ，目を引く言葉であった。同志社大学の被災地研究の報告書の題名でもあった。

　ほとんどの「孤独死」は高齢者の死として報道された。「孤独死」から何がわかるのだろうか。「孤独死」の社会的背景は何なのか。「孤独死」はなぜ問題なのか。「孤独死」を問題視するのは日本社会特有のものなのか。特に「孤独死」対策を講じる必要があるのか。第7章の「寂しい」という感情に続いて，本章では，「孤独死」を日本社会の現象の一面とした事例研究として分析する。「孤独死」は，家族の欠落してしまった社会における異常な事例とも言える。

第 1 節　Eye-catching/Attention-grabbing Headlines
――人の目に留まる・注意を引く見出し――

「孤独死」という単語は，人々の目を引く，注意を引くための見出し語としてメディアに頻用された。「孤独死」の事例の数が新聞記事の見出しとなった。それは，惨めな死に方の象徴とされ，また，行政や被災地で働く人々が，「かわいそうな高齢者」を独りで死んでいく状態に放置したかのように，責める口調で用いられた。

「孤独死」という言葉自体，悲しい響きを持つ。「孤独死」という言葉は震災の前は頻繁に耳にする言葉ではなかったが，震災後，よく使われるようになった。オーストラリアでの質的研究手法のワークショップにて，神戸でのフィールドノーツを見た教授が，「孤独死」という単語を拾い上げ，「独りで死ぬことは，日本の文化では問題なのか？」と問いかけた。

もちろん，人は皆独りで死んでいく。しかし，もし，誰にも看取られずに死んでいくとすれば，その死に方はその人がどのような人生を歩んできたかを反映しているともみられる。

子供に看取られて死を迎えたいという考え方がある一方，遠い地でがんばっている子供に心配をかけないように病気であることを隠し，今していることを捨てて帰ってきて面倒を見てくれるよりは，今がんばっていることをそのまま続けてほしいと，子供に会いたいのを我慢してひっそり死んでいく親もいる。

どうして，メディアはこの「孤独死」という言葉を目を引く見出しとして使ったのだろうか。震災後，7年経っても8年経っても，警告を鳴らす言葉として使われたし，被災者が独りで生きている限り，今後も，使われるであろう。

「孤独死」という言葉は，「孤独」と「死」という恐ろしいイメージを持つ2つの言葉を合わせたもので，強く響く。震災は「死」を人々の日常生活の身近なものとして近づけた。この単語は，震災の記憶をよみがえらせ，復興住宅に住む人々の関心を促した。「孤独死」は，震災用語となった。

第8章 「孤独死」

　新聞では，「孤独死」は注意を引くショッキングな見出しであった。テレビでは，ニュースや特集番組のタイトルに使われた。しかし，実際にどのような映像を放映するかには限界があった。「孤独死」の遺体を放送することはできない。死者が見つけられたとき，呼ばれるのは救急車であって，報道陣を呼ぶわけではないので，彼らが第1発見者ではない。かけつけた報道陣にインタビューを受ける人たちも，「孤独死」についてやその人について語ることはできても，「孤独死」の瞬間をフィルムに収めることはない。震災の被災者でなければ，また，「孤独死」でなければ，一般の市民の個々の死は，地域ニュースにさえ，ここまで大きく取り上げられない。

　「孤独死」という言葉は，聞く者に居心地の悪い緊張感を与える，ショッキングな響きを持つ。無名の高齢被災者の悲しい死に方へ社会の関心を呼ぶことは，正しい悲しみの表現方法であるのかもしれない。社会は，「孤独死」という悲しい死に方を防ぐことができなかったのだから，せめて，その死に注意を払うべきであるとも言われた。メディアはそれに正しく反応していた。社会は，このように死ななければならなかった人々に，深く同情するべきである（Walter et al., 2000：22）。

　新聞が「孤独死」という言葉を見出しに使い続けた一方，その記事の中身は，「孤独死」をした人の背景，状況などについて何も紹介していなかった。これは，見出しに使うには注意を引いてよいが，個々人の話は，ニュースに値しないと判断したということなのだろうか。

　神戸市保健部幹部Y氏は言った。

　「よく言われる孤独死ですがね。Q夫人をご存知ですか。先日，会議をしましたけどね，仮設住宅での孤独死報道のメディアのやり方には，怒っていましたよ。彼女たちのグループは一生懸命，孤独死を防ぐために，そのリスクのありそうな人たちに特別の注意を払って，毎日訪れていたのです。たまたま，亡くなられた瞬間に，誰もそばにいなかった。そしたら，メディアがでかでかと，「また孤独死！」と取り上げましたが，実態はちがうんですよ。ボランティアたちはこの人の末期を一生懸命介護していました。」（インタビューノート，1999年1月26日）

Q夫人は看護師で，本研究のフィールドワークを行ったところとは別の巨大な仮設住宅で働くボランティアグループのリーダーだった。上のコメントは，メディアによる「孤独死」報道が，仮設住宅での温かいコミュニティを目指す NGO の失敗によるものだとみなされているとQ夫人が見ていることを反映している。この話をしながら，神戸市幹部は，筆者が行政を非難するような報道も見ているのだろうと想定して，防御的に弁明をしたとも言える。行政は，メディアに敏感で，そのことは政策形成に反映していたと言えよう。

芦屋の老人ホーム施設長M夫人は，

「孤独死は，被災地で問題となってきました。行政は私たちに鼻を突っ込むなといいます。後で問題になるのを恐れて。でも，独りにしてほっておくのはよくないと思います。適切な介護が必要で，それによって自立を促すことだってできるんです。」（インタビューノート，1999 年 7 月 22 日）

このことからも，行政はメディアが「孤独死」発生のたびに行政に対して行う批判に敏感であったことがわかる。また行政は，仮設住宅や復興住宅の住民にできる限りのことをしているが，同時にその住民を問題が起こる原因とも見ていた面もあるとも言える。

第 2 節　震災用語

「孤独死」という言葉は，1995 年の阪神大震災の前から存在していた。保健セクターではコミュニティケアサービスの成功のめやすにも使われていた。岡本はその著書『地域福祉実践論：地域福祉サービス 20 年の考察と展望』(1994) で，「孤独死」をとりあげている。日本の人口高齢化問題が 1970 年代に問題とされはじめ，高齢化社会において，高齢者，特に独居高齢者の，健康と「寂しさ」が問題視された。岡本は，大家族制度での生活に慣れていた高齢者の世代は，現代の核家族化した社会で多くの問題に直面しているという。例えば，日常生活での適度な張り合いと秩序の喪失，健康管理，

第8章 「孤独死」

孤独との戦いである。これらの問題を解決しないことには，自殺，「孤独死」，家族崩壊が，社会問題として浮上するとしている（岡本，1994：33）。岡本は，コミュニティケアの重要性を，孤独感を軽減し，日常生活の中で楽しみを見出す何かを提供するものとして強調している。彼女は，1972年から1992年の20年間の毎日の食事サービスの活動をレビューして，食事サービスがコミュニティケアの一部としてどのように機能したかを研究している。

震災の前も，「孤独死」は，独居高齢者の間で決して珍しいことではなかった。震災前の神戸市でも年間150事例が報告されていた（西村ら，1993：133-136；上野，1997：52；高寄，1999：92）。しかし，戦後最大の災害といわれた阪神大震災の仮設住宅に住む被災者たちから「孤独死」が報告されると，社会の関心を呼ぶようになった。以前には目立たなかった，高齢者世帯の健康福祉問題として，表面に押し上げられたともいえる（上野，1997：52；高寄，1999：92）。

「（ナレーション）ボランティアの仕事は高齢者の生活を支えた。生活復興が長くなるにつれて，ボランティアの役割も変わった。生活再建の見通しがない高齢者住民には，ボランティアは一緒に座って話を聞くだけでなく，もっと具体的な役割を担うようになる。
（次の様子が紹介される）
孤独死。
（そして孤独死防止対策として，コミュニティで）朝のラジオ体操（を行い，）住民のつながり（を強めるように）住民が集まる機会（を作る）。」（1999年1月17日，NHK衛星第1放送（BS7），「阪神大震災4年　新しい街づくりへの模索——どうつくる新しい暮らし」）（（　）中は筆者）

このテレビ番組で，「孤独死」は2つの焦点，すなわち高齢者を支えるボランティアの役割と，「つながり」を育てる機会としてのコミュニティ活動の間に簡単に言及されただけだった。

「つながり」という単語も，震災後，メディア報道や地域の日常生活で頻

繁に耳にするようになった単語である。他の震災用語には，「コミュニティ」，「ボランティア」，「生活復興」，「交流」，「鉄の扉」などがある。これらの震災用語のほとんどは，第7章で論じた「「寂しい」という感情」，「孤独感」と関連している。

第3節　将来への課題を提起する

　市民NGOの防災国際フォーラム実行委員会が作成した「阪神大震災　市民が作る復興計画　私たちにできること」(1998)というレポートは，震災によって表面化した3つのことを挙げている。1つ目は，日本社会が高齢化社会に対処する準備ができていないという警告とともに，迫りくる「高齢化社会」。2つ目は，現代社会で多くの人にそのリスクがあるとする「孤独死」。3つ目は，コミュニティと家族の老人に対する支援体制の弱まりと，社会保障整備の遅れ。1点目と3点目は，本書の第1章で紹介したことと一貫性がある。本章は，「孤独死」を，伝統的な意味での家族機能を失った高齢化社会が直面する問題をみる切り口として考察し，未来への不安感を浮き彫りにする。

　防災国際フォーラム実行委員会のレポートは，50歳代や60歳代前半の，独居で家族がなく，仕事がなく，生きがいがない男性がアルコール依存症に陥りやすく，「孤独死」になりやすいと説明して，「孤独死」を防ぐためのいくつかの方法を提言している。例えば，50歳代や60歳代前半の男性に生きがいとなる仕事を見つけるための手助けをすることが必要であると述べている。そして他にも必要なものとして，「こころのケアセンター」などコミュニティを通しての支援，ケースワーカー，保健師，ボランティアらによる戸別訪問などをあげている。また，アルコール依存症の人は，手遅れにならないように医師や断酒会など専門的な治療支援グループに紹介すること，高齢者のコミュニティ活動との接触機会は，デイサービスや茶話会などのグループ活動を通して増えるので，必要であれば，福祉サービスも通知されなければいけないと述べられている。

第8章 「孤独死」

「「孤独死」と自殺，過去38例。独りではありません。復興住宅。祭り。趣味。お互いに話しかけましょう。」（朝日新聞，2000年1月9日，高齢者が一緒に餅つきをしている写真にそえられた見出し）

仮設住宅では，「孤独死」は230例を超えて社会問題となった。これは，復興住宅でも引き続き問題となった。復興住宅での高齢者住民の割合は高く，これは高齢化する日本社会の将来の縮図と指摘された。近所の人の突然の死をみて，住民たちは自治会をつくるなどコミュニティづくりを通して，助け合いの生活を作る方法を模索している。

岡本祐三教授（神戸市立看護大学・老年学）は，以下のようにコメントしている。

「住民は，近所の人たちと助け合うことができる。しかし，死までのずっと一緒に付き添うことができるのかというのはまた別である。復興住宅の独居者の死は，その生活を通して，人口高齢化社会が直面する普遍的な政策行政課題である。行政は，それぞれの独居者のニーズを正確に把握し，住民が活発になるようにそのやる気と精神を引きだす支援を急務にしなければならない。」（岡本，1996）

西神第7仮設住宅での「孤独死」と自殺の報告数は，仮設住宅での生活と住民の将来に危機感を増し，独居高齢者への友愛訪問などのコミュニティ活動の必要性の認識を促した（菅間，1999：311）。戸別訪問は本来民生委員によって行われていたが，西神第7仮設住宅では，民生委員だけでは間に合わず，広く女性グループやボランティアグループもその役割を担った（菅間，1999：312）。このような活動は，西神第7仮設住宅だけでなく，他の仮設住宅でも行われ，後に復興住宅でも行われるようになった。本研究のフィールドワークの場所となった春山仮設住宅や夏秋復興住宅でも同様の活動が見られた。

同志社大学は，「孤独死」の背景となる脆弱性の高い人口集団に焦点をあてた調査研究の報告書を1997年10月に出版した。題名は「孤独死」である

が，それは個々の実際の「孤独死」のケーススタディではなく，研究グループが「孤独死」のリスクにあると考える人口集団についての研究である。副題は，「生活保障のない福祉国家の縮図——壮年期の生活と健康の実証的研究報告書」となっており，結果として65歳以上の高齢者ではなく，50歳代，60歳代前半がハイリスクグループであるとして焦点を当てている。インタビュー調査は1997年1月25日から3月26日の間に行っており，仮設住宅の169世帯をサンプルしている。インタビュー対象者は，高齢者，障害者となっており，「閉じこもり」ケースを探し，報告書では，夫婦，独り暮らし，障害者を介護している，生活保護を受給している，働いている，働いていない，貯金をくずして生活している，男女別など合計19の事例を紹介している。「孤独死」で亡くなった人々のほとんどは50歳代の男性と70歳以上の女性である。研究グループは「孤独死」をさまざまな社会問題を見る切り口としている。「孤独死」へと導く要因を同定し，「孤独死」から反映される社会的問題，たとえば，将来の生活への不安——特に経済的不安，住まいの不安，親しい人間関係や問題を話し合う機会の欠如，独居男性の現状，精神的ストレスなど——を挙げている。仮設住宅住民の，ふれあいコミュニティセンターやボランティアたちへの見方も調査している。「孤独死」が発生しないことが，自治会組織や住民，特に独居高齢者のふれあいを増すために一緒に働いているボランティアたちの，成功のめやすとなっていることも紹介している。

　研究者たちは，第1に，仮設住宅住民の生活上の問題は，集中した地域における経済成長と，開発政策にともなった労働移民と，都市化による階級格差の拡がりによるとしている。第2に，人口高齢化を言い訳に，日本型福祉国家から自立促進への移行を促す日本政府，行政の全体的な方向への批判を述べている。

　この研究はまた，65歳以上の人を優先するために，50歳代，60歳代前半の人々が年齢的に差別されていることを問題視し，制度上に線引きされたために，まだ年金をもらえない50歳代や60歳代前半の人々が高齢者よりも脆弱性が高くなっていることを示している。

　最後に，「独居高齢者を「孤独死」させるな」，「高齢者や障害者を寝たき

りにするな」というスローガンのもとコミュニティ活動を活発化する努力をした結果,「孤独死」ケースがなくなったことを誇りをもって報告している仮設住宅も紹介している。

第4節 「孤独死」と家族の完全欠如

独居高齢者は,日本社会の価値観から,特別に注意を必要とする人口集団と見なされている。1999年1月17日のテレビ番組で紹介されたある大学教授は,震災の際に独りで死んだ高齢者が,なぜ独りでそこにいたのかという疑問を持ち,研究をはじめていた。この疑問は,高齢者は独りで住んでいてはいけない,独りで取り残されてはいけないという日本の価値観の前提からくることである。しかし,これからの日本の社会で独居高齢者の数はますます増加すると見込まれる。独りで住んでいることは,かならずしもその人が孤立化し,家族からの支援ネットワークがないということとはいえない。

本研究プロジェクトで,NVivoによって,'family'という単語をサーチした。メディア報道を通して,家族から被災者をとらえた報道はあまりなく,1998〜1999年の報道では高齢者とその家族を扱った報道はほとんどなかった。2000年には特に,高齢者と家族に関する報道が欠けていた。報道の焦点は,どのようにして,高齢化するコミュニティと社会に,コミュニティケアを形成するかであり,まるで,高齢者には家族の支援がないことを前提としているかのようだった。

震災直後,震災により失ったものとして家族が言及されることがあった。たとえば,ある中華料理レストランのオーナーが,瓦礫の中から救出されたとき,「ぼくは大丈夫だから,家族をさきに救ってくれ」とつぶやいていた様子が放映された。しかし,彼はただ1人の生き残りで,妻も子供たちも皆亡くなった。のちのインタビューで彼は,「また家族をもちたい。家族がなければ,一生懸命働く理由がない」と語った(1999年1月10日,読売テレビ)。

他に家族が言及された報道は,例えば,夫や父親が震災で亡くなったケースの紹介があった(1999年1月10日,NHK)。しかし,これらの報道は,高

齢者にとっての家族を，彼らの生活の一部であり支援してくれるものとしてではなく，高齢者が震災によって突然失ったものとして描いた。

もう1つの例は，復興住宅に住む女性高齢者（80歳）で，亡くなった娘が自分を守ってくれたと考えているケースであった。「どうして私だけが生き残ったのかわからない。娘は私を守ろうとしていた」と，娘の写真を見ながら話した（2000年1月11日，NHK教育）。

他に報道された事例は，仮設住宅に住む87歳の父親と50歳の息子が心中をしたケースである（1999年1月12日，読売テレビ）。彼らは仮設住宅での生活に疲れきっていた。そんなとき，復興住宅の入居権が当たった。しかし，息子には，昔の借金があり，復興住宅の家賃が払えなかったため，息子は父親に老人ホームに入ってほしいと頼んだが，父親はそれを拒んだ。父親は老人ホームに行くくらいなら死んだほうがいいと言い，彼らは心中した。

今日の現代社会における都市部の家族は，子供が結婚していなければそのまま年老いた両親と同居し，子供が結婚して自分の家族を持っていれば両親もその家族と同居するという，昔ながらの同居形態が少なくなる傾向にある。しかし，これも多様性がある。震災で夫を亡くし，娘と2人暮らしであった女性は，その娘が結婚し家族を持っても，同居を続けた（1999年1月10日，NHK）。これは年老いた母親のケアのためというよりも，その娘が仕事を持っており，子育てのために母親の手助けが必要だったという理由の方があてはまる。

メディアは家族と一緒に住んでいた高齢者も紹介したが，その高齢者自身は子供たちの負担になりたくないと考えていた（1998年11月24日，読売テレビ）。

フィールドワークでは，一緒に住んでいない子供たちの話をする高齢者もいたし，同居も試みたが，子供たちの負担になりたくない，子供やその家族との摩擦を避けるために，1人で復興住宅に入居したという高齢者たちもいた。独立して別の生活をするほうがいいという人もいたし，自分で選択して復興住宅にきたといいながら，独り取り残されていると感じ，自分を不幸だと思っている高齢者もいた。

子供がその夫や妻にとられてしまったと感じている高齢者たちもいた。子

供が成長し，それぞれの生活で忙しいとき，また遠くに離れて住んでいるとき，高齢者は家族とのネットワークを重要なものとして維持しながらも，家族とのネットワーク以外の，社会的ネットワークも作る必要がある。緊急の時には，配偶者などの直接の家族が高齢者の支援をし，長期的な支援になると，近所の人たちよりも，親戚，とくに娘たちが支援を行うことが多いというイギリスの調査結果がある（Bowling and Browne, 1991）。このようなケースでは機能する家族がいないとき，「孤独死」の要因となりうる。

メディア資料では，仮設住宅や復興住宅となると，家族のことはほとんどふれられることがなかった。高齢者は独居ばかりでなく，夫婦というケースもあった。しかし，娘や息子などの家族の紹介はなかった。メディアはあくまで高齢者，独居高齢者の状態を強調した。そして，コミュニティ支援と，どのようにコミュニティづくりをするかを問いかけていた。

K夫氏（86歳）とその妻A子さん（78歳）の紹介では，彼らに3人の子供と6人の孫がいることは説明されたが，彼らがどうしているか，近くにいるのか，どのような関係なのかは触れられず，あたかも2人だけの家族のように紹介された。メディアは，K夫氏が，震災後の環境の変化がきっかけとなって仮性的に老人性痴呆症になりかけた妻を介護し，その献身的な介護のおかげで彼女が回復したことを報道した。しかし，その一連の過程には子供たちやその家族はなかった。K夫氏自身は，神戸の大洪水，終戦前の神戸の大爆撃という2度の神戸の破壊を経験し，自らも戦争に行ったので，今回の震災の避難所での生活は何でもないが，妻にはとてもショックだったに違いないと説明した（2000年1月1日，NHK教育）。

このケースは，機能する家族がいる高齢者夫婦であっても，その子供にも孫たちにも，緊急時の家族による支援を期待することができないことを示している。子供や孫たちは，その成長をみることが楽しみとなり，精神的なサポートや生きがいを与えてはくれても，日常生活の助けや経済的助けを期待することができるかどうかは別である。

子供やその家族が，復興住宅に入居した高齢の親と一緒に住まなくても，毎日のように食べ物を持って訪れたりするケースもある。復興住宅の，コンピュータ制御された新しい風呂の使い方を説明したり，その使い方を簡単に

説明した紙を貼り付けてあげていたりする。しかし，彼らにはそれぞれの生活があり，毎日完全に責任を持って高齢者についていることはできない。

芦屋の老人ホームの所長M夫人は，「家族のような」生活の利点について以下のように述べる。

「入居者は一緒に食事をし，公共ルームで一緒にテレビを見たりする。家族のような温かい環境で生活をすることで，精神的に障害を負った人もかなりの改善をみせる。無視されて，疎外されてきた人たちは，ここで家族のような生活を持つことができる。ここは，とても家庭的です。精神科の医者でさえ，ここの住民の変化をみて驚きます。」（インタビューノート，1999年7月22日）

ここでいう，家族のような生活とは，一緒に時間を過し，一緒に何かをし，一緒に食べ，一緒にテレビを見，何かをするのに一緒に付き合ってあげるということである。それは，誰かが稼ぎ手で，財政的に家族の面倒を見るため収入を得る役割をすることは意味していない。

とにかく，震災報道の比較的初期には，「高齢者の家族」についても述べられたが，それは，伝統的大家族の枠組みではなかった。ここでは，メディアは家族を高齢者の幸福の主要な要素として強調しなかったことを示した。

第5節　コミュニティ変化に対する感情

本章第3節で紹介した新聞記事（朝日新聞，2000年1月9日）は，自治会を作ることは「孤独死」の発生を防ぐのに重要だと論じている。自治会ができるということは，そのコミュニティが活動的であることを示し，近隣の人たちと出会い，人間関係をつくるような活動があることの証拠でもある。また，住民が，近所の人たちに注意を払い，助けが必要な人がいるか気にかけていること，コミュニティにそのような活動ができるメカニズムがあるかを示すものでもある。

第 8 章 「孤独死」　　　　237

「(仮設住宅では) 他の誰もが知らないまま誰かが死ぬということはない。
　I 夫氏 (92 歳) は，震災前は独りで暮らしていたが，仮設住宅ではもっと生き生きと過すことができたという。
　阪神大震災は，都市部に住む高齢者の寂しい生活に光を投げかけた面もある。被災者たちの中には，仮設住宅を去り，恒久の復興住宅に移っても，誰も知らないうちに亡くなったり，自殺した人たちが，30 人はいる。」(Asahi Evening News, The Editorials, 1999 年 7 月 12 日) (筆者訳)

　これらの新聞は，「孤独死」を，地域コミュニティづくりの失敗を示す象徴的な現象であると見ている。
　自治会は「孤独死」の発生を防ぐために重要だとはいっても，1999 年末現在，復興住宅の 20 ％ はまだ自治会をつくれていなかった (朝日新聞，2000 年 1 月 9 日)。自治会の組織は，地域コミュニティの中心となることである。しかし，現実には，自治会の設立はかならずしもたやすくはない。
　震災前から自治会を持っていた住民の組織は，震災後すぐに救助活動に入ることができ，被災後の再建の過程でも活発に活動することができた。仮設住宅では，「孤独死」の発生が，仮設住宅の自治会をつくる引き金となったケースもあった。
　兵庫県には 220 棟の復興住宅が建設されたが，1999 年末時点で，180 棟がそれぞれの棟の自治会を結成したと報告された (朝日新聞，2000 年 1 月 9 日)。この時点で自治会が結成できていない住宅は，都心部に建てられたものが主であった。自治会がいったんは結成されたものの，住民間の論争により崩壊したところもある。短期間に作られた新しいコミュニティを運営管理することの難しさを示している。
　自治会をつくるのが難しいことの理由として考えられるいくつかの点がある。1 つは，第 6 章でも紹介したように，多くの住民が自治会活動に参加するのに高齢すぎること。2 つ目は，仮設住宅で行政やボランティアから支援を受けることに慣れてしまっており，独立した自主組織をつくる状態にまだ切り替われていないこと。3 つ目に，復興住宅に入居した被災民の多くは，低所得層で，他の人たちの面倒を見る余裕がないことである。郊外に建てら

れた復興住宅では，都心部に住んでいる家族が頻繁に通ってきて世話をすることも難しい。

1999年1月のテレビ報道から，

「(ナレーション) 松本哲雄氏は復興住宅で働く生活支援アドバイザー (LSA) である。数日経った82歳女性の孤独死を発見した。
(画面は神戸市福祉課長(当時)林田弘氏のインタビューに替わる。)
「高齢者がお互いに助け合える社会をつくらなければいけません。いいコミュニティを作ることは重要です。活発でなくなった高齢者が多いところで，活発なコミュニティをつくることは難しいです。」
(ナレーション) 復興住宅は高度に高齢化された社会であるが，これは，被災地のみならず，すぐに日本全国の問題になるのだ。われわれは行政制度を強化し，地域コミュニティが高齢者の自立した生活スタイルを支援できるようにしなければならない。」(1999年1月13日，関西テレビ，スーパーニュース関西「バリアフリー住宅を生活援助員が巡回——被災地が目指す住宅ケアの理想型」)(( )内は筆者)

このテレビニュースは「孤独死」を，ケアが行き届いたコミュニティづくりの失敗として見ており，行政とコミュニティの協力の失敗と見ている。この見方は，以下のニュースにも反映されている。

「(ナレーション) 弁護士の一団が兵庫県と各市に「行政も「被災地」で起きている「孤独死」に責任がある」とする文書を提出した。」(1999年1月13日，関西テレビ，スーパーニュース関西「バリアフリー住宅を生活援助員が巡回——被災地が目指す住宅ケアの理想型」)

西宮地元ヘルプネットワーク(NGO)の代表，牧野文子さんの言葉も引用された。

「行政の財政支援は来年の3月で終わる予定です。(震災で生まれた)それ

第 8 章 「孤独死」

ぞれの NGO は活動を続けるための資金集めをしなければいけません。」
(1999 年 1 月 14 日, NHK, ニュースパーク関西「被災地ボランティアは」)

この報道では,「孤独死」は行政の失敗と見られた。メディアは NGO の「孤独死」を防ぐための大事な働きを紹介し, その活動が継続できるように, 公的財政支援の継続を訴えた。上に紹介した 2 つのニュース報道より, メディアは「孤独死」を行政の失敗と, NGO とコミュニティワークへの支援が不足した結果とみなしていることがわかる。

前章にも引用したが, テレビの特別討論番組で, 関西学院大学の小西砂千夫教授は, 次のように述べた。

「これらのビデオクリップは仮設住宅での生活は天国のようであったかのように見せている。でも, 仮設住宅はあくまで仮設。冬は寒すぎるし, 夏は暑すぎる。はじめ入居したときは寂しかったんです。でも, 3 年間に (仮設住宅で) 人間関係を築いたんです。長屋タイプの仮設住宅で, ボランティアが入ってくる環境では, コミュニティをつくり人間関係をつくることはずっと簡単だった。問題は, 復興住宅でコミュニティがつくれるかです。」(1999 年 1 月 17 日, NHK 衛星第 1 放送 (BS 7),「阪神大震災 4 年 新しい街づくりへの模索――どうつくる新しい暮らし」)

また, 小西教授は, 紹介された仮設住民の発言に応じて, 仮設住宅とは何であったかの分析を説明した。そこでのコミュニティづくりについて, 平屋建ての長屋タイプの建物からなる街は住民の多くが震災前も住んでいたタイプの街であり, コミュニティづくりも比較的簡単であったが, 高層マンションビルの立ち並ぶ復興住宅は, 様相を異にしたと述べた。また, 教授はボランティアコミュニティ形成過程における役割を指摘した。仮設住宅でのコミュニティづくりの経験が, 復興住宅での新しい挑戦においても生かすことができるのか問うた。

同じテレビ番組の中で, シルバーハウジングのほかの事例として T 江さんが紹介された。T 江さんは, 近所の人が歩いているのがみえて, 何かやりと

りしたりできる，仮設住宅のデザインのほうが良かったと考えていた。復興住宅では，彼女は人と言葉を交わすことがない。復興住宅は高層マンションビルであり，この状況は容易に想像できる。しかし，彼女は，シルバーハウジング世帯で，1階に住んでいる。それでもなお，人を見かけないし，言葉を交わすことがないと言っている。人が通りかかるのを窓からみることができる状態というのは，第7章で紹介したHochschild (1973) の「予期されなかったコミュニティ」でも建築的要因として議論された。T江さんが他に人を見かけないのは，本当にまわりにあまり人がいないのか，近所の人がみな外出しないのか，あるいは，「閉じこもり」かもしれない。また，訪問者もなく，ボランティアも来ないということになる。

復興住宅のアパートの広さは仮設住宅よりも広く，隣の世帯の入り口のドアとの距離も少し余裕がある。仮設のような薄い壁でなく，復興住宅は，厚い頑丈な壁で囲まれ，ドアは鉄の重たい扉なので，いったん扉を閉めると，隣の人が出入りする音も，仮設住宅のときのように聞こえない。これは，住民の感情に影響を及ぼすだろう。アメリカの高層マンションビルでは停電やエレベーターの故障は，深刻な孤立，精神的落ち込み，外出不能などの問題を引き起こしている (Wilson, 2000：106)。

メディアは，もし住民が正当な社会からの注意を受けていたなら「孤独死」は起こらなかったとしている。行政は，ボランティアと保健師が定期的に仮設住宅を訪問していたと述べている。復興住宅では，行政はできる限り支援は続けるが，同時に，もういつまでも被災後緊急事態ではなく，日常生活に戻り，自力で生活してもらわなければいけないという見解も示しはじめている。しかし，復興住宅はやはりなお被災者たちが住んでいるところであり，継続して注意を払われなければならないとも述べている。それでも，「孤独死」は起こった。

Hirayama (2000) は，「孤独死」[1]を自殺，事故死とともに，「住民が鬱状態になるに要素が多すぎる」仮設住宅での，拡大する問題として挙げてい

---

[1] 英語論文であり，「孤独死」という日本語を使わず英語で "lone deaths" と述べているが，「孤独死」を意味しているとわかる。

る。

「(ナレーション) 西宮市江戸川町仮設住宅。高齢者クラブ。自治会長・谷村輝樹氏は，復興住宅では裏通りの人間関係がない，と言う。」(1999年1月17日，NHK衛星第1放送 (BS 7)，「阪神大震災4年　新しい街づくりへの模索――どうつくる新しい暮らし」)

テレビは仮設住宅の住民が，問題に直面しながらも震災前に持っていたようなコミュニティを形成しようとする姿を報道した。しかし，同じ人々が，また引越し，復興住宅に入居したとき，同様にコミュニティを形成するための取り組みをしていない，また，その形成ができることを期待すらしていないと報道された。それは，復興住宅の高層マンションビルという建物のデザインによる違いだけとはいえない。繰り返し，新しい近所と関係作りをしなければいけないことに対する疲労も要因となっている。年老いて，新しい友達をまたつくる気力・エネルギーがもうないというのだ。また，復興住宅に入居する人たちの，そもそもの高齢者の割合の高さも要因と見られる。また，復興住宅では，ボランティアが仮設住宅の時のようには外からたくさん入ってこないことも要因である。

第6節　老年期に対する感情

この研究において，メディアや専門家たちが「孤独死」に注意を払った理由の1つが，その犠牲者の年齢構成であった。ほとんどの人が50歳代男性と70歳代以上の女性であった。なかには，自殺とみられたケースもあり，これも「孤独死」同様，寂しい死に方と見られている。そして，メディアや，自分が不幸であると感じている高齢者は，「孤独死」の現象が，いかに高齢者が不公平に扱われたかを示しているように話した。日本の価値観において，高齢者，特に今の世代の高齢者は，戦争という困難な時代を生き抜き，敗戦した日本を再び先進国に押し上げるために一生懸命働いた世代であり，すでに豊かになった日本に生まれた新しい世代から報いられるべきと見

られてきた。この考え方は，第1章に紹介したように行政による高齢者の全額医療費負担制度や，年金や戦争未亡人への福祉など，日本の医療・福祉制度に反映されてきた。よって，「孤独死」が現代の日本社会で発生することは，日本的価値観からいうとあってはならないことである。

新聞は仮設住宅での「孤独死」の数と自殺者の数をニュースの見出しにした。テレビでも，「孤独死」の数と自殺の数を報告した。

「西神第7仮設住宅
N氏（70歳）自治会長。「過去3年に仮設住宅で74名が亡くなった。2人は自殺で，3人は孤独死だった。」」（1999年1月15日，毎日テレビ，筑紫哲也ニュース23「総特集　震災それから」）

震災とその後を振り返るこの番組で，「孤独死」は高齢者の幸福と健康の喪失，神戸市の経済復興の停滞など他の問題と並んで言及された。

日本社会で，高齢世代は「社会的な死」を恐れる。現在は，崩れ始めているが，かつて日本社会では終身雇用が一般的で，一度入社すれば定年まで働いた。その上，定年後も，第2の職場に就職し，さらに10年でも働く人も少なくなく，欧米社会のような引退生活は，一般的でなかったといえる。日本社会の生活スタイルは職場中心で，定年したり失業すると主に男性は社会から孤立してしまったと感じる。

震災には生き残っても，社会的に死んでしまったと感じた人たちも多く，特に50歳代が，まだ定年年齢に達していないにもかかわらず震災で失業すると，新しい仕事探しも楽ではなく，そのような状態に陥った。多くの人は人生に生きがいを与えていた場所，あるいは，社会に属していると感じられる居場所を失ったともいえる。

第7節　死に対する感情

「孤独死」は，病気になったり死にかけているときに誰も面倒を見てくれる人がいない場合に起こると考えられる。日本文化では，誰にも看取られず

に死ぬことはとても悲しい死に方だと考えられる。その死にゆく人を心配する人が誰もいないともとられるし、その人の子供たちが親に対する敬意を表していないともとられる。「親の死に目にあえない」ということは日本の価値観では親不孝で、その子供にとって不幸なことだと信じられている。「孤独死」は、第1章に示したような、人口高齢化、都市化などにともなう日本社会の変容と、家族の崩壊と伝統の衰退を示しているともいえる。

「孤独死」はメディアの見出しに、人目を引くショッキングな言葉として頻用された。新聞においては特にそうであった。テレビの番組でも1999年では2回、ニュースの題名になったが、2000年には主な課題としては取り上げられなかった。新聞では、毎年1月の震災記念記事に1面の見出しとして使われ続けた。

良い死と悪い死

日本では、「悪いことをすると親の死に目にあえない」ということわざもあるように、親が亡くなるときにその場にいることは大事である。間に合わないときはそれは人生において悔やまれることと考えられる。

Bradburyはイギリスにおける理想的な死のケースを紹介しているが、それは、家族たちに囲まれて家で死ぬことである。自分の床（ベッド）で愛するものたちの愛に囲まれながら亡くなることが理想的なのである(Bradbury, 1999 : 147)。愛するものたちに別れをすることができるのは良い死とされる。これは、「孤独死」を悪い死、理想的な死の反対とする日本の価値観と似ている。

ところで、震災が起きなければ、そしてこの「かわいそうな高齢者たち」が仮設住宅や復興住宅に置き去りにされなければ、違った死に方をしたのだろうか。良い死を迎えることができたのだろうか。下町の長屋タイプの街に住んでいた高齢者たちは、もし看取ってくれる家族がいなくても、その下町のだれかが看取ってくれたかもしれない。あるいは、どちらにしても独りで死んでいく身の上であったかもしれないが、震災がそれを表面化し、仮設住宅や復興住宅で「孤独死」が起きたのでメディアの注意を引いたのかもしれない。また、仮設住宅での生活が彼らの健康を害し、死を早めたのかもしれ

ない。どちらにせよ独りで死んでいく身であったなら,「孤独死」は悪い死なのだろうか[2]。

「孤独死」は,どこで起きようと悪い死である。ほとんどの人は独りで死にたくはない。テレビで紹介された高齢者は,復興住宅に暮らすことの不安はそこで「孤独死」を迎えるかもしれないということだと述べた。「孤独死」が悪い死なら,良い死とは何であろうか。

もし,痛みもなく「ぽっくり」と逝くことができれば,それが,突然で予期しなかったことであっても,本人にはそれがいい死に方だともいう。「私はぽっくりいきたいわ。ただ生きながらえるだけはいや。痛みに苦しむために長生きしたり,家族に迷惑かけるのはいや」と言う高齢者もいる。

イギリスの研究では,医学的な良い死の代表とは,死にゆく人が意識がなく,痛みがないときである(Bradbury, 2000：61)。Bradburyは,悪い死とは,自らのコントロールが利かない時,すなわち,死にゆく人がその死の過程で自分のコントロールを失うときであるとしている。彼女は,反対に良い死とは単純に突然で予期しない死としており,日本の価値観にも見られる考え方である。

苦しむためや他の人に負担をかけるだけなら,長生きしなくていいという一方で,良い死とは,天寿を全うし,自分が育て上げた子供たちとその孫たちに囲まれて死ぬことだという。日本や韓国では,現代でも,親が亡くなりそうなとき,親に結婚衣装をみせて安心させるために結婚に急ぐ若者たちがいる。嫁は,舅や姑が亡くなる前に孫をみせてあげられなかったのが残念なことであると話す。

心臓麻痺などの突然の死は良いことであるという一方で,人が若くして亡くなり,それが突然で予期しないものであったとき,人は,「まだ若いのに。まだ人生はこれからだったのに……なぜ……」と語る。短い人生では,それが理想的な死に方であっても,良い死ではないことになる。「天寿を全うす

---

[2] データを見て,イギリス人のロンドン経済政治大学院のGail Wilson博士も,オーストラリア人のLyn Richards教授も「孤独死」という単語を抜き出し,日本では独りで死ぬことは悪いことなのかと問うた。

る」とは，最善を尽くし，やるべきことはやり尽した悔いのない人生で，それ以上の望みや悔いはないときに言う。

　また，老衰などの自然死が良い死であるとするのに対して，不慮の事故死は悪い死と言える。不注意から死に至ったとき，日本の価値観では，天からいただいた命を大事にせず粗末にしてしまった，使命を果たす前に死んでしまったとも考えられる。

　一方で，ただ延命して医療費がかさみ家族が看病に疲れ果てる状態よりも，突然の死のほうが良い死とされる。現代の医療技術に頼って，人生の意味もなくただ延命するよりも，人々は威厳を持って死にたい。まわりの人がその死を待つような状態になる前に死ぬほうが良い死と言われる。

　人は誰もがいつか死ぬ。それは避けられないことで，いつかは直面しなければならない。それでも，死は忌み言葉・タブーである。なぜ人は死を恐れるのか。なぜ一般に死は恐ろしいイメージが多いのか。なぜ，安らかな死をむかえること，またその人生という「挑戦」に対する勝利として死をむかえることはむずかしいのか。死は，人が宗教に惹かれる理由でもある。

　あらゆる「いい生き方」がある以上，あらゆる「いい死に方」があってしかるべきである。

　被災地で「孤独死」をした人々は，もし，低所得高齢者でなく，あるいは，震災ですべてを失っていなければ，家族に看取られながら死ぬことができたのか。現代社会では，死を看取るという家族が担っている役割が，病院に移行している（Walter et al., 2000：15）。家族が最後には駆けつけるかもしれないが，死に至る過程の世話をしているのは家族よりも，看護師や介護士たちであったりする。

ま と め

　本章は「孤独死」を，家族が完全に欠落した事例研究として考察した。「孤独死」という言葉は，いわば震災用語である。新聞の見出しによく使われ，テレビ番組にも取り上げられた。同志社大学による，被災地の壮年期にある住民のリスク背景を調査した研究報告書のタイトルにも使われた。第4

章で示したように,「孤独死」の事例はほとんどが50歳代・60歳代前半の男性と70歳以上の女性であった。

「孤独死」という言葉のイメージはショッキングでネガティブである。それは,現代社会の社会問題に対する人々の注意を引きつけ,人口高齢化,経済停滞,都市化,地域コミュニティ感喪失という現代の課題に結び付けられた。その結果,未来への不安を強調し,未来に向けて地域コミュニティのあり方を改善しようという訴えにつながった。「孤独死」という言葉は,コミュニティ変化に対する感情,老年期への感情,日本の現代社会における死に対する感情に反映された。

独りで死ぬことは問題なのか。日本社会では,それは,その人がどのような人生を生きたかを示す。良い人生を生きなかったので,病気になっても,死にそうになっても誰も気にしてくれない,看取ってくれないと受け取られがちである。欧米文化では,子供に親の看病に飛んでくるよりも,精一杯自分のやるべきことを継続してほしいと期待する考え方もあるが,日本では一般に親の死に目にあうことはとても重要とされているため,独りで死ぬということが不幸なことであると考えられることが多いのである。

終章　本事例研究のまとめ

はじめに

　本書のもとになった研究は，日本が急速な人口高齢化と社会変化を経験しており，現存の制度ではそれに対応することができないという理解のもとに始められた。世論には，経済成長が停滞する中で，急速な人口高齢化という新しい問題に直面することに対する不安と，都市部の独居高齢者の生活保障に対応するための新しい方法を見つけなければいけないという危機感があった。神戸の事例を対象に，本研究はメディア，健康調査，エスノグラフィック・フィールドワークとインタビューを用いたケーススタディを行った。

　阪神大震災後の復興過程は，伝統的な拡大家族制度として機能した家族を持たない高齢者の割合が高い，超高齢化社会でのコミュニティづくりの実験を行う機会をも提供したといわれている。彼らは，人口高齢化が進むにつれて，現代社会で対応がより必要となっている人口集団である。

　震災後の神戸は日本の未来像の縮図として世論の注意を引いた。本書は，高齢者比率の高い場所でのコミュニティづくりについて検討し，また，長屋タイプの仮設住宅での生活と，高層マンションビルの復興住宅での独居高齢者の生活を対比しながら考察した。

　本書は，独居高齢者が多い超高齢化社会のコミュニティづくりに関するさまざまな論争を解決するものではない。しかし，英米の文献と対比しながら日本のコンテクストで行った探索的研究から，何かしら学び取れる意味のある発見がいくつかあったので報告する。

　このケーススタディがどれほど日本の将来像を代表しているかという疑問

がある。この研究の対象人口である高齢者は，現在の日本社会の代表的人口集団ではないが，近い将来に重要性を増す人口集団として注意を引いている。経済停滞の時代の中で，どのように日本が人口高齢化と社会変容に対応していくかについては，関心が増してきている。人口学的には，神戸の仮設住宅や復興住宅で見られるような，人口の40％以上が65歳以上という状況は，日本の2040年の状況と同じであると予測されていた（1995年当時の予測）。

高齢者の中でも独り暮らしの高齢者には特別に注意が払われた。彼らは，家族の形態が変化する現代社会で増加している人口グループである。日本における独り暮らしの高齢女性は1980年の69万人から2000年には229万人に，高齢男性は1980年の18万人から2000年には74万人に増加した。その数は，2020年には女性が381万人，男性が176万人に増加すると推定されている[1]。

本研究における対象人口の特徴の1つは，急に住まいを失い，震災後の生活復興の過程で，繰り返し住まいを移ってきた人たちであるということである。この特徴は，この人口集団に特有であり，日本の代表的な集団とはいえない。このケースよりも緩慢な年齢別人口構成の変化のほうが一般的といえる。

本研究の対象となる復興住宅のコミュニティは，日本の伝統的なコミュニティづくりの方法を用いながら形成されてきており，かつ，高層マンションビル群という住居環境と独居高齢者割合の高さという新しい特徴を考慮に入れたコミュニティづくりの方法を探りながら，フレキシブルな試みもなされていた。復興住宅で観察されたコミュニティ活動は，高齢者向けランチサービスなど，2001年「自治会町内会の高齢者支援に関する報告書」[2]に紹介されていたものと同じようなものである。民生委員，保健師，栄養士，自治会

---

1) 2001年度男女共同参画社会の形成の状況に関する年次報告
   http://www.fukushi.com/news/2002/07/020701-a.html ［アクセス日2003年11月14日］
2) 2001年自治会町内会の高齢者支援に関する報告書
   http://www.ashita.or.jp/shiryou/jichikai ［アクセス日2003年11月14日］

会員など，キーパーソンやグループ，コミュニティの働き手もほぼ同じであった。コミュニティワークの優先事項の1つは，高齢者にケアと生きがいを供給することであった。民生委員は自治会にアドバイスするという大事な役割を果たしていた。この報告書は，日本の自治会の86.3％が民生委員のアドバイスを受けているとしており，また，民生委員からのアドバイスを受けている自治会は，老人クラブや他のグループとの協力も盛んで，コミュニティもより活動的であるとしている。

上の報告書で論じられたすべての点は，筆者が神戸でのフィールドワークで書き留めたことと一貫している。報告書は，そのアンケート調査でいくつかの地域の自治会が回答したように，地域コミュニティの規模が小さいときは，高齢化人口の増加する需要に対応する能力がないため，サービス供給やシステマティックな協力のために自治会間の連合レベルでの調整がさらに大事であると報告している。これは，夏秋復興住宅で働いていた女性民生委員・S夫人が目指していたことと一致している。もう一点，この報告書のなかで，本研究に関係のある興味深い所見は，自治会の役員に男女両方が参加しているところは，各グループとのパートナーシップの成功率が高く，コミュニティの状況把握がよりよくできており，活動が活発で，近隣との関係もより良いということである。よって，この報告書は，自治会役員を男性だけで担わずに，男女共同参画を推奨する結論となっていた。

第1節　明らかになったこと

表面化した人口集団

阪神大震災による直接の死傷者の半分以上は高齢者であった。医療専門家は高齢者が何を必要としているかについて注意を促した（Tanida, 1996）。政府は，高齢者，特に65歳以上の独居高齢者と障害者を優先する政策を採択した。神戸市保健部長や兵庫県知事は，重要な課題として仮設住宅に取り残された住民の精神的健康に注意を払った発言も行った。

メディアは高齢者をケアと援助の必要な脆弱性の高い弱者として，注意を喚起した。メディアは，もともと潜在的にあった問題が，この震災により表

面化したと述べ，仮設住宅の高齢者住民のグループを，高齢化の進む日本の将来像として警告した。高齢者は震災関係報道において1999年までは主な焦点とされつつも，震災5年目に当たる2000年には，高齢者も重要であり続けながらも，苦悩する中高年層や震災孤児といった他の年齢層や，次の災害や緊急時に備えた防災などの事項へと比重を移行していった。全体のトーンも，ネガティブなものから，震災5周年には，未来にむけて前に進んでいこうというポジティブなトーンへと変化がみられた。

健康調査と政策は高齢者を障害者や子供と一緒に社会的弱者としてグループ付けしたが，ジェンダーの視点に欠けていた。メディアは，女性高齢者は順応力があり，友達づくりも上手だが，男性高齢者は独り暮らしに対してより困難を示していたと報道した。また，テレビは，男性よりも女性を多く報道した。不幸せであると感じ，「寂しさ」を訴える女性高齢者も，対照的に前向きな態度の女性高齢者の事例も報道した。しかしながら，テレビリポーターや司会者のコメントは，いつも女性に関してはポジティブであり，一方，男性に関しては新しい生活に順応できないという内容のネガティブなものであった。

本研究は，メディア報道の焦点とトーンの経時的変化の分析を，実際のエスノグラフィック・フィールドワークのデータ収集と並行して行った。メディアは，行政をいろいろな面で批判した。行政の対応はまだまだ不十分であり，もっと様々な対応がなされないといけないと述べ，いろいろな問題が起きていることを強調していた。行政は，メディアの報道に敏感であった。メディアは市民の声を伝える媒体でもある。ただし，メディアにはそれのもつバイアスもあり，世間の話題を呼ぼうとセンセーショナルになりがちであるという短所もある。メディアを通した見解は必ずしも，フィールドで見聞きした見解と完全に一致していたわけではない。

時に，メディアは高齢者に関する行政の間違った理解を修正するよう促すことがあった。また，メディアは新しい言葉・単語を流行語化し，政策にインプットするのに重要な役割を果たした。行政の健康調査は伝統的な考え方にのっとってデザインされたものだったが，メディアはジェンダーの視点に光を当てた。フィールドワーカーたちは，男性たちが問題を抱えていること

に気付いていた。
　メディアはジェンダーについて問いかけることができたが、個々の被災者の財政的状況に関しての情報を得ることにはバイアスがあった。メディアは、復興努力の一部として生じた、新しい職種、スタッフの創設や拡充のニュースなど、新しい発案や活動を宣伝した。生活支援アドバイザー（LSA）のように、震災以前から存在したが、震災後に復興過程の対策として被災地、神戸で急増した仕事もあった。

孤独感・「寂しい」という感情
　仮設住宅でも復興住宅でも、テレビで紹介された高齢者住民がもっとも頻繁に口にした言葉は、「寂しい」であった。たとえば、復興住宅では、「ここでは友達ができないから寂しい。だから、ここは良い場所ではない。仮設住宅がなつかしい」といった発言が聞かれた。
　高齢者の中には、その前の住まいの暮らしでは孤独だったとしても、仮設住宅に入居して、十分なケアを受けられ、また自分も何か貢献できるコミュニティ、自分が属するコミュニティを見つけた人たちもいた。
　復興住宅の住民には、年齢以外にも、住まいのタイプ、新しいコミュニティに入居した時期や段階など、いろいろな要素があった。本研究では、批判的老年学（critical gerontology）の視点から、「高齢者は変わることはできない、だから住まいを変えることは高齢者にとってわるいことだ」という、一般的な考え方に疑問を投げかけた。
　仮設住宅と復興住宅では、「私は独りだ、だから寂しい」（筆者注：厳密には、独りでいることと孤独であることは同じではないはずなのだが）、「私は年がいっている（年をとっている）、だから友達ができない、よって寂しい」、「私は男だから、女性みたいにただしゃべって友達が簡単にできるというわけにはいかない」といった言葉も多く聞かれた。「独りでいないこと」は、人生において、特に新しい場所で生活をはじめるにあたって、重要な課題であるかのようであった。
　しかしながら、高齢者が「寂しい」と言うとき、メディアはこれらの高齢者が大事に扱われていないかのように、その「寂しさ」があたかも行政の落

ち度によるものであるかのように報道した。

「孤独死」

「孤独死」は，衰弱し，死期が迫った孤立した老人を誰も介護しない，家族の完全欠如のケースとして認識された。「孤独死」という言葉は，メディアによって，人目を引く衝撃的な見出し文句として使われ，「孤独死」の数が新聞記事の見出しになった。

「孤独死」は重要な事件であり，その緊急性を強調することは重要であったかもしれないが，高齢者やほかの犠牲者の典型的な状況を必ずしも示すものではない。

「孤独死」の犠牲者は，年齢的には 50 歳代の中高年の男性と，70 歳以上の女性高齢者が主であった。メディアは，たとえその人が毎日訪問やケアを受けていたとしても，死んだ瞬間に独りであったならば，「また「孤独死」」と書きたて，その介護にあたっていた看護ボランティアたちに釈然としない感覚を抱かせる結果となった。

コミュニティ形成

フィールドワークの対象時期は，仮設住宅での被災後緊急事態から，復興住宅での，日常生活に戻っているべき状態への移行期にあった。仮設住宅でのコミュニティづくりの経験，すなわち，どのようにコミュニティ活動を立ち上げるか，どのように共有の場所を使うか，そしてどのように独居高齢者への戸別訪問など家族以外からのケアを供給し，ケアのいきとどいた，いたわりあうコミュニティをつくるかということは，復興住宅の新しいコミュニティではすぐには生かされなかった。これは，時間の要因もあるので，この研究からだけで結論付けるのは時期尚早である。

行政は，夏秋復興住宅と冬山復興住宅はよいリーダーががんばっていて，コミュニティ活動が活発であり，行政とも連携しているので，他の復興住宅よりも良い状態であると見ていた。これらの復興住宅には，行政とうまくパートナーになるスキルを持った人間がいた。本研究では，批判老年学の視点から「独居高齢者は若い世代からの介護を必要とする最も脆弱性の高い社

会的弱者である」という,一般的な考え方に疑問を投げかけた。たしかに,復興住宅でのコミュニティづくりの難しさの原因の1つは,ボランティアがいないため仮設住宅での生活のようなやり方では,同じようにはうまくいかないということであったかもしれない。しかし,時間が経てば,高齢者たち自身が新しいコミュニティづくりをするようになる可能性もある。

第6章で見たように,行政と地域コミュニティの間の適切な連携は,いたわりのあるコミュニティづくりが成功する鍵であると考えられる。その鍵をにぎるのは民生委員であり,日本において,民生委員はコミュニティですでに信頼と尊敬を得ている。

もう1つの重要な要因は自治会である。自治会が住民の公的代表となり,地域行政と協力することによって,健康促進活動や福祉活動も効率化することができる。行政がコミュニティに入り込んで仕事をしたくても,自治会がなくてはその活動は難しい。復興住宅,特に大規模な高層マンションビル群で,短期間に自治会を設立することは難しかった。

自治会の設立は,コミュニティづくりのための大事な第一歩とみられた。しかし,自治会設立も超高齢化した復興住宅では難しいと報告された。住民の年齢が要因だという意見もあれば,そうではなく,仮設住宅時代に役員をしていた人が沢山いすぎて,それぞれに考えをもっているためそれがぶつかりあってまとまらないのが原因だとも言われた。復興住宅に入居する前の仮設住宅での経験と,復興住宅のコミュニティの規模の大きさ・世帯数の多さ,それらのすべてが問題だった。

すべての状況においてうまくいくオールマイティなモデルがあるわけではない。夏秋復興住宅コミュニティでリーダーシップをとっていたのはその住民ではなく,その地域の民生委員であった。彼女は,住民の中から自治会ができ,コミュニティが動き出すことを願い,そのための手伝いをしていた。一方,冬山復興住宅には,自治会があり,その自治会長がリーダーシップをとっていた。それぞれのコミュニティで,リーダーシップのスタイルや運営の方法が様々であった。

また,震災後の神戸で注目されたのは,生活支援アドバイザー(LSA)であった。第6章で紹介したように,復興住宅でのLSAは必ずしもうまく活

動できていたわけではないし，問題がすべて解決できたわけでも，仮設住宅でのボランティアがしていた仕事をLSAが肩代わりしたわけでもない。ほかのもっと経験のある人がリーダーシップをとっていたような夏秋復興住宅では，独居高齢者を戸別訪問したり，小さなイベントをする以外に，LSAがコミュニティづくりのダイナミックスにおける重要な役割を担うことは難しかったと言えよう。しかし，冬山復興住宅のLSAには，もっと大きな役割ができる潜在性が観察された。

どちらにしても，LSAだけで，いたわりのあるコミュニティづくりができるわけではないが，住民と一緒に働くためにコミュニティにすでに配属されているLSAは，重要な人的資源となることができるはずである。

日本は健康への意識が高い社会である。健康促進活動はコミュニティづくりのための道とみられた。高齢者によっては，普段の生活で話をするのは，医者と看護師だけという人もいた。健康促進活動は，行政が地域社会と連携する手段をみつけやすいアプローチの方法であった。地域コミュニティが機能しているところでは，行政はわりあい自由に健康促進活動を行うことができた。一方，健康促進活動を行うことが，日本のような健康志向の高い社会ではコミュニティづくりの過程の一部にもなりえたので，このような活動は，行政・地域社会のいずれにも利益があるものである。

ジェンダーとコミュニティ

コミュニティ管理の役割と実際の仕事は，主に女性によって行われ，一方，正式なコミュニティ・ポリティクスの役割は，主に男性によって司られる（Moser, 1993）。

本研究は，地域コミュニティの運営では男性が女性を支配するという考えに疑問を投げかけた。政策形成過程において，女性の役割はボトムアップアプローチをするに重要である。女性の参加は，地域レベルのニーズを直接に政策に反映させる際に強みを持つ。コミュニティづくりは，女性のグループが大きな役割をもつとき成功しやすい。男性がコントロールすると失敗するという意味ではないが，夏秋復興住宅の活動が活発で目立っていたのは，S夫人が伝統的な男性の役割と女性の役割の両方を担っていたことが大きな要

因と考えられる。

日本社会におけるコミュニティ活動と管理のジェンダー役割分担の変化は，夏秋復興住宅でリーダーシップをとっていたＳ夫人と，冬山復興住宅でリーダーシップをとっていたＴ氏の比較によって観察された（第6章）。

住まいのタイプとサイズ

住まいのタイプは，本研究で筆者が考察した経験からすると，コミュニティづくりの大事な決定要因の1つである。住まいのタイプは社会的支援ネットワークをつくることに関連性を持っている。高層マンションビル群様式などの特別な住居環境における，コミュニティの設定は，高齢者の日々の習慣や活動を変える影響を持つ。復興住宅は現代的な整備された住まいであるにもかかわらず，復興住宅に住む高齢者たちは孤立や孤独といった問題を訴えた。

高層マンションビルは高齢者たちの健康的なコミュニティをつくるのにふさわしくなかった。長屋タイプではない高層で頑丈なつくりは，隣人とのつながりを難しくした。特に独居高齢者たちは，復興住宅において友達をつくるのが難しかった。

住まいによらず，老年期に近所の人と友達になるのが難しいのは，都市部の生活スタイルの性質であったり，都市化の結果でもあったりする。震災の前にも独居高齢者はいたが，彼らはコミュニティのなかに住んでいた。下町の平屋では，復興住宅での生活のような孤独感を感じることなく独り暮らしをすることができた。

本研究のケースでは，復興住宅でのコミュニティづくりは，多数のお互い見知らぬ人同士がほぼ同時期に突然入居することになったので，余計に難しかった。高層マンションビルが立ち並ぶなかに住む，数百世帯，時には千世帯以上が，短期間に1つのコミュニティをつくろうというのであるから，困難は当然であった。住まいの複合体の全体的なサイズはコミュニティ形成の変動過程（dynamics）に影響を及ぼす（Power, 1999）。大規模な住まい計画のもとでは，筆者のエスノグラフィーでのフィールドワーカーたちも，行政も，メディアも，同様にコミュニティづくりの難しさを論じていた。高齢者

は高層マンションビル群で他の住民と友達になるのは難しいと感じていたし，LSA や民生委員も，膨大な数の住居世帯数を担当するのは難しいと感じていた。

巨大な高層マンションビル群は，震災後の住まいを確保するために行政が考え出した解決方法であった。このようなタイプの住まいを建てることによる解決は，行政のトップダウンアプローチの問題を論証しているともいえるかもしれない。大規模な高層マンションビル群の住まいを提供した戦後のヨーロッパ行政の経験からすでに世界が学んだはずの，「高層マンションは高齢者用の住まいとしてはうまく機能しないしコミュニティも形成されない」という教訓は，本研究のフィールドでは考慮されず，同じような問題を引きおこしたと言える。

復興住宅は高齢者のための老人ホームとして建設されたものではないが，シルバーハウジングと呼ばれる高齢者向きの住居もつくられ，バリアフリーデザインの世帯も部分的に地階に建設された。これらの世帯に入居した高齢者が亡くなる数年後には住民の平均年齢は若返り，他の公営住宅の様相に近くなるため，このような高齢者向けの世帯は不要となるとも見積もられている。それも含めて設計・建設されたものであり，高齢者のためだけに建造されたものではない。

本研究の事例研究では，高層マンションビル型の復興住宅は，コンピュータ化した風呂や緊急通報システムなど最新機能を完備した設計で安心して住めることを目指したが，それは住民の幸福につながらなかった。親戚や家族の心配は減ったかもしれないが，高齢者住民の幸福は増さなかった。住民の孤独感の問題を解決するためには，また違った種類の，すなわち，より人間的な建築とまちづくり計画に促されたさらなるソーシャルワークが必要であろう。

人口密集型のアジアの都市においては，世帯数の需要に対応するために，高層マンションビルの建設は避けられないものであるかもしれない。しかし，そのなかに，コミュニティで使用する共有の空間，芝生や植え込みなどの自然を感じられる空間，各世帯に閉じこもらない，外に出る生活スタイルを持つことを促す施設が併設されることが必要である。これは，すでに西洋

の経験から得られた教訓としても報告されている (Gilloran, 1968 ; Krieger and Higgins, 2002)。

　Gilloran (1968) は，主に幼い子供たちの視点から住まいについて論じているが，一方でこうも述べている。「高齢者についても同じである。高層マンションビルの上の階で，空中に浮いたように，限られたライフラインはエレベーターのみ──それが動けばの話だが──では，いくら空の景色が良くても，ほとんどのものは恐怖感に襲われ，しばしば孤独感を経験し，それが繰り返し強まると，人はあらゆることができなくなってしまう」。Gilloran (1968) はまた，人が高層マンションビルに住むためには，住まいの外に趣味を持つための方法や機会を社会が供給する必要があり，また，近隣の人との人間関係づくりやコミュニティのスキルを育てる必要があると論じている。本研究で観察した夏秋復興住宅や冬山復興住宅は，そのような機会やコミュニティ活動を育てようとしていた。

　住まいやまちづくりの方策は，ボトムアップアプローチで出てくるほうが理想的であるが，大規模高層マンションビルの建設は，トップダウンアプローチを反映している (Power, 1999)。しかし，理想的な低層の住まいの建設が可能な都市ばかりではない。大規模な建築が主流であるアジアの都市における大規模高層マンションビル群の環境は，低層の住まいが一般的な西洋ほどには，そのコミュニティ感覚の欠如などへの感情的及び精神衛生的影響は大きくないかもしれない。高層か低層かなど住まいの様式の精神的健康への影響に関しては西洋の研究には文献があるが，アジアではまだあまり研究されていない (Forrest et al., 2002)。

　本研究においては，神戸の復興住宅の建設計画に伴って生じた高齢者の問題を提起しているが，それらの問題のいくつかは経時的に解決されるかもしれない。さらなる研究が必要で，現時点で結論付けることはできない。

第2節　さらなる研究の必要性

　震災のあとの復興過程において，神戸市は，地域コミュニティとの協力によって被災者の生活に対するいたわりのあるコミュニティを作るために，地

域行政が特別のイニシアティブを示した最初の例となったとも言える。この事例をさらに研究する必要がある。

今後の研究では，日本の伝統的社会における小規模のコミュニティでうまく機能してきた自治会制度が，高齢化した大規模コミュニティでも機能するにはどうしたらいいのかを研究する必要がある。個々の自治会どうしの協力が，活発なまた活発でないさまざまな地域コミュニティにわたって，コミュニティづくりをどのように促すかも今後の課題である。

日本社会の仮設住宅や復興住宅という限られた設定の中だけでも，コミュニティづくりのダイナミックス，主なアクターたちは，それぞれのコミュニティによって違う様相を示した。他の国のちがった社会制度，政治，文化，価値観のもとでは，よりさまざまな経験がなされているであろうし，また，そのなかでも共通する，普遍的なコミュニティづくりの特徴も見出せるであろう。たとえば，中国の高齢化する社会での地域コミュニティづくりとの比較研究は，新たな面白い所見を提供してくれるであろう。中国社会においても，メディアや学者から注目を浴びている分野である（中国人民日報，2004年11月）。

さらに，より広い視野で，高齢化社会での介護における官と民の，そして国家・地方・地域各レベルの責任区分，高齢化社会で高齢者が独立した生活を営むことができるためのケア・支援の，コミュニティ，家族，個人の責任区分等について考察する必要がある。

震災は，低所得層の存在を表面化した。住まいによる社会階層の極化現象は，日本の現代社会のコミュニティの特徴に格差社会を表面化する新しい要因をつくり出した。住まいの階層による極化現象についても，コミュニティづくりのダイナミックスとともに，高齢化社会における高齢者のケアと支援の，行政と個人の責任区分といった前述の点と併せてさらなる考察が必要である。それぞれの階層には，違った公的支援やプライベートセクターの働きが必要であるかもしれないし，その働きについて，適切なバランスが異なっていることもありうる。

同じ行政管轄下に，極化した両極端のコミュニティが存在する場合はどのようにバランスをとるべきであろうか。裕福な地域は，貧困地域のコミュニ

ティづくりを助けることができるのか，あるいは，同じ行政区域であっても，それぞれのコミュニティは隔離されてしまうのか。比較的，人種的に均一な日本社会においては，後者のような状況は多民族国家ほどは顕著でないだろうが，現代日本社会の所得格差も拡大傾向にあり，さらなる研究が必要である。

年金，社会保障制度の精神的心理的影響について，特に，低所得高齢者層への影響についての研究が今後必要となる。これは，筆者がこの研究をはじめる際に調べたかったことの1つであるが，第3章で述べたように，実証できるデータを収集し調査することができなかった。

人が生活保護など公的扶助を受けるようになる要因は，その人がその人生において社会に貢献してこなかったということではなく，その活躍の場が公的セクターでなかったりして，年金受給資格をうまく積み上げることができなかったということであったりする。たとえば，第1章で見たように，女性の多くは公的セクターで終身働いていないため，十分な年金を受給できないことがある。

本研究で得た所見から，新たな研究上の問いかけが生まれた。たとえば，ジェンダーの役割や，家族の役割と構成に影響を与えるさまざまな法制度と社会保障制度を含む，多様な社会文化設定の，高齢化人口の心理的精神的健康への影響についてなどである。

低所得層の孤独と精神保健の関係，貧困の孤独に対する影響も，今後，研究上の問いかけになる。もし，貧しくて客にお茶を出すことができない，おもてなしができないとなれば，その人は他人へのホスピタリティーを示す機会がないということになる。このことは，友人と過ごす時間をもてるか，友達をつくれるか，孤独でいるかを分ける要因となる。

貧困は，孤独が生まれる一因になるかもしれない。貧困状態にある人が社会的ネットワークを築くことは難しい。高齢者の経済的状況がよくなければ，それが原因となって子供たちとの関係が悪くなることがある。第7章では，年金の孤独感への影響について少し述べたが，さらなる研究が必要である。

1985年のメキシコでの震災で，多くの非政府団体（NGO）が生まれ，ボ

トムアップアプローチをとるコミュニティ活動イニシアティブが起きた。メキシコの社会文化コンテクストでは，キリスト教会がいつも存在し，教会を基盤とするNGOが生まれた。この震災では，公立学校や住まいが最も被害を受け，パブリック公的セクターによる手抜き工事に関連した腐敗が明るみに出たといわれた。

メキシコではこの震災の年はNGO元年といわれ，同様に神戸でも震災の年がボランティア元年といわれた。震災のような災害が市を襲ったとき，対応過程で，NGOなどの機関が結成される。プライベートセクターとパブリックセクターのパートナーシップの発展が高齢化社会に対応するための条件と考えられているし，その過程の研究ももっと必要である。

第3節　本研究の独創性（originality）と知への貢献（contribution to knowledge）

本研究のオリジナリティーは第1に，メディア資料の収集とその分析にある。日本社会でメディアは重要であり，孤独感や「孤独死」についてのメディア報道の分析は社会政策に密接なかかわりがある。ケーススタディの一部をなすメディア資料のディスコース分析は，この研究の独創的なものである。

社会政策研究において，メディアの重要性は過小評価されてきた。しかし，実際にはメディアは日本の政策形成に重要な役割を持つ。

第2に，本研究では兵庫県健康調査報告書の二次分析を初めて行った。特に，報告書に欠けていたジェンダーの焦点を取り入れたことは独創的であると言える。

また，本研究は，英語質的データ分析ソフトNVivoを日本のコンテクストによるフィールドワークのケーススタディに応用した初の研究である。

本書の現在の知への貢献としては，筆者独自のディスコースと比較しながらの，メディアのディスコースの解釈がある。さらに，孤独死，連携，ふれあいなどの震災用語にもディスコース分析を行った。

高齢者の再定住のコンテクストにおけるコミュニティづくりの鍵となる要

終章　本事例研究のまとめ

因を，リーダーシップ，ジェンダー役割，存在する資源の動員，共に働くこと，公衆衛生・健康促進活動などの点から分析した。日本は，健康志向の高い社会であることも分析から示された。成功のめやすのいくつかの要因も分析され，ハードからソフトへ，そして身体的問題から精神的問題への焦点の転換が同定された。

また，本研究では，独居高齢者に特に留意しながら，孤独感と，家族が完全欠如した事例のケーススタディとしての「孤独死」について分析した。筆者は，批判老年学の視点から従来の考え方に疑問を投げかけている。その考え方とは，第1に，独居高齢者が，若い世代の介護や支援を必要とする最も脆弱性の高い社会的弱者であるというもの，第2に，高齢者は生活のスタイルを変えることが難しいので，住まいの変遷は高齢者に対して悪い影響を与えるというものである。またコミュニティの政治におけるジェンダーの役割においては，男性が女性を支配しているという考え方にも，批判社会学の視点から疑問を投げかけている。

本研究は，震災前に，伝統的に組織化された地域コミュニティに住んでいた人たちが，技術的には現代化された住居環境に再定住したが，社会生活を一から作りあげるという日本社会での新しい試みに直面し，効果的な方法がすぐに見つかるわけではなかったという状況について議論している。復興住宅という住民の高齢化の進んだ高層マンションビル群におけるコミュニティづくりと，S夫人のような革新者が，助け合うコミュニティをつくるために伝統的な民生委員という制度のうえに新しい方法を作り上げていく方法などのケーススタディを考察した。その結果，民生委員という制度を，大規模で，独居高齢者の割合が高いという新しい特徴をもった新しいコミュニティに応用していたことが明らかになった。

震災の中長期的影響を考察したことも，本研究に特徴的な知への貢献である。震災など自然災害の被災地に関する報告書は，対象とする期間が，その災害から3年以内のものがほとんどである。

おわりに

　本研究の目的は自然災害に続く過程を考察することであった。このような過程は，同じような他の災害にも起こりうることであるが，サイズにしろ，過程にしろ，一般化を試みるものでは決してない。大規模な自然災害の複雑さは，多くの共通要因を示しもするであろうが，個々のケースがそれぞれ独特のものである。

　この研究の特徴として，支援をうけていない高齢者に光を当てた。彼らは，おそらく，被災地に以前から住んでいた人々であろうが，低所得者層であり，メディアや世論に注目されていなかった。阪神大震災は，この人たちに一番影響を与え，彼らは仮設住宅に集められたことによりその存在が表面化し，世間から注目された。そこに，メディアが入ってきた。

　老年期に1人で生活をすることは，日本の高齢者の関心事である（Hashimoto, 1996）。元気なときはそれほど問題でもないが，もし，何かあったとき，独り暮らしは問題となる。緊急のときに頼れる連絡先として，家族か，それに代わる何らかのサービスが必要である（2000年1月11日，NHK，「震災から5年」）。

　高齢者，それも独居高齢者の割合が高い高層マンションビル群において，ケア・介護のある，支えあう地域コミュニティづくりをいかに行うかについて，このケーススタディの主な焦点は，行政と，ボランティアを含む地域の人々との連携にある。連携を通して，コミュニティは活用可能な資源を同定し，探し出し，アクセスし，より上手に活用することができる。

　今回のケースは，高齢者，特に独居高齢者の割合が高い住民が，大規模な高層マンションビル群である復興住宅に入居し，コミュニティづくりをはじめた段階では，数々の問題があげられるとしても，行政の支援も地域の対応も，全体的に良い仕事がなされたといえる。しかし，これからより多くの対応がなされなければならない。また，この経験から学んで，主なアクター（行政，地域コミュニティ，市民社会）は，もし同じような機会があれば，より適切な対応ができなければいけない。

終章　本事例研究のまとめ

高層マンションビルの復興住宅にはいろいろな問題があった。しかし，研究の期間が限られているので，それが建築による問題なのか，一時的な問題なのか，ソーシャルワークの不足による問題なのかは結論づけることができない。本研究の時期に問題として考察されたことも，時間が経てば解決するかもしれない。

しかし，建造物そのものは変わらない。都市部の限られたスペースにおいて，現代的な高層マンションビル群を建てる以外に，被災者全員に住居を提供できる選択もなかなかない。現実的には，震災前と同じ，戦前からの長屋のような住居を建てるわけにはいかない。耐震の基準も上がった。区画整理も見直された。同じような震災があっても対応できる新しいまちづくりも必要であった。

供給された復興住宅は十分に計画されたものとはいえない（Hirayama, 2000）。そのような住居環境でも，さまざまなコミュニティづくりが試みられた。いろいろなコミュニティ活動は，高齢者，特に独居高齢者にターゲットを当てていた。しかし，独居高齢者は，コミュニティのネットワークに組み込まれて活発となり，むしろ，家族がいるものが，家に閉じこもるという可能性も否定できない。独居女性高齢者は，独居男性高齢者よりももっと活動的であるため，独居男性高齢者がリスクグループとして見られた。どちらのジェンダーにしろ，独り暮らしはそれ自体が問題ではなく，むしろ，長期的な自立した生活の実現として，成功例とも見られるべきものである。

本書の結論は，日本社会も他の多くの社会も高齢化という同じような人口学的変化を経験しているため，今後は家族以外の支援制度の確立が必要となり，孤立化した高齢者たちのコミュニティ活動を励ますような，未来の住まいの提供を考えなければならないというものである。家族によるケア（family care）や社会的団結（social cohesion）は，女性が犠牲になるという前提に頼ることがあってはならず，新しい方法が緊急に必要である（Wilson, 2000：168）。これは，日本社会においても大いに必要とされていることである。

本書のさらなる結論としては，災害は，脆弱性の高い高齢者，特にお金も家族もない人々に，長く引きずられる出来事となったということである。行

政の調査とメディアはそれぞれ，被災地で何が起きているかに対して独自の解釈があり，対してフィールドで働く人々にも，彼ら・彼女ら自身の意見があり，また，それぞれの古い偏見もあったことが示された。

　近年，高齢者の孤独感の問題が，より関心を得るようになった。1982年のウィーンでの第1回国連エイジング世界総会から20年後の2002年に，マドリッドで第2回世界総会が行われた。マドリッドの国際アクションプランで新しく加わった課題は，孤独・孤立化，家族や介護者による高齢者の無視，高齢者に対する虐待であった。これらの課題を受け，高齢化社会に関するさらなる研究が必要である。

巻末付録

巻末付録

付録 3-1-1：フィールドノーツリスト

観察場所	日付	時間	字数（英語 words）
春山仮設住宅 (仮名)	1998 年 4 月 3 日	8：00 - 17：00	2062
	1998 年 9 月 3 日	8：00 - 17：00	2400
	1998 年 11 月 18 日	10：00 - 17：00	3264
	1998 年 11 月 25 日	10：00 - 17：00	1708
	1998 年 12 月 2 日	10：00 - 17：00	1007
	1998 年 12 月 9 日	10：00 - 17：00	1400
	1998 年 12 月 16 日	10：00 - 17：00	1059
	1998 年 12 月 23 日	10：00 - 19：00	798
	1998 年 12 月 30 日	10：00 - 17：00	596
	1999 年 1 月 9 日	10：00 - 17：00	1043
	1999 年 1 月 13 日	10：00 - 17：00	432
	1999 年 1 月 27 日	10：00 - 17：00	954
	1999 年 2 月 24 日	10：00 - 17：00	2750
西神第七仮設住宅	1998 年 9 月 4 日	9：00 - 17：00	1700
夏秋復興住宅 (仮名)	1999 年 2 月 4 日	11：00 - 13：40	6863
	1999 年 2 月 5 日	11：30 - 13：40	3633
	1999 年 2 月 15 日	10：40 - 14：10	4544
	1999 年 2 月 16 日	10：00 - 13：00	6944
	1999 年 2 月 25 日	10：00 - 11：20	2976
	1999 年 7 月 8 日	13：00 - 18：00	3568
	1999 年 7 月 9 日	10：00 - 12：20	6364
	1999 年 7 月 17 日	10：30 - 14：30	3756
冬山復興住宅 (仮名)	1999 年 2 月 9 日	9：30 - 11：20	4598
	1999 年 2 月 19 日	9：00 - 12：10	6097
	1999 年 2 月 25 日	12：00 - 13：20	3208
神戸復興住宅	1999 年 6 月 1 日	15：00 - 20：00	2807
灘復興住宅	1999 年 6 月 10 日	10：00 - 16：00	1905

付録 3-1-2：典型的なフィールドワークの一日

春山仮設住宅での茶話会

7：00	a.m.	自宅を出る
8：20	a.m.	神戸三宮駅着
9：00	a.m.	神戸地下鉄西神南駅着
10：00	a.m.	春山仮設住宅着
		春山仮設住宅ふれあいセンター開錠，茶話会準備
12：00		ランチ
1：00	p.m.	ボランティアとして茶菓子をサーブする
3：00	p.m.	茶話会終了
		ふれあいセンターの掃除
4：00	p.m.	スタッフ・ミーティング
5：00	p.m.	ふれあいセンター戸締り，家へ

春山仮設住宅での戸別訪問

7：30	a.m.	自宅を出る
8：45	a.m.	阪急梅田駅神戸線ホームで保健師と待ち合わせ
		車中話を聞きながら神戸に向かう
10：00	a.m.	春山仮設住宅着
		戸別訪問
12：00		ランチ休憩後
		戸別訪問
4：00	p.m.	春山仮設住宅を去り，家へ

夏秋復興住宅での健康促進と茶話会

7：50	a.m.	自宅を出る
10：00	a.m.	夏秋復興住宅集会所着
		茶話会の観察
12：00		キーインフォーマントへのインタビュー
1：00	p.m.	終了，家へ

夏秋復興住宅での茶話会

8：00	a.m.	自宅を出る
10：20	a.m.	神戸地下鉄西神南駅着，周辺部を歩き観察
11：00	a.m.	復興住宅集会所着，周辺の様子を見る
		掲示板の情報などを書き留める
11：30	a.m.	人々が集まりはじめる

1：00	p.m.	カップ洗い，掃除の手伝い
1：45	p.m.	終了，家へ

夏秋復興住宅でのミニデイケアサービス
8：20	a.m.	自宅を出る
10：40	a.m.	復興住宅集会所着
11：00	a.m.	ミニデイケア開始
		体操
11：30	a.m.	ランチ
12：30	p.m.	ゲーム
1：30	p.m.	午後の紅茶
2：00	p.m.	歌を歌う
3：00	p.m.	プログラム終了
		掃除
3：30	p.m.	家へ

夏秋復興住宅での誕生会と友愛訪問
1：30-3：00	p.m.	月の誕生日会
3：30	p.m.	スタッフミーティング（畳の部屋）
4：00	p.m.	友愛訪問
5：15	p.m.	終了，家へ

冬山復興住宅での朝食サービス
7：15	a.m.	自宅を出る
9：00	a.m.	冬山駅着，周辺の観察，写真撮影
9：20	a.m.	カトリック教会の祈り開始
9：30	a.m.	朝食サービス開始
11：10	a.m.	キーインフォーマントへのインタビュー
12：30		去る

冬山復興住宅での健康促進活動
12：00		復興住宅集会所着
12：15	p.m.	健康促進活動プログラムを観察
2：00	p.m.	プログラム終了

付録 3－1－3：インタビューノート

	場　所	人	日　　時	字数 (英語words)
神戸市保健福祉部部長	部長室	Y部長とその他職員3人(保健課長，総務課長，経理課長)	1999年1月26日 11：00 a.m.から 12：00まで (1時間)	2877
民生委員 夏秋復興住宅	夏山復興住宅集会所	P氏 S夫人	1999年2月4日 11：00 a.m.から 12：00(1時間)	2976
冬山復興住宅自治会長	冬山復興住宅集会所	T氏 LSAs　2人	1999年2月9日 9：45 a.m.から 11：10 a.m.まで (1時間25分)	4598
冬山復興住宅のLSA	冬山復興住宅LSA事務所	Dさん（女）	1999年2月10日 11：10 a.m.から 12：10 p.m.まで (1時間)	1897
秋山復興住宅自治会長	秋山復興住宅集会所	R氏（自治会長）	1999年2月16日 11：45 a.m.から 13：00 p.m.まで (1時間15分)	3135
NHK神戸TVリポーター	NHK神戸の傍のイタリア料理店	Yさん（女）	1999年5月31日 12：30 p.m.から 14：15 p.m.まで (1時間45分)	1913
神戸新聞記者	神戸新聞社	Iさん（女）	1999年6月10日 17：00 p.m.から 18：00 p.m.まで (1時間)	1780
芦屋の老人ホーム施設長	老人ホーム	M夫人（施設長）	1999年7月22日 10：00 a.m.から 14：30 p.m.まで (4時間30分)	7749

付録 3-2：テレビ報道，1999 年 1 月の波のリスト

1. 1998/11/24 Tue/18：35　読売テレビ　ニュース
2. 1998/12/05 Sat/18：10-18：40　NHK　発信基地'98「支えあえる住まいを求めて」震災 4 年を前に高齢者の選択 Searching for housings which we can support each other : Choice of elderly people at the time when soon will be the fourth year after the Earthquake (Recorded in video tape)
3. 1998/12/17 Thu/23：15-23：45　NHK 教育　男と女の生活学「人間と住まい」Human beings and Living 中島明子　目白女子学園短大
4. 1998/01/08 Fri/21：30-22：00　サンテレビ　EYE f「仮設 3 年・復興住宅で新年」Three years in temporary shelters and a New Year at a public reconstruction housing
5. 1999/01/10 Sun/18：30-19：00　サンテレビ　フェニックス兵庫・震災復興「創造的復興に向けて」Towards the creative post-Earthquake Reconstruction
6. 1999/01/10 Sun/23：15-23：40　NHK　新日本探訪「鍋に願いをかよわせて」神戸・長田　震災 4 年・避難所の炊き出し　鍋に再び集う人の輪 "Make a with on Nabe (cooking pot)" Kobe Nagata 4th year gathered around the nabe used at a evacuation centre at the time of the Earthquake
7. 1999/01/10 Sun/24：15-24：45　読売テレビ　NNN ドキュメント'99「震災から 4 年」NNN Document 99 Four years after the Earthquake
8. 1999/01/11 Mon/17：40-　サンテレビ　夕方いちばん　震災シリーズ(1)断層が伝えるあの日の記憶・北淡町　震災記念公園からの中継 Earthquake Series (1) Memorial Park
9. 1999/01/11 Mon/17：54-　関西テレビ　スーパーニュース関西　18：30-　シリーズ震災 4 年(1)退去期限は 3 月——今も 5,800 世帯が仮設で暮らす現実 Earthquake year 4 Series (1) Expiration date for leave is March — The fact Still 5,800 households are living at a temporary shelter
10. 1999/01/11 Mon/16：05-　ABC テレビ　ワイド ABCDE―す　18：00-　震災から 4 年 Four years after the Earthquake
11. 1999/01/11 Mon/18：00-　NHK　ニュースパーク関西　震災 4 年・最後の仮設住宅 Four year after the Earthquake, the last temporary shelters
12. 1999/01/11 Mon/18：30-　毎日テレビ　ナウ「1．17 あの日を刻む——神戸の経済は復興したのか．徹底調査」Remember 1．17 — Has the economy of Kobe been recovered?
13. 1999/01/11 Mon/18：23-　読売テレビ　ニューススクランブル「仮設の暮らし(1) 5 年目の証言 "決断は間違っていなかった"」Living at a temporary shelter (1) Testimony to the fifth year　18：30-18：32　定期調査地点の現状報告 Report of the current situation　18：35-「仮設住民は誰が何を考えながらつくったのか」Who

created temporary shelter residents with what kind of thoughts
14. 1999/01/11 Mon/21：30 -　サンテレビ　Eye f「被災高齢者励ます料理教室」Cooking class to cheer up elderly people living in a temporary shelter
15. 1999/01/12 Tue/11：30 -　noon　スクエア　主婦の作った震災映像 Filmed by a housewife
16. 1999/01/12 Tue/17：40 -　サンテレビ　夕方いちばん　震災シリーズ(2)取り壊されたケア付き仮設のその後 Earthquake series (2) What after the break-down of the special temporary shelter with special care system for elderly people and disabled people
17. 1999/01/12 Tue/17：54 -　関西テレビ　スーパーニュース関西　18：30 -「住宅優先の再開発計画で忘れ去られたもの——"廃業"を迫られた商店主の訴え」What was left behind by the reconstruction plan with a priority on housing... Appeal from a shop owner who had to close his business
18. 1999/01/12 Tue/16：05 -　ABCテレビ　ワイド ABCDE一す　18：00 -
19. 1999/01/12 Tue/18：00 -　NHK　ニュースパーク関西「震災を記録する」Record the Earthquake
20. 1999/01/12 Tue/18：30 -　毎日テレビ　ナウ「新工場を作りたい…"震災特例"にかけた工場主の夢と現実」Want to make a new factory...The dream and the reality of a factory owner who risked with a special plan, 'Earthquake Special Exception'
21. 1999/01/12 Tue/18：23 -　読売テレビ　ニューススクランブル　「仮の暮らし(2)殺してくれ——三度目の冬ついに父はこう言った」Temporary living (2) Kill me — in the third winter Father begged his son
22. 1999/01/12 Tue/21：30 -　サンテレビ　Eye f「三月末で仮設住宅は…」The end of this March the temporary shelter will expire
23. 1999/01/12 Tue/23：00 -　NHK　ニュース 11「震災から 4 年　動きだした病院間情報網」Four year after the Earthquake — Hospital information network system started to function
24. 1999/01/12 Tue/23：35 - 23：45　NHK　明日を読む　神戸 4 年目の冬 Fourth winter of Kobe
25. 1999/01/13 Thu/17：40 -　サンテレビ　夕方いちばん　震災シリーズ(3)行政との対立　いえぬ住民の思い Earthquake Series (3) Disagreement with public administration — Feelings unexpressable by the residents
26. 1999/01/13 Wed/17：54 -　関西テレビ　スーパーニュース関西　18：37 - 18：47（Recorded Video Vol.1-11）バリアフリー住宅を生活援助員が巡回—被災地が目指す住宅ケアの理想型 Life Support Advisor (LSA) visits around (patrol) a Barrier-free housing — An ideal type housing with care that disaster-affected area try to realise through the experience
27. 1999/01/13 Wed/16：05 -　ABCテレビ　ワイド ABCDE一す　18：00 -

28. 1999/01/13 Wed/18：00- NHK ニュースパーク関西 震災企画・県外被災者の4年 Four years of those who lost their house at the Earthquake and now living outside the Prefecture (Recorded Video vol.1-9)
29. 1999/01/13 Wed/18：30- 毎日テレビ ナウ「グループホーム 老後安心して暮らせる住まい──仮設からの提言」Group Home, a housing good for aged people ─ suggestions from experiences at temporary shelters, 再放送 筑紫哲也 NEWS 23
30. 1999/01/13 Wed/18：23- 読売テレビ スクランブル「笑顔見たくて見せたくて──少女が神戸で見つけた小さな喜び」
31. 1999/01/13 Wed/21：30- サンテレビ Eye f
32. 1999/01/13 Wed/22：00- ABCテレビ ニュースステーション 22：55-23：10 3日間シリーズ 3 day series of Earthquake「閉ざされた空間 被災者 終の住みかで」Closed space ─ the final housing of the Earthquake evacuees (Recorded Video vol.1-13)
33. 1999/01/13 Wed/23：15- 毎日テレビ 筑紫哲也 NEWS 23
34. 1999/01/14 Thu/11：45-11：55 スクエア「震災4年：今生き方は」Live for what
35. 1999/01/14 Thu/17：40- サンテレビ 夕方いちばん 震災シリーズ(4)菅原市場再建の苦闘 ジャーナリスト黒田清が語る Earthquake Series (4) Struggle of Sugahara Market Reconstruction Reported by Journalist Kuroda
36. 1999/01/14 Thu/17：54- 関西テレビ スーパーニュース関西 18：30-「"仕事がない"復興をはばむ不況 ─ 仮設工場からの報告」ケミカルシューズ工場取材 'No job' Economic depression prevents post-Earthquake Reconstruction ─ Report from a temporary factory : Chemical Shoes Factory
37. 1999/01/14 Thu/16：05- ABCテレビ ワイド ABCDE一す 18：00-
38. 1999/01/14 Thu/18：00- NHK ニュースパーク関西「被災地ボランティアは」the situation of Earthquake area volunteers
39. 1999/01/14 Thu/18：30- 毎日テレビ ナウ「きずなを生かしたい──高齢者生活再建とコレクティブハウス」Wants to maintain the relationships ─ Life reconstruction of old people and Collective housings
40. 1999/01/14 Thu/18：23- 読売テレビ ニューススクランブル 「仮の暮らし(1)また来て下さい 住まい変われど老いて一人 高齢者と我が家」Temporary Living (1) Please come again Although moved to a permanent housing, I am aged and alone-Old people and my home (Recorded Video Vol.2-2)
41. 1999/01/14 Thu/19：30-20：00 NHK 教育 共に生きる明日「震災が変えた靴作り」Earthquake changed my shoe making (Recorded Video Vol.2-3 30 min)
42. 1999/01/14 Thu/21：30- サンテレビ Eye f「兵庫県内の全市町の町並みを描く」Scenery of towns in the Hyogo Prefecture
43. 1999/01/14 Thu/21：30-22：00 NHK クローズアップ現代「孤立する高齢者たち 復興住宅からの報告」Isolated old people ─ Report from a public reconstruc-

tion housing after the Earthquake（1998年12月5日の再放送）震災4年 (Recorded Video Vol.3-3 30 min)

44. 1999/01/14 Thu/23：00‐23：20　NHK衛星第1放送（BS 7）ハロー日本われら地球人「震災をわすれないで」Remember the Earthquake (Recorded Video Vol.3-4 20 min.)

45. 1999/01/14 Thu/20：54‐　毎日テレビ　筑紫哲也NEWS 23 23：20‐「老いを看る―仮設からの提言」Care the aged — suggestions from a temporary shelter（MBS 1/13　18：30‐　ナウの再放送）

46. 1999/01/15 Fri/18：10‐18：45　NHK　ホリデー日本「しんどいけど頑張ろや　阪神大震災復興支援工場」I know it is hard but let's go for it. The Hanshin Earthquake Reconstruction Support Factory (Recorded Video Vol.2-6 45 min.)

47. 1999/01/15 Fri/17：54‐　関西テレビ　スーパーニュース関西　18：30‐「市民が伝える1月17日・追悼の思い」Memorial by people「被災地に高校生ボランティア」High school volunteer visits a temporary shelter

48. 1999/01/15 Fri/16：05‐　ABCテレビ　ワイドABCDE一す　18：00‐「仮設の方がずっとよかった」Living at a temporary shelter was much better than at a public reconstruction housing「なぜお酒に　アルコール依存症」Why Alcoholism

49. 1999/01/15 Fri/22：50‐　ABCテレビ　ニュースステーション「あれから4年(3)震災遺児たちの心に虹を　遂に完成レインボーハウス」Four years after the Earthquake (3) Rainbow to the Earthquake orphans : Finally the Rainbow House has been built

50. 1999/01/15 Fri/23：10‐23：20　テレビ大阪　WBS「震災4年…全壊マンションの地獄…神戸ルポ」Four year after the Earthquake : Hell of the destroyed flat buildings (Recorded Video Vol.3-8 10 min.)

51. 1999/01/15 Fri/21：30‐　サンテレビ　Eye f

52. 1999/01/15 Fri/20：54‐　毎日テレビ　筑紫哲也NEWS 23 23：30‐「総特集…震災それから」黒田清

53. 1999/01/15 Fri/21：12‐　桂文珍　ポートアイランド仮設　HAT神戸 (Recorded Video Vol.4-1) Port Island Temporary Shelter, HAT Kobe Reconstruction housing

54. 1999/01/16 Sat/18：10‐18：40　NHK　発信基地'99「活動を続けたい　震災4年目ボランティアの現状」(Recorded Video Vol.4-2 30 min.) The situation and difficulties the Earthquake volunteers face in the fourth year

55. 1999/01/17 Sun/01：43‐　ABCテレビ　テレメン「震災5年目　仮設の絶望　見捨てられ行く人々」In the fifth year of the Earthquake.... Desperation of temporary shelter...people left behind

56. 1999/01/17 Sun/02：41‐05：30　サンテレビ　1.17震災―震災報道この一年（ニュースEYEランド＆EYE f　再放送）Re-broadcasting of the programmes

aired in the past one year (Recorded Video Vol.5-1)「神戸靴・くららベーカリー」(Kobe Shoes, Bakery factory of the disabled people) (98.7.14 放送);「レンガ小路」(Brick Street)(98.2.27 放送);「県外避難者の分」(Out of the Prefecture evacuees) (98.2.25 放送);「戻りたい」(Wish to return) (98.11.4 放送);「生きて仮設を"命の重み"」(Leave the temporary shelter ALIVE, not dead, "The heaviness of Live") (98.11.10 放送);「関東在住被災者のこれから」(Future of the evacuees who now live in East Japan (Tokyo area)) (98.11.11 放送);「誘致に全力・神戸港に船は戻るか」(Efforts to get the customers back to the KOBE port) (98.8.6 放送);「震災をこえて」(Over the Earthquake) (98.11.19 放送);「心の復興を・劇団『愛・サーカス』」(Recovery of Mind, theatre "Love and Circus") (98.6.12, 8.7 放送);「全国初ペットが飼える公営住宅」(The first public housing allowed to keep an animal pet in Japan) (98.12.14 放送);「被災地の思いを詩とエッセイにたくして」(Poem and essay of the feelings of the Earthquake sufferers) (98.2.12 放送)

57. 1999/01/17 Sat/03:32 - 05:15 読売テレビ 報道特集 映像でつづる阪神大震災 全てを記録 Films from the Earthquake
58. 1999/01/17 Sun/06:00 - 07:00 サンテレビ 再生の道 The road to reconstruction 映画「人間のまち―野田北部 鷹取の人々」Film "Town of human beings...People in Takatori"
59. 1999/01/17 Sun/10:00 - 11:00 毎日テレビ 1.17あの日を刻む「With…30人の証言―震災であなたの生き方はかわりましたか」Testimony of 30 people — Has your attitude to life changed after the Earthquake?
60. 1999/01/17 Sun/11:00 - NHK 阪神大震災からの4年「復興マップで被災地・神戸の今を徹底検証」Reconstruction maps
61. 1999/01/17 Sun/10:30 - 12:00 NHK 衛星第1放送 (BS7) 阪神大震災4年 新しい街づくりへの模索――どうつくる新しい暮らし」Four years after the Earthquake, Search for making a new town — how to make a new living
62. 1999/01/17 Sun/18:00 - ニュースパーク関西「特集・震災から4年」Special Report — Four years after the Earthquake
63. 1999/01/17 Sun/18:00 - 毎日テレビ 報道特集「震災4年――仮設最後の冬に」Four years after the Earthquake — the last winter at a temporary shelter
64. 1999/01/17 Sun/19:00 - サンテレビ 鎮魂 そして歩み III Requiem and Steps III「それぞれの4年・被災地からの手紙・復興住宅から問いかける」Each people's four years — letters from a temporary shelter resident — Questions from public reconstruction housings
65. 1999/01/17 Sun/21:00 - 21:50 NHKスペシャル「取り残された再建」Reconstruction Left Behind「震災4年・9兆円の復興資金はどこへ・暮らし戻る日は」Four years after the Earthquake, 9 trillion yen for reconstruction has been spent on what? When the living will come back?

66. 1999/01/17 Sun/22：00‐23：00　NHK衛星第1放送（BS 7）日曜スペシャル　写真家　熊谷武二 Photo Journalist Kumagai
67. 1999/01/17 Sun/24：15‐24：45　読売テレビ　ドキュメント '99「震災から4年」Four years after the Earthquake
68. 1999/01/17 Sun/24：20‐25：20　毎日テレビ　映像90「在宅介護」Home Care 震災4年・老人介護は今　Four years after the Earthquake — the current situation of care for elderly people
69. 1999/01/17 Sun/25：25‐26：29　読売テレビ　震災回顧③避難所物語　涙と別れ Remember the Earthquake 3 Evacuation Centre — Tears and Good-bye（1995再放送）
70. 1999/01/17 Sun/26：29‐27：00　読売テレビ　震災回顧④街づくりは誰の手に　揺れる避難所の市長選挙　芦屋市 Remember the Earthquake 4 City Reconstruction will be to whose hands — election of city major two months after the Earthquake — voting from an evacuation centre — Ashiya city
71. 1999/01/18 Mon/17：54‐　関西テレビ　スーパーニュース関西「みんなで新しい市場に引っ越したかったのに…震災5年目　それぞれの第一歩」We wanted to move back to our newly reconstructed market bazzar... fifth year of the Earthquake — each people's first step
72. 1999/01/18 Mon/18：23‐　読売テレビ　ニューススクランブル　店も家も失って4年いつかは必ず…　男60歳の負けてたまるか Lost my shop and lost my house. Some day... these four years.... I will.... I am a 60 year old man and I will not give up... I will not be a loser.
73. 1999/01/18 Mon/16：00‐　ABCテレビ　ワイド ABCDE一す　アメリカの防災対策　サンフランシスコ Disaster Prevention in the USA.... Sun Francisco
74. 1999/01/18 Mon/18：30‐　毎日テレビ　ナウ　震災5年目の街　あの日ここで…10キロウォークで見たもの Fifth year after the Earthquake.... Charity 10 km walk：what we saw... what were here
75. 1999/01/18 Mon/19：30‐　NHK教育　列島福祉「ケアハウスは老いを支えられるか　鳥取県」
76. 1999/01/18 Mon/22：00‐　ABCテレビ　ニュース ステーション「あれから4年　公的支援のはざま」Four years after the Earthquake — between public supports
77. 1999/01/18 Mon/21：30‐　サンテレビ　EYE f「震災5年目のボランティア活動」(Vol.6-5) Volunteer activities in the fifth year after the Earthquake
78. 1999/01/18 Mon/23：35‐23：45　NHK　明日を読む「震災と住宅再建への課題」Earthquake and issues of housing reconstruction (Vol.6-6)

1999年1月の波からはずれて放映されたもの
1. 1999/06/13　7：45‐8：00　NHK神戸「復興'99」(Reconstruction '99)

"The current situation of housings at the Earthquake-affected area" series. No. 2 Collective House

付録 3 - 3 :テレビ報道, 2000 年 1 月の波のリスト（英文タイトルのみ）

1. 2000/01/07/18:35 - Yomiuri TV Ch. 10 News Scranble. Long-term report of the troubles and events after the Earthquake... Five years of a disaster-affected.

2. 2000/01/07/17:54 - Kansai TV Ch. 8 SuperNews Kansai. Five years since the Earthquake ① The key to the life reconstruction is "relationship" with human beings

3. 2000/01/07/18:30 - ABC TV Ch. 6 Wide ABCDEsu. The reason why I cannot leave the temporary shelter

4. 2000/01/07/18:30 - MBS Ch. 4 Mainichi News Now. "Remember the day" ① Five years since left Kobe. Turning point for those disaster-affected now living outside the Prefecture.

5. 2000/01/07/Fri/21:30 - 22:00 Sun-TV Ch. 36 News EYE f. Two years in the public reconstruction housing. Towards the life reconstruction
   (1) Reconstruction Symposium. Each becomes independent
   (2) Life reconstruction: Case of Ms. Chieko Ueda. Two years since moved to her public reconstruction housing

6. 2000/01/09/Sun/07:45 - 08:00 NHK Ch. 2 Special Feature of post-Earthquake Reconstruction. Towards the fifth anniversary of the Earthquake

7. 2000/01/09/Sun/24:25 - 24:55 Yomiuri TV Ch. 10 "Document '00 Five years of a victim of the Hanshin Earthquake"

8. 2000/01/10/Mon/17:54 - Kansai TV Ch. 8 Super News Kansai. Five years after the Earthquake ② The end of the ninety years history of the Sugahara Market. What are they doing who supported the Market

9. 2000/01/10/Mon/18:23 - Yomiuri TV Ch. 10 Scramble. Five Years of the Nagata ward Taisho street Market.

10. 2000/01/10/Mon/18:00 - ABC TV Ch. 6 Wide 630 News. "Evacuation with the wheelchair"
    (Series of the fifth anniversary of the Earthquake to think about what left after

the Earthquake. Community development. To form town with prevention for the disaster with the special attention to the weak. What is the current situation of volunteers. What is the ideal life for old people. Series will continue until 17 of Jan (except weekend: 15 and 16).)

11. 2000/01/10/Mon/22:00-22:45 NHK Edu Ch. 12. ETV Special Feature. "Five years after the Earthquake. The path of mind since the morning. ① The day a junior high school student became a grown-up."
(This is the first one of series of three. Report the three generations who live in Kobe city Higashi Nada Ward Motoyama district. In this first report what was the experience of teenagers.)

12. 2000/01/10/Mon/21:30-22:00 Sun-TV Ch. 36 News Eye f. Disaster prevention learning from the Earthquake experience.

13. 2000/01/11/Tue/05:00- NHK Ch. 2 Good morning Japan. "Fifth year anniversary of the Earthquake. Turning point of the disaster-affected markets."

14. 2000/01/11/Tue/17:54- Kansai TV Ch. 8 Super News Kansai. Five years after the Earthquake ③ We will not forget small you.... Memorial parents built for their lost children.

15. 2000/01/11/Tue/18:23- Yomiuri TV Ch. 10 Scramble News. Memorize in the memorial ③ gifts from the stone JIZO (a guardian deity of children)

16. 2000/01/11/Tue/18:30- ABC TV Ch. 6 What the rescue dogs are doing now.

17. 2000/01/11/Tue/19:00- NHK Ch. 2 News 7. Five years since the Earthquake. The issue of the disaster prevention helicopter

18. 2000/01/11/Tue/21:00- NHK Ch. 2 News 9. Five years since the Earthquake. The safe policy of highways

19. 2000/01/11/Tue/21:30- Sun-TV Ch. 36 News EYE f. "Disaster Prevention policy from the learning experience ④ Telephone"

20. 2000/01/11/Tue/22:00-22:45 NHK Edu Ch. 12 ETV Features. "Five years after the Earthquake. The path of mind since the morning." ② Old people at the Temizu

Temporary Shelters. (Collective house, special type for disabled and old people. LSA is Ms. Michiko Kuwahara.)

21. 2000/01/11/Tue/23:35 - 23:45 NHK Ch. 2 Reading Tomorrow. "Five years since the Great Hanshin Earthquake."

22. 2000/01/12/Wed/05:00 - NHK Ch. 2 Good morning Japan. Disaster Prevention

23. 2000/01/12/Wed/17:54 - Kansai TV Ch. 8 Super News Kansai.
The study group of academics proposed to the Kobe city major Sasayama from their study on post-Earthquake reconstruction covering infrastructure and so on. "Ageing society at the public reconstruction housings" "Earthquake series ④ Housing was rebult.... but...."

24. 2000/01/12/Wed/18:23 - Yomiuri TV Ch. 10 News Scramble. "17 year old who made a vow/pledge/oath to the dead father. Five year path of the earthquake orphan."

25. 2000/01/12/Wed/18:30 - ABC TV Ch. 6 Wide ABCDEsu. "Housing arrangement to support each other"

26. 2000/01/12/Wed/18:30 - MBS Ch. 4 Now. "Memorize the day 1. 17" ③ Built a high-rise building instead of tenement house. Warmth coming back.

27. 2000/01/12/Wed/19:10 - 19:45 NHK Edu Ch. 12 Live sparklingly. "Wish to convey the heart from the Earthquake-affected area."

28. 2000/01/12/Wed/19:00 - NHK Ch. 2 News 7. "Disaster prevention for highways. Disaster prediction system."

29. 2000/01/12/Wed/21:00 - NHK Ch. 2 News 9. "If the company (enterprise)'s disaster prevention policy has developed?"

30. 2000/01/12/Wed/21:30 - 22:00 NHK Ch. 2 Close Up Gendai. "Five years since the Earthquake. Small and middle-size enterprise (company) standing in difficulties. Searching for reconstruction."

31. 2000/01/12/Wed/22:00 - 22:45 NHK Edu Ch. 12 ETV Special Feature. "Five

years after the Earthquake. The path of mind since the morning. ③ The middle-aged generation who supported the reconstruction.

32. 2000/01/12/Wed/23：00 - NHK Ch. 2 News 11. "Five years since the Earthquake. Composed melody (music) for the poem written by the son who died at the Earthquake."

33. 2000/01/12/Wed/21：30 - Sun-TV Ch. 36 News EYE f. "60% of temporary lease land. Reconstruction Street and land adjustment and improvement (*kukaku seiri*)."

34. 2000/01/13/Thu/05：00 - NHK Ch. 2 Good morning Japan. "Prime Minister Obuchi visiting Thailand", "Now Public Reconstruction Housing," "Disaster Prevention training", "Diagnosis of the seriously injured at the time of disaster."

35. 2000/01/13/Thu/08：30 - NHK Ch. 2 Life Hot. "Five years since the Earthquake. Hurt of mind does not healed. The suffering of mother who lost her daughter."

36. 2000/01/13/Thu/11：30 - 12：00 NHK Ch. 2 Before Lunch. "The Great Hanshin Earthquake and Volunteers"

37. 2000/01/13/Thu/16：00 - TV-Osaka Ch. 19 Happy Full score TV. "Five years since the Earthquake. The loneliness at the public reconstruction housings."

38. 2000/01/13/Thu/17：54 - Kansai TV Ch. 8 Super News Kansai. "Five years after the Earthquake ⑤ From a disaster victim's will. Merchandise Loan which was able to be paid back by the life of husband"

39. 2000/01/13/Thu/18：23 - Yomiuri TV Ch. 10 News Scramble. "Kizuna (relationship) of the fifth year. Disappearing temporary shelters."

40. 2000/01/13/Thu/18：30 - ABC TV Ch. 6 Wide ABCDEsu. "The path of our town reconstruction"

41. 2000/01/13/Thu/18：30 - MBS Ch. 4 Now. "Remember the day 1. 17" ④ People shaken at the street and land adjustment and improvement (*kukaku seiri*)

42. 2000/01/13/Thu/19：00 - NHK Ch. 2 News 7. "If learning from the Earthquake experience alive? The reality of the building examination of which currently

under construction"

43. 2000/01/13/Thu/19：10 - 19：45 NHK Edu Ch. 12 Volunteer. "Special. New starts of the Earthquake orphans."

44. 2000/01/13/Thu/21：00 - NHK Ch. 2 News 9. "Utilization of Electric Map for the reconstruction after disaster"

45. 2000/01/13/Thu/23：00 - NHK Ch. 2 News 11. "New methods for diagnosis of the seriously injured at the time of disaster."

46. 2000/01/13/Thu/21：30 - Sun-TV Ch. 36 News EYE f. "The light of hope to KOBE"

47. 2000/01/14/Fri/05：00 - NHK Ch. 2 Good morning Japan. "Five years since the Earthquake at the brewery."

48. 2000/01/14/Fri/08：30 - NHK Ch. 2 Life Hot. "Kayo won't be a loser. The five years since the Earthquake a girl experienced. Divorce of her parents."

49. 2000/01/14/Fri/17：54 - Kansai TV Ch. 8 Super News Kansai. "Lighting with heart. Those who live away from Kobe."

50. 2000/01/14/Fri/18：23 - Yomiuri TV Ch. 10 News Scramble. "Memorize at the memorial ④ Requiem for 6432 people."

51. 2000/01/14/Fri/18：30 - ABC TV Ch. 6 Wide ABCDEsu. "Earthquake volunteers"

52. 2000/01/14/Fri/18：30 - MBS Ch. 4 Now. "Memorize the day 1. 17 ⑤ Disappearing Temporary factories. Difficult re-start."

53. 2000/01/14/Fri/18：00 - NHK Ch. 2 News Park Kansai. "From the questionnaire survey of Earthquake"

54. 2000/01/14/Fri/19：00 - NHK Ch. 2 News 7. "Weathering the consciousness for disaster prevention. Learn again from the lessons (kyoukun) of the disaster-affected."

巻末付録

55. 2000/01/14/Fri/21：00 - NHK Ch. 2 News 9. "Issues of using the mobile phones at the time of Earthquake."

56. 2000/01/14/Fri/21：30 - 22：30 NHK Ch. 2 NHK Special. "Five years The Great Hanshin Earthquake ① To save one more life. Lessons from the 6400 deaths. Examine the rescure system."

57. 2000/01/14/Fri/23：10 - NHK Ch. 2 News 11. "New movement on implementing Earthquake insurances."

58. 2000/01/14/Fri/23：35 - 23：45 NHK Ch. 2 Reading Tomorrow. "Earthquake and landslide"

59. 2000/01/14/Fri/25：10 - 27：30 NHK Ch. 2 Learn from the Great Earthquake. Rebroadcasting. "The lights of city went off". 25：55 "Two years of a housewife." 26：40 "From under the broken stuff."

60. 2000/01/14/Fri/22：00 - ABC TV Ch. 6 News Station. "If the minds of the Earthquake orphans have been taken care and healed?" Earthquake orphans' home "Rainbow House".

61. 2000/01/14/Fri/21：30 - Sun-TV Ch. 36 News EYE f. "Five years after the Earthquake. For tomorrow"

62. 2000/01/14/Fri/23：30 - MBS Ch. 4 Chikushi Tetsuya News23. "From Kobe to Taiwan. What connects the hearts of them"

63. 2000/01/15/Sat/18：00 - NHK Ch. 2 Good morning Japan. "The current situation at a small size public reconstruction housing", "Five years since the Earthquake. Talk by Prof. Hayashi, Kyoto Univ."

64. 2000/01/15/Sat/09：15 - NHK Ch. 2 Saturday Hot Wide. "Tanigawa Kouji talk about his Earthquake experience", "How to build a house bearable to an earthquake"

65. 2000/01/15/Sat/18：10 - 18：45 NHK Ch. 2 Special Feature: Post Earthquake Reconstruction "The issues to be left at five years since the Earthquake: Community and town development, Support for older people"

66. 2000/01/15/Sat/25：15 - 26：05 NHK Ch. 2 "Start of Earthquake orphans" (re-broadcast)

67. 2000/01/15/Sat/26：05 - 27：25 NHK Ch. 2 "Run 1000 km the Silk Road over the Earthquake"

68. 2000/01/15/Sat/25：35 - 26：45 Yomiuri TV Ch. 10 Earthquake Special Feature. "EARTHQUAKE" the decision of a child. Lessons from ten seconds that divided lives.

69. 2000/01/16/Sun/07：45 - 08：28 NHK Ch. 2 Earthquake Special.
    Mr. Tamura, NHK Kobe.
    Mr. Kaihara, Hyogo Prefecture Governor
    Mr. Kazuto Uchihashi, Economist
    Ms. Hiroko Kuroda, Nurse, Representative of "Shimin Kikin KOBE" (Citizen Fund : KOBE)
    Mr. Yoishiro Fujiyoshi, NHK Editorial Writer

70. 2000/01/16/Sun/10：00 - 11：00 MBS Ch. 4 Special Earthquake programme. "With... Kizuna to the world : devoted love of the earthquake experienced to rescue those in the front line of hunger and poverty"

71. 2000/01/16/Sun/11：00 - 12：00 TV-Osaka Ch. 19 "Five years since the Earthquake. Looking for the house of healing. Now Kizuna to the lonely heart which has been closed."

72. 2000/01/13/Thu/16：00 - TV - Osaka. Ch. 19 Happy Full score TV. "Five years since the Earthquake. The loneliness at the public reconstruction housings." (Part of the programme is re-broadcast of a part of 37.)

73. 2000/01/16/Sun/11：30 - 12：00 NHK Ch. 2 New Asia. Turkey Great Earthquake.

74. 2000/01/16/Sun/13：00 - 14：55 Kansai TV Ch. 8 "Examine The Great Hanshin Earthquake." What the five years at the disaster affected area question. The time the former Prime Minsiter, Murayama, talk. Those who cannot return to their home town.

75. 2000/01/16/Sun/15：30 - 17：30 ABC TV Ch. 6 "Eire (yell) 1. 17 Rebirth. The

巻末付録 285

wisdom of Kobe". Lessons from the temporary shelter housings. Town development. Take a photo of the disaster-affected area. Where the public support goes. The evolution of volunteers. Songs of hearts.

76. 2000/01/16/Sun/17：30 - 18：00 TV-Osaka Ch. 19 Super mother of Taiwan disaster affected.

77. 2000/01/16/Sun/18：00 - (30 hours) NHK Ch. 2 "Earthquake Five years." Support each other. Thirty hours till midnight of 17 Jan to connect the disaster affected areas. Questionnaire to 3500 people.

78. 2000/01/16/Sun/18：00 - MBS Ch. 4 Special News. Five years since the Earthquake. Examine the risk at our feet.

79. 2000/01/16/Sun/24：35 - MBS Ch. 2 Image '00. "The disaster affected area in the cold winds. Now the homeless people"

80. 2000/01/16/Sun/19：00 - 19：54 Sun-TV Ch. 36 The broken life line. How to utilize the learning experience from the Earthquake.

81. 2000/01/16/Sun/22：00 - 22：30 Sun-TV Ch. 36 Kobe Report. "Five years after the Earthquake. Messages to the next generations."

82. 2000/01/16/Sun/25：15 - 27：15 Sun-TV Ch. 36 Report of rescue activities at the Turkey and the Taiwan earthquakes. Lessons to the Hanshin areas.

83. 2000/01/16/Sun/27：15 - 29：30 Sun-TV Ch. 36 The news of the past year. Re broadcast the EYE f news of the past year. Temporary shelters. Public Reconstruction housings. Street shops.

84. 2000/01/16/Sun/24：55 - 25：50 Kansai TV Ch. 8 "Visiting the wishes. Messages to leave. The records of those Earthquake victims."

85. 2000/01/16/Sun/25：50 - Kansai TV Ch. 8 "We will not forget you. Monument with our hearts."

86. 2000/01/16/Sun/24：25 - 24：55 Yomiuri TV ch. 10 Document '00. Kobe By supporting each other.

Ms. Hiroko Kuroda (who was a nurse now is a member of the Support Network of Hanshin old people and disabled people) has been working as a volunteer. By looking at her activities and the disaster-affected people, we will think what is the real reconstruction. Second of the series.

87. 2000/01/17/Mon/05:30 - Sun-TV Ch. 36 Earthquake Special programme. "Looking at the future" "Lessons from the Earthquake"

88. 2000/01/17/Mon/05:00 - NHK Ch. 2 Good Morning Japan Earthquake.
Continues almost all day Earthquake specials in NHK, and several hours at each private television station. Introducing people's five years. Memorial activities starting from early morning, the time of the Earthquake. Disaster Prevention training. Earthquake in Turkey and Taiwan.

89. 2000/01/17/Mon/12:00 - 12:45 NHK Ch. 2 The Great Hanshin Earthquake Memorial Ceremony for those who died. Attendants include Crown Prince Hironimiya and Prime Minister Obuchi. They delivered a speech.

90. 2000/01/17/Mon/21:30 - 23:00 NHK Ch. 2 International Corporation. The Earthquakes in Turkey. German and Israeli ways compared with Japanese aids. The Earthquake in Taiwan. *kukaku seiri* (street improvement). Introducing the very similar case. Street with shops. The reasons for what each shop/house owner wishes for what. The case is very similar from outside. But the policy process is very different. Compared to Japan, Taiwan takes bottom-up approaches. Gyousei (public administration) has not been strong in Taiwan in all other sectors. Private sectors have been the one to take an initiatives. This time, too. Also, they have more Christian churches and those people who have experienced working as volunteers. They have those volunteers of the large number already trained. The context is different, too.

付録 3 - 4　朝日新聞 2000 年 1 月の記事（Japanese）

1. 2000/01/09 Sun Page 1. "Rapid Ageing at Post-Earthquake Reconstruction Housings." Kobe-city run 31.9 %. Hyogo Prefecture run 36.9 %. Nishinomiya city run 44.2 %. Time to evaluate and reconsider the support policy.

2. 2000/01/09/Sun Page 29. "Isolated death and suicides 38 people in the past one year. You are not alone. Public Reconstruction Housing. Festival. Hobbies. 'Talk to each other'.

3. 2000/01/10/Mon Page 1. Emergency Relief. Society bearable to the Earthquake. Five years after the Hanshin Earthquake. ① Japan's support to the earthquakes in Colombia, Turkey, Taiwan.

4. 2000/01/10 Mon pages 28-29. Earthquake Symposium. From Hanshin, Turkey and Taiwan.

5. 2000/01/11 Tue Page 1. Society bearable to the Earthquake. Five years after the Hanshin Earthquake. ② Tele communication at the time of Disaster. The rapid increase of Mobile phones and decrease of public phone booths. Will it be able to cope?

6. 2000/01/12/Wed Page 1. Society bearable to the Earthquake. Five years after the Hanshin Earthquake. ③ The disaster weak (Saigai Jakusha). The problems and issues in normal daily life were carved out.

7. 2000/01/13/Thu Page 1. Society bearable to the Earthquake. Five years after the Hanshin Earthquake. ④ Enterprise Company Disaster Prevention. Continuation of the business and work is also the social responsibility. Power Plant. The case of Taiwan Earthquake. What was learning experience from Kobe. Comparison of the two Earthquakes.

8. 2000/01/14/Fri Page 1. Society bearable to the Earthquake. Five years after the Hanshin Earthquake. ⑤ Towards the stronger housings and stronger town. Lessons learned from the collapse Public money was invested. Rules of the citizens.

9. 2000/01/14/Fri Page 1. Disaster-affected children. New cases development are

reported. Post-traumatic Stress Disorder (PTSD). Hyogo Prefecture Education Committee survey reports that some came to surface after a long period of time.

10. 2000/01/14/Fri Page 29. Interview with Hyogo Governor Kaihara. "To realize the support system of housing."

11. 2000/01/15/Sat Page 1. 40 % of the houses of total destroyed receive no subsidies. The system to support the disaster-affected. The barriers such as the limitation by the annual income. Low application in urban areas.

12. 2000/01/15/Sat Page 4. International Conference : Examine the Earthquake. "Mission to make use of and convey the lessons learnt."

13. 2000/01/15/Sat Page 33- Local pages introduce some memorial events of the Earthquake.

14. 2000/01/16/Sun Page 1. The Great Hanshin Earthquake. Tomorrow. The exact fifth year. Public reconstruction housings. The deepening sense of isolation. Survey of 500 households shows that more than 10 % want to move out. The manner is lowering. The complains are increasing.

15. 2000/01/16/Sun Pages 3, 4, 38.

16. 2000/01/16/Sun Page 39. 80 % of the Old age disaster affected go to a hospital regularly. Aftershock to Body. Mind. Money. Old age. Survey at the public reconstruction housings. Gyōsei (Public administration) support. 'Consider more'.

17. 2000/01/16/Sun Pages 19-24. Earthquake Special.
    Page 19. Buddhist priest who is a famous writer.
    Page 20-21. Mr. Yusuke Kishi (41) Writer. "Always next to risk."
       Ms. Yukiko Touhata (58) Kobe city Higashi Nada ward. Office woman, who lost her 21 year old only daughter at the Earthquake. "Crying all the time. No."
    Page 22. Photos. Turkey. Tiawan. Temporary shelters sent from Kobe to Taiwan.
    Page 23. To Old People, neighbours are too distant. The result of Asahi News Survey of 500 people at the public reconstruction housings.
    Page 24. For the day that will come sometime. At home, Sleep at the edge of the room.

18. 2000/01/17/Mon Page 1. Today Fifth Year The Great Hanshin Earthquake. Lessons learnt Share with the World and heritage. International Symposium. Gyousei and Chiiki (local) to Renkei (collaborate). Suggest Examine Conference to establish the system for future international cooperation.
Photo. Candle service of 6432 candles. (the number of death toll) at 05 : 46 the time of the Earthquake. "Let's move on forward."

19. 2000/01/17/Mon Pages, 2, 3, 21, 38-39.
Pages 2-3. Panel Discussion.

20. 2000/01/17/Mon Evening. Earthquake memorial ceremony.
Transcripts of Messages of Crown Prince and of Prime Minister Obuchi.

付録 3 - 5 - 1：テレビ報道番組（1999 年 1 月, 2000 年 1 月）

(1) **TV coverage on Earthquake by station, time, type of programme for January 1999 wave** (minutes)

テレビ局	ニュース				特集	ドキュメンタリー	放映時間(分)高齢者	高齢者/全体
	a.m.	6 p.m.	9 p.m.	Late				
NHK 総合		11.仮設 12 13.Small enterprises. 県外 14.Volunteer. 孤独死 15 17.行政		12.孤児 PTSD	14.クローズアップ現代 Lonely old people(30) 17(50) 17(50) 18.明日を読む (10)	10(25) 12(30) 14.NGO(10) 15(25) 16.Volunteer(30)	25 30 50	105/330
NHK 教育						14(30)		0/30
NHK 衛星 BS					14(20) 17(90)Forum. 小西教授 17(60)		90	90/170
毎日		11.Small enterprises 12.Factory 13.Group home LSA 14.Kizuna Collective House 15 17 18.CharityWalk		11(10) 14.Group home LSA (10) 15(15)	17(60)	17(60) Dementia. Home care	10 60 10 10 15 10	115/225
朝日		11.Group home LSA(10) 12 13 14 15.Temp was better 18.Disaster prevention. SanFrancisco	18.行政	13(15) 15.孤児		16(60)	10 15 60	85/155

関西	11.仮設 12.商店街 Temp House 13.Barrier Free LSA 14.Economic depression 15.Memorial 18					10	10/60
読売	11.行政 12.仮設 Murder of father 13.Orphans. Old people(5) 14.Housing and old people 18	15.仮設 (10)	10 (10/30)	17(95)	17.Kuroda(30) 17(65) 17(30)	10 10 5 10 30 10	75/ 325
テレビ大阪					15(10)		0/10
サンテレビ	10(30) 11 12.Temp with care for old(10) 13.Conflict with Gyōsei (10) 14.Shops	Eye-f(30) 8.仮設住宅 復興住宅 10 11.Old People 12.Temporary relocation 13 14 15 16.re-broadcast the selection of the past one year(240) 18.Volunteer			17(60) 17(30)	30 30 10	70/ 370 (+240)
合計						550 (33%)	550/ 1675 (+α/ 240)

(2) TV coverage on Earthquake by station, time, type of programme for January 2000 wave (minutes)

テレビ局	ニュース				特　集	ドキュメンタリー	放映時間(分)高齢者	高齢者/全体
	5 a.m.	6 p.m.	9 p.m.	Late				
NHK総合	11 12.防災 13.防災 14.Beer 15.復興住宅 17	11.防災 12.防災 13. 14.NHKアンケート調査結果 15 17	11.高速道路 12.防災 13.防災 14.アンケート調査結果	15.Emergency Disaster Relief. Medical. Telephone Insurance (130)	9.moring(15) 11.行政i(10) 12.クローズアップ現代 Small enterprises(30) 13.Before Lunch. Volunteer(30) 14.Emergency Relief(10) Geology 15.Old(35) 16.Old(20/45) 17(30 Hrs)	14.子供，親の離婚(30) 16.トルコ	5 35 20	60/2335
NHK教育					Series of 3 : 10.Children(45) 11.Old(45) 12.MiddleAge(45) 12(30) 13.Volunteer(30)		45	45/195
NHK衛星BS				こころ(60) Mother who lost her son			0	0/60
毎日	7.県外 10 11 12 13.区画整理 14.Remember 16			14.台湾		16.世界へのきずな(60)		0/140
朝日	7 10 11.救命犬 12.Housing(5/10) 13 14.Volunteer		14.震災孤児(10)			16(120)	5	5/190

関西	7.つながり, 生活再建 10.Shops 11.Those who lost children 12.神戸市長 Old people. Housing 13 14.こころ		16(120)	16(115)		10	10/295
読売	7 10.Shops 11.Those who lost children 12.Children 13.きずな 14.Memorial			15(70)	9(30) 16(30)	30	30/195
テレビ大阪				13.100 full score(10) 16.きずな(60) 16.100 Full score(10) 16.Taiwan(30)			20/110
サンテレビ	16.Telephone 17.Memorial events	Eye f(30) 7.生活再建 10.防災 11.DP 12.区画整理 13.Light of hope 16	16.Rebroadcast the selection of the past one year (375 min)			30	30/180 (+α/375)
合計						200 (8.4%) (37%)	200/2335 (+α/375) If w/o NHK 30 hrs, 200/535

付録 3 - 5 - 2 ：NVivo project

Diagram 3.5.2.1: Sets created in NVivo

Media
Haruyama TSH
NatsuAki PRH
Fuyuyama PRH

Diagram 3.5.2.2: Tree nodes created in NVivo

TV station
    NHK
    Mainichi
    Asahi
    Kansai
    Yomiuri
    NHK Education
    NHK BS Satellite
    Sun-TV
    TV-Osaka

Age
    Old people
    Young people

Gender
    Men
    Women

Housing Type
    Nagaya
    Temporary shelter housing
    Public Reconstruction Housing
    General Housing
    Group home
    Collective House
    Silver Housing

Actor
	Family
	Government
	Gyōsei
	Housewife
	Jichikaicho
	LSA
	Media
	Minsei Iin
	Neighbours
	NGOs
	Physician
	Prefecture Government
	Staff
	University
	Volunteer
	Jichikai (self-governing body)
	Public health nurse
	Department of Health
	Director of Department of Health
	Jumin (residents)

Health Issues
	Alcohol dependency
	Bedridden
	Demented
	Depression
	Health
	Health promotion
	PTSD

付録 3 - 5 - 3 ：兵庫県健康福祉部被災世帯健康調査の高齢者に関する所見

FY 1996
1. Among those in temporary shelters, the older the higher proportion who report their health is 'not good', or 'not so good'. 20.3 % in 10 s. 42.9 % in 80 s and over.
2. Among those in general housings, the highest proportion answered 'not good' or 'not so good' was the 70 s (37.2 %). 80 s and over was 29.6 %.
3. During the past one month, out of eight symptoms, three symptoms : 'easy to get tired', 'shoulder pain' 'headache', were reported highest from the 50 s. The 60 s reported most 'hip and back pain' and 'joint pain'.
4. The 70 s reported the highest proportion of illness (84.1 %). The second ranked was the 80 s (72.25). The rest, the younger, the less illness.
5. As to mental health, the 50 s is the peak of the proportion of those with problem in GHQ 30 and the 60 s in PTSS-10.

FY 1997
1. Among those in temporary shelters, the highest proportion who reported health is 'not good' or 'not so good' was the 50 s (54.0 %).
2. 'Joint pain' was reported most from the 60 s and older.
3. The older the higher proportion reported illness. The 10 s, 13.5 %. The 80 s and older, 83.3 %. The 60 s and older, 81.0 %.
4. The alcohol problem is reported highest from the 50 s (14.5 %) followed by the 40 s.
5. Among those in public reconstruction housings, the 50 s reported the highest proportion (42.0 %) of who say their health is 'not good' or 'not so good'. However, in general, the older the higher proportion to report the answer. 14.3 % in the 10 s. 40.9 % in the 80 s and over.
6. 'Hip and back pain' was reported most from the 40 s and older.
7. The older the higher proportion who report they are ill. 15.5 % in the 10 s. 79.6 % in the 80 s and over. For the 60 s and over, 77.4 % reported illness.
8. For mental health, both PTSS-10 and GHQ 30, the 40 s and the 50 s are at the peak for problems.
9. The alcohol problem is reported most from the 40 s (11.0 %) followed by the 50 s.
10. The older the higher expectation for the public health and welfare services.
11. Among those in general housings, those who reported their health is 'not good' or 'not so good' was highest from the 70 s (35.0 %), followed by the 80 s and over (30.9 %), the 50 s (25.5 %), the 40 s (24.5 %), the 60 s (23.7 %), the 10 s (16.1 %), the 30 s (11.2 %), the 20 s (10.6 %).

12. 'Hip and back pain' was reported most from the 40 s and over.
13. Those who reported they were ill was the highest in the 70 s (80.4 %) followed by the 80 s and over (72.1 %). The older the higher. 10.5 % in the 20 s. The 60 s and over, 74.3 %.
14. Alcohol problem were reported most by the 40 s (8.8 %) followed by the 50 s.

FY 1998
1. As a Mental health, instrument IES-R, among those in temporary shelters, the 60 s showed the highest proportion (45.4 %) of the high score.
2. For diet, in all age groups, 'vegetables' is lower than the target. In the 80 s, 'beans, fish, meat, egg' is also lower than the target.
3. Among those in public reconstruction housings, the older the higher proportion of living alone. Among those aged 65 and older, 39.4 % is living alone.
4. Those who answered their health is 'not good' or 'not so good' was reported most from the 80 s (42.4 %) followed by the 50 s (38.4 %).
5. Those who went to seek medical check, the highest proportion was the 70 s (60.7 %).
6. Mental health problems was reported higher from the 50 s (34.2 %) and 60-64 (34.4 %) by IES-R test.
7. Alcohol problem is reported most from the 40 s.

付録4-1：兵庫県健康福祉部被災世帯健康調査の質問事項，1996-1998

	1996	1997	1998
個人属性 ①性別 ②年齢 ③震災前の住所 ④職業の有無 ⑤家族数 ⑥家族構成及び家族の状況	✓	✓	✓
被災状況 ①近親者の喪失の有無 ②自宅の被害の程度	✓	✓	✓
健康状態に対する意識 自覚症状 疾病の有無と治療状況	✓ 震災前と最近一ヶ月の身体症状	✓	✓
精神面の健康状態（PTSS-10，GHQ 30）	✓	✓	
精神面の健康状態（IES-R，鬱尺度）			✓
震災後の生活で困ったこと（記述式回答）	✓		
ストレスの対処の方法	✓	✓	
震災後支えになったもの	✓		
行政による訪問サービス及びボランティア活動の支援			✓
ソーシャルサポート			✓
アルコール関連・飲酒状況（KAST）		✓	✓
栄養状況・食生活		✓	✓
希望する保健・福祉サービス		✓	
健康の受診状況			✓
生活習慣（運動，喫煙）			✓

付録4-2：メディア分析

(1) テレビ局ごと，番組の種類別（ニュース，特集，ドキュメンタリー），年別に，仮設住宅と復興住宅のテレビ報道によるイメージのポジティブ・ネガティブ分類を放映時間（分）で示した表

TV Station	1999年1月				2000年1月			
	TSH(+)	TSH(−)	PRH(+)	PRH(−)	TSH(+)	TSH(−)	PRH(+)	PRH(−)
NHK総合				SF(30)				SF(35)
NHK教育						SF(45)		
						SF(45) 2例		
NHK衛星BS			SF(90)					
毎日	SF(10)		N(10) 2例	N(10) SF(30)				
朝日				N(20) D(10)				
関西								N(10)
読売	N(10)地域型コレクティブハウス	N(10)		N(10) N(10)				
		D(30)		D(30)	D(30)			
							D(30)	
テレビ大阪								D(20)
サンテレビ			N(30)	N(30)			N(30)	

TSH：仮設住宅，PRH：復興住宅
N：ニュース，SF：特集，D：ドキュメンタリー
(+)Positive，(−)Negative

(2) テレビ局ごと，番組の種類別（ニュース，特集，ドキュメンタリー），年別に，仮設住宅と復興住宅のテレビ報道によるイメージのポジティブ・ネガティブ分類とそれぞれの放映時間（分）を示した表

TV Station	1999		2000	
NHK 総合	SF PRH(+−)30(98.12.05)			SF 35 PRH(−)
		SF PRH(−)30		
NHK 教育			SF PRH(+) TSH(−)45 SF TSH(−)2例 45	
NHK 衛星 BS	SF PRH(+−)90			
毎日	N PRH(+)2 10例	SF TSH(+) 10/30 N PRH(−)10 SF PRH(−)30		
朝日		N PRH(−)10 N PRH(−)10 D PRH(−)30		
関西				N PRH(−)10
読売		N 地域型 TSH コレクティブ(+) PRH(−)10 N PRH(−)10		
	N TSH(−)10			
	D PRH(−)TSH(−)30		D TSH(+−)30 D PRH(+−)TSH(−)30	
テレビ大阪				D PRH(−)10×2
サンテレビ	N PRH(+)30	N PRH(−)30	N PRH(+)30	

TSH：仮設住宅，PRH：復興住宅
N：ニュース，SF：特集，D：ドキュメンタリー
(+)Positive, (−)Negative

参考文献

Alcock, C. (2000) *Introducing Social Policy*, Essex : Prentice Hall, Pearson Education Ltd.
Alcock, P. (1996) *Social Policy in Britain : Themes & Issues*, Macmillan Press.
Alcock, P., Craig, G. and Campling, C.e.J. (Eds.) (2001) *International Social Policy : Welfare regimes in the developed world*, Palgrave.
Alcock, P., Erskine, A. and May, M. (Eds.) (2001) *The student's companion to social policy*, Blackwell.
Alpass, F.M. and Neville, S. (2003) Loneliness, health and depression in older males, *Aging and Mental Health*, 7 (3) : 212-216.
Altheide, D.L. (1996) *Qualitative Media Analysis*, Qualitative Research Methods Series, Maanen, J. V. (Ed.) Vol.38, Thousand Oaks : Sage.
Amella, E. (2002) Resistance at mealtimes for persons with dementia, *Journal of Nutrition, Health and Aging*, 6(2) : 117-122.
Anastassiadou, V. and Heath, M. (2002) Food choices and eating difficulty among elderly edentate patients in Greece, *Gerontology*, 19 (1) : 17-24.
安藤元夫 (2003) 『阪神・淡路大震災　被災と住宅・生活復興』学芸出版社
安保則夫 (編) (1999) 『震災・神戸の社会学――被災地へのまなざし　関西学院大学　阪神・淡路大震災研究シリーズ』八千代出版
Antaki, C. (Ed.) (1988) *Analysing everyday explanation : a casebook of methods*, London : Sage.
Arber, S. (1993) Designing samples, in Gilbert, N. (Ed.) *Researching Social Life*, London : Sage Publications, pp. 68-93.
Arber, S. and Ginn, J. (Eds.) (1995) *Connecting gender and ageing : a sociological approach*, Buckingham : Open University Press.
Arber, S. and Cooper, H. (1999) Gender differences in health in later life : the new paradox?, *Social Science and Medicine*, 48 : 61-76.
Armenian, H., Noji, E.K. and Oganesian, A. (1992) A case-control study of injuries arising from the earthquake in Armenia, 1988, *Bulletin of the World Health Organization*, 70 (2) : 251-257.
Armenian, H. Melkonian, A. K. and Hovanesian, A. P. (1995) Long term mortality and morbidity related to degree of damage following the 1988 earthquake in Armenia, *American Journal of Epidemiology*, 148 (11) : 1077-84.

Armenian, H., et al. (1997) Deaths and Injuries due to the Earthquake in Armenia : A Cohort Approach, *International Journal of Epidemiology*, 28 (4) : 806-813.

Armenian, H., et al. (2000) Loss as a determinant of PTSD in a cohort of adult survivors of the 1998 earthquake in Armenia : implications for policy, *Acta Psychiatr Scand*, 102 (1) : 58-64.

Atkins, D. and Moy, E. M. (2005) Left behind : the legacy of hurricane Katrina : Hurricane Katrina puts the health effects of poverty and race in plain view, *British Medical Journal*, 331, 22 Oct : 916-918.

Azarian, A., Miller, T. W., Skriptchenko-Gregorian, V. (1996) Baseline assessment of children traumatized by the Armenian Earthquake, *Child Psychiatry Hum Dev*, 27 (1) : 29-41.

Baldock, J. (Ed.) (1994) *Social Policy*, New York : Oxford University Press.

Barusch, A. S. (1994) *Older Women in Poverty : Private Lives and Public Policies*, New York : Springer Publishing Company.

Bass, S.A. and Oka, M. (1995) An older worker employment model : Japan's Silver Human Resource Centres, *Gerontologist*, 35 (5) : 679-682.

Bauer, M.W. and Gaskelleds, G. (2000) *Qualitative researching with text, image and sound : A practical handbook*, London : Sage Publications.

Bazeley, P. and Richards, L. (2000) *The NVivo Qualitative Project Book*, London : Sage Publications.

Becker, H. S. and Richards, P. (1986) *Writing for social scientists : How to start and finish your thesis, book, or article*, Chicago and London : University of Chicago Press.

Bender, E. (2005) Psychiatrists Find Tsunami MH Consequences Severe : International News, *Psychiatric News*, August 5, 40 (15).

Bentelspacher, C. and Minaieds, K. (1994) *Ageing in Japan and Singapore*, Singapore : Department of Japanese Studies, National University of Singapore.

Bhalla, N. (2006) Special Article : Relief after the wave, *British Dental Journal*, 200 (2) : 116-118.

Biggs, S. (1993) *Understanding ageing : images, attitudes & professional practice*, Buckingham : Open University Press.

Blakemore, K. (1998) *Social Policy An Introduction*, Buckingham : Open University Press.

Bland, S. H., et al. (1997) Social network disturbances and psychological distress following earthquake evacuation, *Journal of Nervous and Mental Disease*, 185 (3) : 188-194.

Bland, S. H., et al. (1996) Long-term psychological effects of natural disasters, *Psychosomatic Medicine*, 58 : 18-24.

参考文献

Boling, P. (1998) Family Policy in Japan, *Journal of Social Policy*, 27 (2): 173-190.
Bornat, J. (1997) Representations of community, in *Community Care - a reader*, J. Bornat, et al. (Eds.) Macmillan Press Ltd in association with the Open University, pp. 22-33.
Bornat, J., Johnson, J., Pereira, C., Pilgrim, D. and Williams, F. (Eds.) (1997) *Community Care*, 2nd edition, Macmillan Press Ltd in association with the Open University.
Bowling, A. (1991) Social support and social networks: their relationship to the successful and unsuccessful survival of elderly people in the community. An Analysis of concepts and a review of the evidence, *Family Practice*, 8 (1): 68-83.
Bowling, A. (1991) *Measuring health : a review of quality of life measurement scales*, Milton Keynes, Open University Press, S20-32.
Bowling, A. and Browne, P.D. (1991) Social Network, Health, and Emotional Well-being among the Oldest Old in London, *Journal of Gerontology*, 46 (1): S20-32.
Bowling, A., Grundy, E. and Farquhar, M. (1997) *Living well into old age : three studies of health and well-being among older people in East London and Essex*, London: Age Concern England.
Bradbury, M. (1999) *Representations of Death : A social psychological perspective*, London: Routledge.
Brink, S. (1998) *Housing older people : an international perspective*, New Brunswick, USA and London, UK : Transaction Publishers.
Bryman, A. and Burgesseds, R. G. (1994) *Analyzing Qualitative Data*, London: Routledge.
Burke, D., et al. (1993) The development of a spinal injuries unit in Armenia, *Paraplegia*, 31 (3): 168-171.
Burman, E. and Parkereds, I. (1993) *Discourse analytic research : Repertoires and readings of texts in action*, London: Routledge.
Burrows, K. (1997) *Meeting the needs of the elderly in natural disaster*, Eastern Nebraska Office on Aging, Omaha, NE. Jan. 24.
Butterfoss, F., Goodman, R. M. and Wandersman, A. (1993) Community coalition for health promotion and disease prevention, *Health Education Research*, 8 (3): 315-330.
Byleveld, P. M., Kent, M. I. and McCall, B. J. (2005) Operation Sumatra Assist : post-tsunami environmental and public health response in Banda Aceh, *Australian Defence Force Health*, 6: 48-53.
Campbell, J. C. (1992) *How policies change : The Japanese government and the aging society*, Princeton, New Jersey: Princeton University Press.
Campbell, J. C. (1996) Media and policy change in Japan, in Pharr, S. J. and Krauss, E.

S. (Eds.) *Media and Politics in Japan*, Honolulu, Hawaii : University of Hawaii Press, pp. 187-212.

Campbell, J. C. and Ikegami, N. (1998) *The Art of Balance in Health Policy : Maintaining Japan's Low-Cost, Egalitarian System*, New York : Cambridge University Press.

Campbell, J. C. and Ikegami, N. (2000) Long-term-Care Insurance comes to Japan, *Health Affairs*, 19 (3) : 26-39.

Cardena, E. and Spiegel, D. (1993) Dissociative reactions to the San Francisco Bay Area earthquake of 1989, *Am-J-Psychiatry*, 150 (3) : 474-8.

Carr, V. J., et al. (1997) Psychosocial sequelae of the 1989 Newcastle earthquake : III, Role of vulnerability factors in post-disaster morbidity, *Psychosomatic Medicine*, 27 : 179-190.

Carr, V. J., et al. (1997) A synthesis of the findings from the quake impact study : a two-year investigation of the psychosocial sequelae of the 1989 Newcastle earthquake, *Soc Psychiatry Psychiatr Epidemiol*, 32 : 123-136.

Carr, V. J., et al. (1997) Psychosocial sequelae of the 1989 Newcastle earthquake : II, Exposure and morbidity profiles during the first 2 years post-disaster, *Psychosomatic Medicine*, 27 : 167-178.

Casey, B. and Yamada, A. (2002) *Getting older, getting poorer? A study of the earnings, pensions, assets and living arrangements of older people in nine countries*, Paris : OECD.

Chanan, G. (1992) *Out of the shadows : Local community action in the European community*, Dublin : European Foundation for the Improvement of Living and Working Conditions.

Chatterjee, P. (2005) Mental health care for India's tsunami survivors, Lancet, 365 : March 5 : 833-834.

Cheng, M. H. (2006) Post-tsunami boost to southeast Asia's mental health care : world report, *Lancet*, Jan. 7, 367 : 15-17.

Cirillo, L. (1994) Verbal Imaginery of Aging in the News Magazines, in Shenk, D. and Achenbaum, W. A. (Eds.) *Changing perceptions of Aging and the Aged*, New York : Springer Publishing Company, pp. 173-178.

Clasen, J. (Ed.) (1999) *Comparative social policy : concepts, theories and methods*, Blackwell.

Cockerham, W.C. and Yamori, Y. (2001) Okinawa : an exception to the social gradient of life expectancy in Japan, *Asia Pacific Journal of Clinical Nutrition*, 10 (2) : 154-158.

Connell, R. W. (1995) *Masculinities*, Berkeley and Los Angeles : University of California Press.

Cooper-Chen, A. (1997) *Mass Communication in Japan*, Ams, Iowa : Iowa State University Press.

Creswell, J. W. (1994) *Research Design : Qualitative & Quantitative Approaches*, Thousand Oaks : Sage.

Creswell, J. W. (2003) *Research Design : Qualitative & Quantitative, and Mixed Methods Approaches*, 2nd Edition, Thousand Oaks : Sage.

Deacon, B. (1997) *Global Social Policy : International Organization and the future of welfare*, Sage.

De Castro, J. (2002) Age-related changes in the social, psychological, and temporal influences on food intake in free-living, healthy, adult humans, *Journal of Gerontol A Biol Sci Med Sci*, 57 (6) : M368-377.

Delaney, S. (2000) 'Strategies in Qualitative Research', the Second International Conference on Software Development by 'Qualitative Research Solutions and Research' Organized by the Institute of Education, University of London, Forum Qualitative Sozialforschung/Forum : Qualitative Social Research. 1 (3), http://qualitative-research.net/fqs-texte/3-00/3-00tagung-delaney-e.htm (On-line journal) Consulted on 8 February 2003.

de Jong, D., Prosser, S. and Ford, N. (2005) Addressing psychosocial needs in the aftermath of the tsunami, *PLoS Med*, 2(6) : e179.

diGregorio, S. (1999) *Introduction to QSR NVIVO workshop*, London.

Dominelli, L. (1990) *Women and Community Action*, Birmingham : Venture Press.

Drake, R. F. (1998) Housing and older people, in Symonds, A. and Kelly, A. (Eds.) *The Social Construction of Community Care*, Houndmills and London : Macmillan Press Ltd., pp. 254-261 (Chapter 19).

Eekelaar, J. M. and Pearl, D. (Eds.) (1989) *An aging world : Dilemmas and challenges for law and social policy*, Oxford : Clarendon Press.

Eknoyan, G. (1992) Acute renal failure in the Armenian earthquake, *Renal Failure*, 14 (3) : 241-244.

Ely, M., et al. (1997) *On Writing Qualitative Research : Living by Words*, The falmer press teachers' library, London : Falmer Press.

Emerson, R. (1995) *Writing ethnographic field notes*, University of Chicago Press.

Enomoto, K. (1996) *Houses and Welfare Services for the Aged — Link Services of Welfare and Collective Housing for the Aged in Iceland and Japan —*, Seizansha : Sagamihara.

Falk, H. and Baldwin, G. (2006) Environmental Health and Hurricane Katrina, *Environmental Health Perspectives*, 114 (1) : A12-13.

Fanelli, M. and Stevenhagen, K. (1985) Characterizing consumption patterns by food frequency methods : core foods and variety of foods in diets of older Americans,

Journal of American Diet Association, 85 (12) : 1570-1576.
Fielding, N. G. and Lee, R. M. (1991) *Using Computers in Qualitative Research*, London : Sage.
Fischer, C. and Phillips, S. (1982) Who is alone? Social characteristics of people with small networks, in Peplau, L.A. and Perlman, D. (Eds.) *Loneliness : A sourcebook on current theory, research, and therapy*, New York : Wiley.
Fletcher, L. E., Stover, E. and Weinstein, H. M. (Eds.) (2005) *After the Tsunami : Human Rights of Vulnerable Populations*, Berkeley : Human Rights Center, University of California, Berkeley ; Honolulu : East-West Center.
Flick, U. (1998) *An Introduction to Qualitative Research*, London : Sage.
Florin, P., Mitchell, R. and Stevenson, J. (1993) Identifying training and technical assistance needs in community coalitions : a developmental approach, *Health Education Research*, 8 (3) : 417-432.
Forrest, R., Grange, A.L. and Yip, N.M. (2002) Neighbourhood in a high rise, high density city : some observations on contemporary Hong Kong, *The Sociological Review*, 50 (2) : 215-240.
Franklin, B. (Ed.) (1999) *Social policy : the media and misrepresentation*, London : Routledge.
Fraser, D. (1999) *QSR Nudist Vivo Reference Guide*, Melbourne : Qualitative Solutions and Research Pty. Ltd.
Gamson, W. A. (1992) *Talking Politics*, Cambridge : Cambridge University Press.
George, V. and Miller, S. (Ed.) (1994) *Social Policy towards 2000 : Squaring the Welfare circle*, London and New York : Routledge.
Gerrity, E. T. and Flynn, B. W. (1997) Mental Health Consequences of Disasters, in Noji, E. K. (Ed.) *The Public Health Consequences of Disasters*, New York and Oxford : Oxford University Press, pp. 101-121.
Getreuer-Kargl, I. (1995) Social policy planning and women in Japan, in Kosiaho, B. (Ed.) *Women, the Elderly and Social Policy*, Ashgate : Aldershot : 147-172.
Gibson, H. (2000) *Loneliness in later life*, Hampshire and London : Macmillan Press.
Giddens, A. (1990) *The Consequences of Modernity*, Cambridge : Polity.
Giddens, A. (1991) *Modernity and Self-Identity : Self and Society in the Late Modern Age*, Cambridge : Polity.
Gilbert, N. (Ed.) (1993) *Researching Social Life*, London : Sage.
Gill, R. (1996) Discourse analysis : practical implementation, in Richardson, J. T. E. (Ed.) *Handbook of qualitative research methods for psychology and the social sciences*, Leicester : BPS Books (The British Psychological Society) pp. 141-158.
Gill, R. (2000) Discourse Analysis, in Bauer, M. W. and Gaskell, G. (Eds.) *Qualitative researching with text, image and sound : a practical handbook*, London, Thousand

Oaks, New Delhi : Sage, pp. 172-190.
Gilloran, J. (1968) Social problems associated with "high living", *Medical Officer*, 120 : 117-118.
Gleser, G. L., Green, B. L. and Winget, C. (1981) *Prolonged psychosocial effects of disaster*, New York : Academic Press.
Goenjian, A. (1993) A mental health relief programme in Armenia after the 1988 Earthquake : Implementation and clinical observations, *British Journal of Psychiatry*, 163 : 230-239.
Goenjian, A., et al. (1994a) Posttraumatic Stress Disorder in Elderly and Younger Adults after the 1988 Earthquake in Armenia, *American Journal of Psychiatry*, 151 (6) : 895-901.
Goenjian, A., et al. (1994b) Posttraumatic stress reactions after single and double trauma, *Acta Psychiatr Scand*, 90 : 214-221.
Goenjian, A., et al. (1995) Psychiatric comorbidity in children after the 1998 earthquake in Armenia, *Journal of American Academic Child and Adolescent Psychiatry*, 34(9) : 1174-1184.
Goenjian, A., et al. (1997) Outcome of psychotherapy among early adolescents after trauma, *American Journal of Psychiatry*, 154 (4) : 536-542.
Goldstein, E., et al. (1996) *Trends in health status, services, and finance : The transition in Central and Eastern Europe*, Volume I, World Bank Technical Paper Social Challenges of Transition Series, Vol. 341, Washington, D. C. : The World Bank.
Gubrium, J. F. (1988) Analyzing field reality, Qualitative research methods series, Manning, P. K. Maanen, J.V. and Miller, M.L. (Eds.) Vol. 8, Newbury Park, CA : Sage.
Gurley, R. J., Lum, N., Sande, M., Lo, B. and Katz, M. H. (1996) Persons found in their homes helpless or dead, *New England Journal of Medicine*, 334 (26) : 1710-1726.
Gustafsson, K. and Sidenvall, S. (2002) Food-related health perceptions and food habits among older women, *Journal of Advanced Nursing*, 39 (2) : 164-73.
Hagemann, R. P. and Nicoletti, G. (1990) *Population Ageing : Economic effects and some policy implications for financing public pensions*, pp. 51-78.
Haines, V. A., Hurlbert, J. S. and Beggs, J. J. (1996) Exploring the determinants of support provision : Provider characteristics, personal networks, community contexts, and support following life events, *Journal of Health and Social Behavior*, 37 : 252-264.
Hanson, P. (1988-1989) Citizen involvement in community health promotion : a role application of CDC's PATCH model, *International Quarterly of Community Health Education*, 9(3) : 177-186.
Harada, S. (1996) *The Aging Society, the Family, and Social Policy*, University of

Tokyo Institute of Social Science (ISS) Occasional Papers in Law and Society, Tokyo.

Harre, R. (1998) Accountability: the role of pronouns, in Antaki, C. (ed.) *Analysing Everyday Explanation : A casebook of Methods*, London: Sage Publications, 156-167.

Hashimoto, A. (1996) *The Gift of Generations : Japanese and American perspectives on aging and the Social contract*, Cambridge University Press.

Hashimoto, R. (1995) Minsei-iin community volunteers - an important network in the field of welfare in Japan, in Koskiasho, B. (Ed.) *Women, the elderly and social policy in Finland and Japan*, Avebury: Aldershot: 190-196.

鳩山邦夫・山井和則（1999）『グループホーム入門』リヨン社

服部祥子・山田富美雄（1999）『阪神・淡路大震災と子どもの心身——災害・トラウマ・ストレス』名古屋大学出版会

Hayashi, F. (1992) *Explaining Japan's saving : A review of recent literature*, Bank of Japan Monetary and Economic Studies, 10 (2), pp. 63-78.

Heywood, F., Oldman, C. and Means, R. (2002) *Housing and home in later life*, Rethinking Ageing Series, Gearing, B. (Ed.), Buckingham, Philadelphia: Open University Press.

Hill, M. (2000) *Understanding Social Policy*, 6th Edition, Blackwell.

平岡公一・平岡佐智子（1999）『ジェンダーと家族介護——政府の政策と個人の生活』光生堂（原著：Ungerson, C. (1987) *Policy is Personal : Sex Gender and Informal Care*, London: Tavistock Publications Ltd.）

平山満義・藤原顕（2006）『質的研究ハンドブック2巻：質的研究の設計と戦略』北大路書房（原著：Denzin, N. K. and Lincoln, Y. S. (2000) *Handbook of qualitative research*, 2nd edition, Sage）

Hirayama, Y. (2000) Collapse and reconstruction: Housing recovery policy in Kobe after the Hanshin Great Earthquake, *Housing Studies*, 15 (1): 111-128.

Hiroi, Y. (1997) The Convergence of Social Insurance and Social Welfare (Public Assistance): A study of uncertainties, insurance theories, and Aging, *Review of Social Policy (RSP)*, 6: 1-16.

Hiroi, Y. (1998) *Social Security and Economic Development - Japanese Experience*, Bangkok.

Hiroshima, K. (1992) The living arrangements and family contracts of the elderly in Japan, in Kreishnan, P. and Mahadevan, K. (Eds.) *The elderly population in developed and developing world : policies, problems and perspectives*, Delhi: B. R. Publishing Corporation, pp. 68-86.

Hoch, C. and Slayton, R. (1989) *New homeless and old : Community and the skid row hotel*, Philadelphia: Temple University Press.

Hochschild, A. R. (1973) *The Unexpected Community*, Englewood Cliffs, New Jersey: Prentice-Hall, Inc.

Hollway, W. and Jefferson, T. (2000) *Doing qualitative research differently: free association, narrative and the interview method*, London: Sage Publications.

Holmen, K. (2002) Loneliness, health and social network among elderly people — a follow up study, *Archives of Gerontology and Geriatrics*, 35: 261-274.

Hoshino, S. (1996) Paying for the health and social care of the elderly, in Bass, S. A., Morris, R. and Oka, M. (Eds.) *Public policy and the old age revolution in Japan*, Binghamton, NY: Haworth Press, 37-16.

Hughes, B. (1995) *Older people and community care: critical theory and practice*, Rethinking Ageing Series, Gearing, B. (Ed.) Buckingham: Open University Press.

Ikegami, N. and Campbell, J. C. (1995) Medical Care in Japan, *New England Journal of Medicine*, 333(19): 1295-1299.

Ikegami, N. and Campbell, J. C. (Eds.) (1996) *Containing health care costs in Japan*, Ann Arber: The University of Michigan Press.

Ikegami, N. and Hasegawa, T. (1995) The Japanese Health Care System: A Stepwise Approach to Universal Coverage, in Dunlop, D. W. and Martins, J. M. (Eds.) *An International Assessment of Health Care Financing: Lessons for Developing countries?*, Washington, D. C.: Economic Development Institute of the World Bank, pp. 33-64.

Ikegami, N. and Yamada, T. (1996) Comparison of Long-Term Care for the Elderly between Japan and the United States, in Ikegami, N. and Campbell, J. C. (Eds.) *Containing Health Care Costs in Japan*, Ann Arber: The University of Michigan Press, pp. 155-171.

Iliffe, S., et al. (1992) Are elderly people living alone an at risk group? *British Medical Journal*, 305: 1001-1004.

Iliffe, S. (1997) Old, frail people are marginalised in Japan, *British Medical Journal*, 519.

Imai, K. (2002) *Health Care Reform in Japan*, Paris: OECD.

井上理（監訳）(1999)『グループ・インタビューの技法』慶應義塾大学出版会（原著: Vaughn, S., Schumm, J. S. and Sinagub, J. M. (1996) *Focus Group Interviews in Education and Psychology*, Sage）

岩崎信彦・鵜飼孝造・浦野正樹・辻勝次・似田貝香門・野田隆・山本剛郎（編）(1999)『阪神・淡路大震災の社会学2　避難生活の社会学』昭和堂

Izuhara, M. (2000) *Family Change and Housing in Post-War Japanese Society: The Experiences of older women*, Ashgate.

Izuhara, M. (2000) Changing family tradition: Housing choices and constraints for older people in Japan, *Housing Studies*, 15 (1): 89-110.

Jacobs, R. H. (1998) *Social Welfare Systems in East Asia: A Comparative Analysis including private welfare*, London : Centre for the Analysis of Social Exclusion, LSE.

Jerrome, D. (1992) *Good Company : An Anthropological Study of Old People in Groups*, Edinburgh : Edinburgh University Press.

Jerrome, D. (1999) Stability and change in late-life friendships, *Ageing and Society*, 19(6) : 661-676.

加賀美常美代・瀬口郁子・箕口雅博・奥田純子（2000）『阪神・淡路大震災における被災外国人学生の支援活動と心のケア』ナカニシヤ出版

Kairo, K. and Ohashi, T. (1997) Increased Coronary Heart Disease Mortality after the Hanshin-Awaji Earthquake among the older community Awaji Island, *Journal of American Geriatrics Society*, 45 (3) : 610-613.

金持伸子（2002）『阪神・淡路大震災被災者のこころをきく——西宮の被災者生活調査から』せせらぎ出版

Kano, M. (2000) The impact of modernisation and social policy on family care for older people in Japan, *Journal of Social Policy*, 29 (2) : 181-203.

Karanci, A. N. and Rustemli, A. (1995) Psychological consequences of the 1992 Erzincan (Turkey) Earthquake, *Disasters*, 19 (1) : 8-18.

Kario, K. and Matsuo, T. (1995) Increased incidence of cardio vascular attacks in the epicenter just after the Hanshin-Awaji earthquake [letter], *Thromb-Haemost*, 74 (4) : 1207.

Kario, K., et al. (1997) Earthquake-Induced Potentiation of Acute Risk Factors in Hypertensive Elderly Patients : Possible Triggering of Cardiovascular Events After a Major Earthquake, *Journal of American College of Cardiology*, 29 (5) : 926-933.

Kario, K. and Ohashi, T. (1997) Increased coronary heart disease mortality after the Hanshin-Awaji earthquake among the older community on Awaji Island, *Journal of the American Geriatrics Society*, May, 45 (5) : 610-613.

柏原士郎（1998）『阪神・淡路大震災における避難所の研究』大阪大学出版会

Kato, H., et al. (1996) Post-traumatic symptoms among younger and elderly evacuees in the early stages following the 1995 Hanshin-Awaji earthquake in Japan, *Acta-Psychiatr-Scand*, 93 (6) : 477-481.

Keith, J. (1982) *Old People, New Lives : Community Creation in a Retirement Residence*, Chicago : University of Chicago Press.

Keith, P. (1989) *The Unmarried in Later Life*, New York : Praeger.

Kendig, H. L., Hashimoto, A. and Coppard, L. C. (Eds.) (1991) *Family Support for the elderly : the international experience*, Oxford : Oxford Univ. Press.

木下康仁（1999）『グラウンデッド・セオリー・アプローチ』弘文堂

Kinoshita, Y. and Kiefer, C. W. (1992) *Refuge of the honored : Social organisation in a Japanese retirement community*, Berkeley and Los Angeles, California : University of California Press.

Kleinman, A. (1995) *Writing at the Margin : Discourse between anthropology and medicine*, Berkeley and Los Angeles, California : University of California Press.

Klinenberg, E. (1999) Denaturalizing disaster : A social autopsy of the 1995 Chicago heat wave, *Theory and Society*, 28 : 239-295.

Klinenberg, E. (2002) *Heat wave : a social autopsy of disaster in Chicago*, Chicago : University of Chicago Press.

Knight, B. G., Gatz, M., Heller, K. and Bengtson, V.L. (2000) Age and emotional response to the Northridge Earthquake : A longitudinal analysis, *Psychology and Aging*, 15 (4) 627-634.

Knodel, J. and Chanpen, S. (1998) *Studying living arrangements of the elderly : lessons from a quasi-qualitative case study approach in Thailand*, Elderly in Asia Research Report, no. 98-48, Ann Arbor : University of Michigan Population Studies Center.

Kobayashi, R. (1997) Developing health and long-term care for a more aged society, in *OECD Family, Market and Community : Equity and Efficiency in Social Policy*, Paris : OECD, pp. 189-205.

小城英子 (1997)『阪神大震災とマスコミ報道の功罪——記者たちの見た大震災』明石書店

Kose, S. (1998) Housing Elderly People in Japan, in Brink, S. (Ed.) *Housing Older People : an international perspective*, New Brunswick : Transaction Publishers. pp. 125-139 (Chapter 10).

Koskiaho, B. (Ed.) (1995) *Women, the Elderly and Social Policy*, Avebury Ashgate : Aldershot.

Kostelny, K. and Wessells, M. (2005) Psychosocial aid to children after the Dec 26 tsunami, *Lancet*, 366 : 2066-2067.

Koyana, W. (1996) Filial piety and intergenerational solidarity in Japan, *Australian Journal of Ageing*, 15(2) : 51-56.

Krause, N. (1987) Exploring the impact of a natural disaster on the health and psychological well-being of older people, *Journal of Human Stress*, Summer : 61-69.

Krieger, J. and Higgins, D. L. (2002) Housing and Health : Time again for public health action, *American Journal of Public Health*, 92 (5) : 758-768.

Krug, E. G., et al. (1998) Suicide after natural disasters, *New England Journal of Medicine*, 338 (6) : 373-378.

黒田展之・津金澤聰廣 (編) (1999)『震災の社会学：阪神・淡路大震災と民衆意識』世界思想社

Kuwagata, Y., et al. (1997) Analysis of 2,702 Traumatized Patients in the 1995

Hanshin-Awaji Earthquake, *Journal of Trauma : Injury, Infection, and Critical Care*, 43 (3) : 427-432.

Leor, J., Poole, K. and Kloner, R. A. (1997) Sudden cardiac death triggered by an earthquake, *New England Journal of Medicine*, 334 (7) : 413-419.

Liddiard, M. (1999) Arts and Cultural Policy (Chapter 19), in Baldock (Ed.).

Lima, B., et al. (1992a) Psychiatric disorders among victims of disasters in Ecuador, *Bol Oficina Sanit Panam*, 113 (1) : 28-34.

Lima, B., et al. (1992b) Psychiatric disorders among emotionally distressed disaster victims attending primary mental health clinics in Eduador, *Bulletin of the Pan American Health Organization*, 26 (1) : 60-66.

Lima, B., et al. (1993) Emotional distress in disaster victims : A follow-up study, *Journal of Nervous and Mental Disease*, 181 (6) : 388-393.

Lock, M. (1996) Displacing Suffering : The Reconstruction of Death in North America and Japan, *Deadalus*, 125 : 207-244.

Long, S. O. and Harris, P. B. (2000) Gender and Elder Care : Social change and the role of caregiver in Japan, *Social Science Japan Journal*, 3 (1) : 21-36.

Louis, M., et al. (1996) Relocation after a disaster : posttraumatic stress disorder in Armenia after the earthquake, *Journal of American Academic Child and Adolescent Psychiatry*, 35(3) : 374-383.

MacIntosh, C. and Morley, J. (2001) Effect of exogenous cholecystokinin (CCK)-8 on food intake and plasma CCK, leptin, and insulin concentrations in older and young adults : Evidence for increased CCK activity as a cause of the anorexia of aging, *Journal of Clinical Endocrinology and Metabolism 86*, December : 5830-5837.

Maeda, D. (1989) Decline of family care and the development of public services — a sociological analysis of the Japanese experience, in Eekelaar, J.M. and Pearl, D. (Eds.) *An aging world : Dilemmas and challenges for law and social policy*, Oxford : Clarendon Press, pp. 297-314 (chapter 20).

Maercker, A. (2002) Life-Review technique in the treatment of PTSD in elderly patients : Rationale and report on three single cases, *Journal of Clinical Geropsychology*, 8 (3) : 239-249.

Marshall, T., et al. (2002) Oral health, nutrient intake and dietary quality in the very old, *Journal of American Dental Association*, 133(10) : 1369-1379.

Maruo, S. and Matsumoto, M. (1996) Spinal fractures resulting from the 1995 Great Hanshin Earthquake of the Kobe-Osaka area of Japan, *Spinal-Cord*, 34(7) : 382-386.

Massey, B. A. (1997) Victims or survivors? A three-part approach to working with older adults in disaster, *Journal of Geriatric Psychiatry*, 30 (1) : 193-202.

Matsuzuka, Y. (2002) *Changes in the permanent employment system in Japan - Between*

1982 and 1997, New York and London: Routledge.
Mattox, K. L. (2006) Hurricanes Katrina and Rita: role of individuals and collaborative networks in mobilizing / coordinating societal and professional resources for major disasters, *Critical Care*, 10: 205.
Maykovich, M. (1987) The Japanese family, in Das, M. and Bardis, P. (Eds.) *Family in Asia*, New Delhi: Vikas Publishing House, pp. 381-410.
McDonnell, S., et al. (1995a) Evaluation of long-term community recovery from Hurricane Andrew: Sources of assistance received by population sub-groups, *Disasters*, 19(4): 338-347.
McDonnell, S., et al. (1995b) Long-term effects of Hurricane Andrew: Revisiting mental health indicators, *Disasters*, 19 (3): 235-246.
Means, R. and Smith, R. (1994) *Community care : Policy and practice*, Hampshire and London: Macmillan Press.
Mecocci, P., Di, I. A., Pezzuto, S., Rinaldi, P., Simonelli, G., Maggio, D., Montesperelli, P., Longo, A., Chrubini, A. and Chiarappa, N. (2000) Impact of the earthquake of September 26, 1997 in Umbria, Italy on the socioecnvironmental and psychophysical conditions of an elderly population, *Aging : Clinical and Experimental Research*, Aug. 12 (4): 281-286.
Melkonian, A. K., Armenian, H. K. and Hovanesian, A. P. (1997) Long-term studies of mortality and morbidity following the Armenian earthquake, in WHO (Ed.) *Earthquakes and people's health - Vulnerability reduction, Preparedness, Rehabilitation*, WHO Symposium, Kobe: WHO, pp. 53-56.
Mellor, P. A. (1993) Death in high modernity: the contemporary presence and absence of death, in Clark, D. (Ed.) *The Sociology of Death : Theory, culture, practice*, Oxford and Cambridge: Blackwell Publishers.
Miller, T., et al. (1993) Post-traumatic stress disorder in children and adolescents of the Armenian earthquake, *Child Psychiatry Hum Dev*, 24 (2): 115-23.
南裕子（1999）『質的研究の基礎：グラウンデッド・セオリー開発の技法と手順』第1版, 医学書院（原著：Strauss, A. and Corbin, J. (1990) *Basics of Qualitative Research : Techniques and Procedures for Developing Grounded Theory*, Sage）
操華子，盛岡崇（2004）『質的研究の基礎：グラウンデッド・セオリー開発の技法と手順』第2版, 医学書院（原著：Strauss, A. and Corbin, J. (1998) *Basics of Qualitative Research : Techniques and Procedures for Developing Grounded Theory*, 2nd Edition, Sage）
宮島洋（1992）『高齢化時代の社会経済学　家族・企業・政府』岩波書店
Morioka, H., Nagatomo, I. and Takigawa, M. (1996) *Alcohol consumption patters of medical students measured by the Kurihama alcoholism screening tests*, Kagoshima University, http://www.jicef.or.jp/wahec/ful309.htm

Morrow, B. H. (1999) Identifying and mapping community vulnerability, *Disasters*, 23(1) : 1-18.

Moser, C. (1993) *Gender planning and development : Theory, practice and training*, London : Routledge.

Moser, C. (1996) *Confronting Crisis : A summary of household responses to poverty and vulnerability in four poor urban communities*, Environmentally Sustainable Development Studies and Monographs Series, Vol.7, Washington, D. C : World Bank.

Moser, C. (1997) *Household Responses to Poverty and Vulnerability Volume 1 : Confronting Crisis in Cisne Dos, Guayaquil, Ecuador*, World Bank Urban Management Programme Policy Paper, (Ed.) Moser, C., Vol.1, Washington, D. C. : World Bank.

Moser, C. and Holland, J. (1997) *Household Responses to Poverty and Vulnerability Volume 4 : Confronting Crisis in Chawama, Lusaka*, Zambia, World Bank Urban Management Programme Policy Paper, (Ed.) Moser, C., Vol.4, Washington, D. C. : World Bank.

Moser, C. and McIlwaine, C. (1997) *Household Responses to Poverty and Vulnerability Volume 2 : Confronting Crisis in Angyalfold, Budapest, Hungary*, World Bank Urban Management Policy Paper, (Ed.) Moser, C., Vol.2, Washington, D.C : World Bank.

Moser, C. and McIlwaine, C. (1997) *Household Responses to Poverty and Vulnerability Volume 3 : Confronting Crisis in Commonwealth, Metro Manila, the Philippines*, World Bank Urban Management Policy Paper, (Ed.) Moser, C., Vol.3, Washington, D.C. : World Bank.

Moser, C. and Peakeeds, L. (1987) *Women Human Settlements and Housing*, London : Tavistock Publications.

Najarian, L., et al.(2001) The effect of relocation after a natural disaster, *Journal of Trauma Stress*, 14(3) : 511-526.

Nakamori, Y., et al. (1997) Burn injuries in the 1995 Hanshin-Awaji earthquake, *Burns*, 23(4) : 319-322.

波平恵美子・道信良子（2005）『質的研究 Step by Step：すぐれた論文作成をめざして』医学書院

直井道子（1990）「都市居住高齢者の幸福感：家族・親族・友人の果す役割」『総合都市研究』No. 39

Nates, J. L. and Moyer, V. A. (2005) Lessons from Hurricane Katrina, tsunamis, and other disasters, *Lancet*, 366, Oct. 1 : 1144-1146.

Ninomiya, T. (1989) Welfare and support for the elderly in the community — from a survey in Sumida-ku, Tokyo, Japan. in Eekelaar, J. M. and Pearl, D. (Eds.) *An aging world : Dilemmas and challenges for law and social policy*, Oxford : Clarendon Press, pp. 185-192 (chapter 12).

参考文献

Nishikiori, N., Abe, T., Costa, D. G. M., Dharmaratne, S. D., Kunii, O. and Moji, K. (2006) Timing of mortality among internally displaced persons due to the tsunami in Sri Lanka: cross sectional household survey, *British Medical Journal*, 11 Feb, 332: 334-335.
野口美和子 (2000)『ナースのための質的研究入門:研究方法から論文作成まで』医学書院 (原著:Holloway, I. and Wheeler, S. (1996) *Qualitative Research in Nursing*, Blackwell)
Noji, E. K. (1997a) The epidemiology of earthquakes: implications for vulnerability reduction, mitigation and relief in *Earthquakes and People's Health — Vulnerability Reduction, Preparedness, Rehabilitation* (WHO symposium), Kobe: WHO.
Noji, E. K. (1997b) The Nature of Disaster: General Characteristics and Public Health Effects in Noji, E. K. (Ed.) *The Public Health Consequences of Disasters*, New York, Oxford: Oxford University Press, pp. 3-20.
Noji, E. K., Armenian, H. K. and Oganessian, A. (1993) Issues of rescue and medical care following the 1988 Armenian earthquake, *International Journal of Epidemiology*, 22(6): 1070-1076.
Ochiai, E. (1997) *The Japanese family system in transition — A sociological analysis of family change in postwar Japan*, LTCB International Library Selection, Vol.6, LTCB International Library Foundation: Tokyo.
小田博志・山本則子・春日常・宮地尚子 (2002)『質的研究入門――〈人間の科学〉のための方法論』春秋社 (原著:Flick, U. (1998) *An Introduction to Qualitative Research*, London: Sage publications)
Oda, J., et al. (1997) Analysis of 372 patients with crush syndrome caused by the Hanshin-Awaji Earthquake, *Journal of Trauma: Injury, Infection, and Critical Care*, 42(3): 470-476.
Ogawa, N. (1989) Population aging and household structural change in Japan, in Eekelaar, J. M. and Pearl, D. (Eds.) *An aging world: Dilemmas and challenges for law and social policy*, Oxford: Clarendon Press, pp. 75-97 (chapter 5).
Ogawa, N. and Retherford, R.D. (1997) Shifting costs of caring for the elderly back to families in Japan: Will it work?, *Population and Development Review*, 23 (1): 59-94.
Ogawa, T. (1999) *Decentralisation and diversity in the delivery of social care services for older people in Japan - the development of community care policy*, Sheffield.
荻野昌弘 (1999)「地方自治体と被災者1　地方自治体の対応と住民」岩崎信彦他 (編)『阪神・淡路大震災の社会学2　避難生活の社会学』昭和堂
岡本千秋 (1994)『地域福祉実践論――地域福祉サービス20年の考察と展望』中央法規出版
岡本祐三 (1996)『高齢者医療と福祉』岩波書店

Onyx, J. and Benton, P. (1995) Empowerment and Ageing : Toward Honoured Places for Crones and Sages, in Craig, G. and Mayo, M. (Eds.) *Community Empowerment*, London : Zed Books, 46-58.

Orloff, A. S. (1993) *The politics of pensions : A comparative analysis of Britain, Canada, and the United States, 1880-1940*, Madison : University of Wisconsin Press.

Osawa, M. (1995) The changing women's employment and the role of social policies in Japan, in B. Koskiaho (Ed.), *Women, the elderly and social policy in Finland and Japan*, Avebury Ashgate : Aldershot, pp. 127-138.

大滝純司（2001）『質的研究実践ガイド：保健・医療サービス向上のために』医学書院（原著：Pope, C. and Mays, N. (2000) *Qualitative research in Health care*, 2nd edition, British Medical Journal (BMJ) Books）

Otani, J. (1998) Intergenerational contracts and rapidly ageing populations in Japan, in *WHO Symposium on Ageing and Health : A Global Challenge for the 21st Century*, World Health Organisation (WHO) : Kobe, Japan.

Otani, J. (2000a) Gendered Dynamics of Community Care Development : The Experience of Kobe, *Journal of Asian Women's Studies*, 9 : 14-29.

Otani, J. (2000b) Healthy living for urban ageing society : Case of Kobe, in *The 9th World Federation of Public Health Association Conference*, Beijing, China.

Otani, J. (2000c) Older people's experiences after the Kobe Earthquake in Japan : the application of QSR NVivo in non-English context, in *The 2nd Strategies in Qualitative Research (SQR) Conference : Issues and Results from analysis using QSR NVivo and NUD*IST*, London Institute of Education, Available at : http://k1.ioe.ac.uk/conferences/nvivo/previous/Conf2000_sess1234.htm [Date of Access : 1 January 2003]

Otani, J. (2001a) *Housing and healthy community at a Post-Earthquake urban ageing society — The case of Kobe*, United Nations University Institute of Advanced Studies (UNU/IAS) Working Paper Series, Tokyo : UNU/IAS.

大谷順子（2001b）「阪神大震災後の高齢化社会の経験――ジェンダーの視点から――」『アジア女性研究』第10号, 32-39, 北九州女性フォーラム

Otani, J. (2001c) Combining Gender and Economic Analysis — Book Review on 'Engendering Development : The World Bank Policy Research Report on Gender and Development Feb. 2001, Oxford University Press', *Journal of Asian Women's Studies*, 9 : 126-127.

Otani, J. (2004/2001d) *Housing and Healthy Community Living for Urban Ageing Society : Case of Kobe*, United Nations University Institute of Advanced Studies (UNU/IAS) Working Paper Series No. 111, 国連大学高等研究所

Otani, J. (2004) Older survivors of the 1995 Great Hanshin Earthquake Five Years On :

参考文献

Implications for a future model of an ageing society with Japanese values, London School of Economics and Political Science, Department of Social Policy, British Library of Economics and Political Science (PhD Thesis)

Otani, J. (2006) Natural disaster as a social issue: Comparative review of the 1995 Great Hanshin Earthquake of Kobe-Osaka, Japan, the Heat Wave of Chicago, USA, and other disasters with reference to Tsunami and Hurricane, *Kyushu University Development and Social Policy* (九州大学大学院言語文化研究院言語文化叢書XVII 開発と社会政策Ⅰ)

大谷順子・大杉卓三『質的データの扱い:質的研究の実践ガイド(仮題)』北大路書房(刊行予定)

Palmore, E. B. (1999) Housing and Health Care, in *Ageism : Negative and Positive*, New York: Springer Publishing Company, Inc., pp. 140-151.

Pennec, S. (1996) *Women's labour force participation and family size: the case of France and Japan*, Tokyo: Institute of Population Problems, Ministry of Health and Welfare.

Perren, K., Arber, S. and Davidson, K. (2003) Men's organisational affiliations in later life: the influence of social class and marital status on informal group membership, *Ageing and Society*, 23 (Part 1): 69-82.

Pharr, S. J. and Krausseds, E. S. (1996) *Media and Politics in Japan*, Honolulu: University of Hawaii Press.

Phifer, J. F., Kaniasty, K.Z. and Norris, F.H. (1988) The impact of natural disaster on the health of older adults: a multiwave prospective study, *Journal of Health and Social Behavior*, 29 (March): 65-78.

Potter, J. (1996) Discourse analysis and constructionist approaches: theoretical background, in Richardson, J. E. (Ed.) *Handbook of qualitative research methods for psychology and the social sciences*, Leicester: BPS Books (The British Psychological Society), pp. 125-140.

Potter, J. and Wetherell, M. (1987) *Discourse and social psychology : Beyond attitudes and behaviour*, Sage.

Powell, M. and Anesaki, M. (1990) *Health Care in Japan*, London and New York: Routledge.

Power, A. (1999) High-rise estates in Europe: Is rescue possible?, *Journal of European Social Policy*, 9 (2): 139-163.

Pynoos, R. S., Goenjian, A. K. and Steinberg, A. M. (1998) A public mental health approach to the postdisaster treatment of children and adolescents, *Child Adolesc Psychiatr Clin N Am*, 7 (1): 195-210.

Pynoos, R.S., et al. (1993) Post-traumatic stress reactions in children after the 1988 Armenian earthquake, *British Journal of Psychiatry*, 163: 239-247.

Quinn, S. C. (2006) Hurricane Katrina : A social and public health disaster, *American Journal of Public Health*, Feb. 96 (2) : 204.

Redmond, A. D. (2005) Natural disasters : ABC of conflict and disaster, *British Medical Journal*, 330 ; 28 May : 1259-1261.

Richards, L. (1999a) Approaching Qualitative Research, *Week-long workshop : Approaching Qualitative Research*, Australia.

Richards, L. (1999b) *Using NVivo in Qualitative Research*, Melbourne : Qualitative Solutions and Research Pty. Ltd. (QSR).

Richards, L. (1999c) *Qualitative Computing and Qualitative Sociology : the first Decade*, Sociological Research Online.

Richards, L. (2005) *Handling Qualitative Data : A practical guide*, London : Sage.

Richards, T. J. and Richards, L. (1994) Using computers in qualitative research, in Denzin, N. K. and Lincoln, Y. S. (Eds.) *Handbook of Qualitative Research*, Thousand Oaks : Sage, pp. 445-462.

Richardson, J. T. E. (Ed.) (1996) *Handbook of qualitative research methods for psychology and the social sciences*, Leicester : BPS Books (The British Psychological Society).

Richardson, L. (1994) Writing : A Method of Inquiry, in Denzin, N.K. and Lincoln, Y. S. (Eds.) *Handbook of Qualitative Research*, Thousand Oaks : Sage, pp. 516-529.

Robertson, L. and Bell, B. (1976) *Planning for the elderly in natural disaster*, Administration on Aging, Region VII Eastern Nebraska Office on Aging Nebraska State Commission on Aging University of Nebraska at Omaha Gerontology Program, Omaha, NE.

Robson, C. (1993) *Real World Research : A resource for social scientists and practitioner-researchers*, Oxford : Blackwell.

Robson, C. (2002) *Real World Research : A Resource for Social Scientists and Practitioner — Researchers* — 2nd Edition, Oxford : Blackwell Publishers.

Rosenbaum, S. (2006) US Health Policy in the Aftermath of Hurricane Katrina, *Journal of American Medical Association*, 295, 4 : 437-440.

Rowles, G. D. (1994) Evolving Images of Place in Aging and "Aging in Place", in Shenk, D. and Achenbaum, W.A. (Eds.) *Changing Perceptions of Aging and the Aged*, New York : Springer Publishing Company, pp. 115-126 (Chapter 13).

Rubinstein, E. A. and Brown, J. D. (Eds.) (1985) The media, social science, and social policy for children, *Child and family policy*, Vol.5, Norwood, N. J. : Ablex Pub. Corp.

Rubinstein, R. (1986) *Singular paths : Old men living alone*, New York : Columbia University Press.

Rubinstein, R., Kilbride, J. C. and Nagy, S. (1992) *Elders living alone : frailty and the perception of choice*, New York: Walter de Gruyter.

Russell, C. and Schofield, T. (1999) Social isolation in old age: a qualitative exploration of service providers' perceptions, *Ageing and Society*, 19: 69-91.

Saava, M. and Kisper-Hint, I. (2002) Nutritional assessment of elderly people in nursing house and at home in Tallinn, *Journal of Nutrition, Health and Aging*, 6 (1): 93-95.

佐藤郁哉 (2002)『フィールドワークの技法:問いを育てる, 仮説をきたえる』新曜社

佐藤郁哉・好井裕明・山田富秋 (1998)『方法としてのフィールドノート:現地取材から物語作成まで』新曜社 (原著:Emerson, R. M., Fretz, R. I. and Shaw, L. L. (1995) *Writing ethnographic fieldnotes*, University of Chicago Press)

Shanas, E. (1979a) Social myth as a hypothesis: the case of the family relations of old people, *The Gerontologist*, 19 (1): 3-9.

Shanas, E. (1979b) The family as a social support system in old age, *The Gerontologist*, 19 (2): 169-174.

Sharan, P., et al. (1996) Preliminary report of psychiatric disorders in survivors of a severe earthquake, *American Journal of Psychiatry*, 153 (4): 556-558.

Shimazu, T., et al. (1997) Fluid resuscitation and systemic complications in Crush Syndrome: 14 Hanshin-Awaji earthquake patients, *Journal of Trauma: Injury, Infection, and Critical Care*, 42 (4): 641-646.

島本慈子 (1998)『倒壊――大震災で住宅ローンはどうなったか』筑摩書房

塩崎賢明・西川榮一・出口俊一・兵庫県震災復興研究センター (編) (2002)『大震災100の教訓』クリエイツかもがわ

Silverman, D. (1994) *Interpreting Qualitative Data : Methods for Analysing Talk, Text and Interaction*, London: Sage.

Sodei, T. (1995) Tradition impedes organizational empowerment in Japan, in Thursz, D., Nusburg, C. and Prather, J. (Eds.) *Empowering Older People*, London: Cassell. pp.91-97.

Sonoda, K. (1988) *Health and Illness in Changing Japanese Society*, Tokyo: University of Tokyo Press.

State, R. E. (1995) *The art of case study research*, Thousand Oaks & London: Sage Publications, Inc.

Steinfeld, E. (1981) The Place of Old Age: the Meaning of Housing for Old People, in Duncan, J. S. (Ed.) *Housing and identity*, Guildford, London, Oxford, Worcester: Billing and Sons Limited, pp. 198-246 (Chapter 8).

Stevens, N. (2001) Combating loneliness: a friendship enrichment programme for older women, *Ageing and Society*, 21: 183-202.

Stevens, N. and Tillburg, T. V. (2000) Stimulating friendship in later life: a strategy for reducing loneliness among older women, *Educational Gerontology*, 26: 15-35.

Stone, R. and Kerr, R. A. (2005) In the Wake: Looking for keys to Posttraumatic Stress, *Science*, 310: 1605.
Strauss, A. and Corbin, J. (1990) *Basics of qualitative research: grounded theory procedures and techniques*, 1st edition, Newbury Park, California: Sage Publications.
Strauss, A. and Corbin, J. (1998) *Basics of Qualitative Research: Techniques and Procedures for Developing Grounded Theory*, 2nd edition, Thousand Oaks: Sage.
Struyk, R. J. and Danielian, L. H. (2006) Completing post-Earthquake replacement housing in rural Armenia: Did it induce further investment?, *Housing Studies*, 21(1): 97-112.
菅間志保（1999）「仮設住宅の生活と構造 4　仮設住宅におけるボランティア――神戸市の事例から――」岩崎信彦他（編）『阪神・淡路大震災の社会学 2　避難生活の社会学』昭和堂
Susser, I. (1993) *The social order of the slum: Ethnicity and territory in the inner city*, Chicago: University of Chicago Press.
鈴木裕久（2006）『臨床心理研究のための質的方法概論』創風社
Suzuki, K. (2000) *Qualitative Social Research in Japan*, Forum Qualitative Sozialforschung/Forum: Qualitative Social Research. 1 (1), Available at: http://qualitative-research.net/fqs/fqw.htm (On-line journal)
Suzuki, M., Wilcox, B. J. and Wilcox, C. D. (2001), Implications from and for food cultures for cardiovascular disease: longevity, *Asia Pacific Journal of Clinical Nutrition*, 10(2): 165-171.
Takahashi, M. and Hashimoto, R. (1997) *Minsei i'in* — between public and private: a local network for community care in Japan, *International Social Work*, Sage, Vol. 40: 303-313 (0020-8730; 1997/07).
Takahashi, T. and Someya, Y. (1985) Japan, in Dixon, J. and Kim, H. S. (Eds.) *Social Welfare in Asia*, London: Croom Helm. pp. 133-175.
高橋勇悦（1997）「町内会・自治体とコミュニティ」『都市問題研究』49巻11号
Takakura, R., et al. (1997) Follow-up after the Hanshin-Awaji Earthquake: Diverse Influences on Pneumonia, Bronchial Asthma, Peptic Ulcer and Diabetes Mellitus, *International Medicine*, 36 (2): 87-91.
高沢武司・加藤彰彦（編）（1998）『福祉における危機管理――阪神・淡路大震災に学ぶ』有斐閣
高寄昇三（1999）『阪神大震災と生活復興』勁草書房
Tanida, N. (1996) What happened to elderly people in the great Hanshin earthquake, *British Medical Journal*, 313 (7065): 1133-1135.
Taylor, M. (2003) *Public Policy in the Community*, Palgrave MacMillan.
Teeter, D. S. and Pharm, M. (1996) Illnesses and injuries reported at disaster applica-

tion centers following the 1994 Northridge Earthquake, *Military Medicine*, 161 (9) : 526-530.
Thomas, A., Chataway, J. and Wuytseds, M. (1998) *Finding out fast : Investigative skills for policy and development*, London : Sage Open University Press.
Ticehurst, S., Webster, R. A., Car, V. J. and Lewin, T.J. (1996) Psychological impact of an earthquake on the elderly, *International Journal of Geriatric Psychiatry*, Nov. 11 (11) : 943-951.
Tinker, A. (1997) *Older people in Modern Society*, 4th edition, Longman Social Policy in Britain Series, Campling, J. (Ed.) London and New York : Longman.
Twigg, J. (2000) *Bathing ― the body and community care*, London & New York : Routledge.
上野易弘,（1997）「孤独死, 自殺, 労災死などの震災関連死の実態」神戸大学〈震災研究会〉（編）『苦闘の被災生活』神戸新聞総合出版センター
Ungerson, C. (1987) *Policy is Personal : Sex Gender and Informal Care*, London : Tavistock Publications Ltd.
Ursano, R. J. (1997) Disaster : Stress, Immunologic Function, and Health Behavior, *Psychosomatic Medicine*, 59 : 142-143.
Uzuhashi, T. K. (2001) Japan : Bidding farewell to the welfare society, in Alcock, G., Craig, G. and Campling, C. e. J. (Eds.) *International Social Policy : Welfare regimes in the developmed world*, Palgrave.
Vanholder, R., et al. (2001) Intervention of the Renal Disaster Relief Task Force in the 1999 Marmara, Turkey earthquake, *Kidney International*, 59 (2) : 783-791.
Vanier, J. (1989) *Community and Growth*, Darton, Longman and Todd Ltd.
Varley, A. (Eds.) (1994) *Disasters, Development and Environment*, Chichester : John Wiley & Sons.
Vaughan, R. J. and Buss, T. F. (1998) *Communicating social science research to policymakers*, Applied Social Research Methods Series, Vol.48, Thousand Oaks : Sage.
Vaughn, S. (1996) *Focus Group Interviews in Education and Psychology*, Sage Publications.
Walter, T., Littlewood, J. and Pickering, M. (2000) Death in the news : the public invigilation of private emotion, in Dickenson, D. (Ed.) *Death, dying, and bereavement*, London and Thousand Oaks, CA : The Open University in association with Sage Publications, pp. 14-57.
Warren, C. A. B. and Hackney, J. K. (2000) *Gender Issues in Ethnography*, 2nd Edition, Qualitative Research Methods Series, Maanen, J. V., Manning, P. K. and Miller, M.L. (Eds.) Vol. 9, Thousand Oaks, London, New Delhi : Sage.
渡辺実・小田桐誠（2000）『ドキュメント　崩壊からの出発――阪神大震災5年・「生活再

建」への挑戦』社会思想社

Weintraub, D. and Ruskin, P. E. (1999) Posttraumatic stress disorder in the elderly : a review, *Harvard Review of Psychiatry*, Sep–Oct. 7 (3) : 144–152.

Weiss, D. and Marmar, C. (1997) The impact of Event Scale – Revised, in Wilson, J. and Keane, T. (Eds.) *Assessing psychological trauma and PTSD*, New York : Guildford.

Wenger, G. C., Davies, R., Shahtahmasebi, S. and Scott, A. (1996) Social Isolation and Loneliness in Old Age : Review and Model Refinement, *Ageing and Society*, 16 (3) : 333–358.

Wetherell, M. and Potter, J. (1998) Discourse analysis and the identification of interpretative repertoires, in Antaki, C. (Ed.) *Analysing everyday explanation : a casebook of methods*, London : Sage, pp. 168–183.

Wetherell, M., Taylor, S. and Yates, S.J. (Eds.) (2001) *Discourse as Data : A guide for analysis*, Sage in association with The Open University.

Wilson, D. (2005) Meeting the health needs of migrant workers affected by the tsunami : Burmese migrant workers in Thailand are a vulnerable group, *PLoS Med*, 2 (6) : 3176.

Wilson, G. (1995) I'm the eyes and she's the arms : changes in gender roles in advanced old age, in Ginn, J. and Arber, S. (Eds.) *Connecting gender and ageing : A sociological approach*, Buckingham ; Philadelphia : Open University Press, pp. 98–113.

Wilson, G. (2000) *Understanding old age : critical and global perspectives*, London : Sage.

Wolcott, H. F. (1990) *Writing up qualitative research*, 1st edition., Qualitative Research Methods series, Maanen, J. V., Manning, P. M. and Miller, M. L. (Eds.) Vol. 20, Newbury Park : Sage Publications.

Wolcott, H. F. (2001) *Writing up Qualitative Research*, 2nd Edition, Thousand Oaks, California : Sage.

Woods, P. (1999) *Successful writing for qualitative researchers*, New York : Routledge.

山本節・水野耕作 (1996)「阪神淡路大震災の受診および入院患者への影響」http://www.kobe-u.ac.jp/~quake/subtheme4/13/13.html［アクセス日 1998 年 1 月］

Yamamoto, N. and Wallhagen, M. I. (1997) The continuation of family caregiving in Japan, *Journal of Health and Social Behaviour*, 38 : 164–176.

Yamamoto, N. and Wallhagen, M. I. (1998) Service use by family caregivers in Japan, *Social Science and Medicine*, 47 (5) : 677–691.

山本則子・菅間真美・太田喜久子・大川貴子 (2002)『グラウンデッドセオリー法を用いた看護研究のプロセス』文光堂

山中茂樹 (2005)『震災とメディア：復興報道の視点』世界思想社

Yamasaki, S. (1998) The challenge of the aging Japanese society : public long-term care (LTC) insurance, in *Salzburg Seminar : The Challenges for the Ageing Society*, Salzburg, Austria.

山下祐介・菅摩志保 (2002)『震災ボランティアの社会学』MINERVA 社会学叢書 13, ミネルヴァ書房

柳田邦男 (編) (2004)『阪神・淡路大震災 10 年――新しい市民社会のために』岩波新書

Yazawa, S. and Kunihiro, Y. (1999) A super-aging regional community and the feminization of politics and social welfare : A case study of Oshima-cho, Oshima-gun, Yamaguchi Prefecture, *Journal of Asian Women's Studies*, 6 & 7 : 65-84.

Yazgan, I. C., Dedeoglu, C. and Yazgan, Y. (2006) Disability and post-traumatic psychopathology in Turkish elderly after a major earthquake, *Int Psychogeriatr*, 2006, Mar 9 : 1-4.

Yin, R. K. (1994) *Case study research : Design and methods*, 2nd edition, Applied social research methods series, Vol.5, Thousand Oaks : Sage Publications.

Yoshikawa, J. (2005) Cardiac Emergencies after the Hanshin (Kobe-Osaka) Earthquake, *Journal of Cardiology*, 25(4) : 213-216.

国際機関刊行物など

Asia Development Bank (2005a) A report on ADB's response to the Asian Tsunami : From disaster to reconstruction, 14 December.

Asia Development Bank (2005b) An initial assessment of the impact of the earthquake and Tsunami of December 26, 2004, on South and Southeast Asia, January.

Asia Development Bank (2005c) ADB's response to emergencies : were we prepared for the Tsunamis? Operations Evaluation Department, March.

East-West Center, Hawaii, and Human Rights Center, University of California, Berkeley (2005) After the Tsunami : Human rights of vulnerable populations.

HelpAge International (HAI) (2005a) Life after the tsunami, *Ageing and Development*, 17 Feb.

HelpAge International (HAI) (2005b) The impact of the Indian Ocean tsunami on older people : Issues and recommendations.

International Labour Organization (ILO) (2005a) Earthquake-Tsunami Response : ILO proposals for reconstruction, rehabilitation and recovery, Jan. 18.

International Labour Organization (ILO) (2005b) Working out of disasters : Improving employment and livelihood in countries affected by the Tsunami, Dec.

Joint publication of the Government of the Republic of Maldives, Asian Development Bank, International Federation of the Red Cross and Red Crescent Societies, United Nations, World Bank, Government of Japan, American Red Cross, Australian Red Cross, British Red Cross, Canadian Red Cross, French Red Cross, German Red Cross, OCHA, UNDP, UNEP, UNFPA, UNICEF, WFP and WHO

(2005) The Maldives: One year after the Tsunami.
Joint report of the Badan Rehabilitasi dan Rekonstruksi (BRR) and International Partners (2005) Aceh and Nias one year after the Tsunami: The recovery effort and way forward, December.
Joint report of the Government of Sri Lanka and Development Partners (2005) Sri Lanka: Post Tsunami recovery and reconstruction, progress, challenges, way forward, December.
Organisation for Economic Co-operation and Development (OECD) (1996) *Ageing in OECD countries: A critical policy challenge*, Social Policy Studies, OECD, Vol. 20, Paris.
Oxfam International (2005a) Back to work: How people are recovering their livelihoods 12 months after the tsunami, Oxfam Briefing Paper 84, 20 December.
Oxfam International (2005b) A place to stay, a place to live: Challenges in providing shelter in India, Indonesia, and Sri Lanka after the Tsunami, Oxfam Briefing Note.
Oxfam International (2005c) The tsunami's impact on women, Oxfam Briefing Note.
Oxfam International (2005d) Oxfam Tsunami Accountability Report, December.
United Nations Children's Fund (UNICEF) (2001) *Buddist Leadership*.
United Nations Country Team in Thailand, Office of the UN Resident Coordinator (2005) Tsunami Thailand: One year later, National Response and Contribution of International Partners.
United Nations Development Program (UNDP) (2004) Reducing Disaster Risk: A Challenge for Development. 国連開発計画 世界報告書：災害リスクの軽減に向けて，開発に課せられた課題
UN Economic and Social Commission for Asia and the Pacific (ESCAP) (2002) *Population Data Sheet*, Bangkok.
World Bank (2005) Project Performance Assessment Report of India Maharashtra Emergency Earthquake Rehabilitation Project (Credit 2594-IN) Report No.: 32515.
World Health Organization (WHO) (1997) Earthquakes and People's Health: Vulnerability reduction, preparedness, rehabilitation, in *WHO Symposium on Earthquakes and People's Health*, World Health Organization Centre for Health Development, Kobe, Japan.
World Health Organization (WHO) *The World Health Report 2002: Reducing risks, Promoting healthy life*, Geneva.
Weyerhaeuser (2005) Hurricane Katrina, Rebuilding a Community: An employer's guide to assisting employees, Sep.

研究所・機関など報告書・刊行物

同志社大学生活問題研究会（1997）『「孤独死」いのちの保障なき「福祉社会」の縮図――仮設住宅における壮年層のくらしと健康の実態調査報告――』

阪神淡路大震災調査報告編集委員会（編）『阪神・淡路大震災調査報告――社会経済的影響の分析』

阪神淡路大震災「仮設」支援 NGO 連絡会（編）（1998）『「仮設」声の写真集――阪神大震災もう一つの記録』市民と NGO の「防災」国際フォーラム実行委員会

Indiana State University, Sociology Department (1978) *Older Americans and the natural disaster : a research report*, Bloomington, Indiana.

Institute of Education, University of London (2000) Summary Report of the Second International Conference on 'Strategies in Qualitative Research: Issues and Results from using QSR NVivo and NUD*IST' organized by the Institute of Education, 29 and 30 September 2000, Available at homepage http://k1.ioe.ac.uk/conferences/nvivo/previous/Conf2000_sess1234.htm ［Date of Access 1 January 2003］

神戸新聞社（2004）『守れいのちを――阪神・淡路大震災10年後の報告』神戸新聞総合出版センター

神戸新聞総合出版センター（1996）『航空写真集 阪神・淡路大震災――激震直後5日間の記録 1995年1月17日～21日』神戸新聞総合出版センター

神戸大学震災研究会（1997）『阪神大震災研究3 神戸の復興を求めて』神戸新聞総合出版センター

神戸大学震災研究会（1997）『阪神大震災研究2 苦闘の被災生活』神戸新聞総合出版センター

神戸都市問題研究所（編）（2001）『震災調査の理論と実践――震災被害，生活再建，産業復興，住宅，健康 都市政策論集』勁草書房

NHK 神戸放送局（編）（1999）『神戸・心の復興――何が必要なのか』日本放送出版協会

立命館大学震災復興研究プロジェクト（編）（1998）『震災復興の政策科学――阪神・淡路大震災の教訓と復興への展望』有斐閣

産経新聞大阪本社編集局・大阪市立大学宮野研究室（2000）『阪神大震災 はや5年まだ5年――被災者たちの復旧・復興』学芸出版社

社会保障研究所（編）（1993）『女性と社会保障』東京大学出版会

東京市政調査会研究部（2004）『阪神・淡路大震災からの住宅復興 都市調査報告(8)』東京市政調査会

日本政府刊行物など

総務省（1997）高齢社会白書，大蔵省印刷局
兵庫県（2002）平成13年度生活復興調査 調査結果報告書
兵庫県（2004）平成15年度生活復興調査 調査結果報告書

兵庫県保健部（1997年3月）平成8年度被災世帯健康調査報告書
兵庫県保健部（1998年3月）平成9年度被災世帯健康調査報告書
兵庫県健康福祉部（1999年3月）平成10年度被災世帯健康調査報告書
神戸市西区保健部（1998）仮設住宅と西神南災害復興住宅のコミュニティーづくり
兵庫県立看護大学（1996）第二室谷仮設住宅のコミュニティーづくり
厚生省（1996）日本の社会保障の歩み
厚生省（1997）厚生白書
厚生労働省（2003）厚生労働白書
　　http://www.mhlw.go.jp/
国立人口社会保障問題研究所（2002）
　　http://www.ipss.go.jp/index-e.html
　　http://www.ipss.go.jp/Japanese/newest02/3/t_1.html
　　［アクセス日 2002年10月］
国立人口社会保障問題研究所（2001）
　　http://www.ipss.go.jp/Japanese/toukeisiryou/toukeisiryou.html
　　［アクセス日 2002年10月］
2001年度男女共同参画社会の形成の状況に関する年次報告
　　http://www.fukushi.com/news/2002/07/020701-a.html
　　［アクセス日 2003年11月14日］
2001年自治会町内会の高齢者支援に関する報告書
　　http://www.ashita.or.jp/shiryou/jichikai
　　［アクセス日 2003年11月14日］
第4回自殺防止対策有識者懇談会平成14年（2002）
　　http://www.mhlw.go.jp/shingi/2002/06/txt/s0621-3.txt
　　［アクセス日 2003年11月17日］
2000年度国民生活基礎調査の概況（2001）
　　www.fukushi.com
　　［アクセス日 2003年11月14日］
民生委員・児童委員（2002）
　　http://www2.shakyo.or.jp/zenminjiren/outline/
　　［アクセス日 2003年11月14日］
老年期のリロケーション 1993-1995年度
　　http://www.tmig.or.jp/J_TIMG/books/others pro/092.html
　　［アクセス日 2003年11月17日］

米国政府刊行物など

US Centers for Disease Control and Prevention(CDC) (1997) *Principles of Community Engagement*, Atlanta.

US Centers for Disease Control and Prevention (CDC) (2006) Morbidity Mortality Weeky Report : MMWR Jan 20 ; 55(2)

新聞記事など

阪神大震災三年半,朝日新聞1998年7月17日 16-17面

復興住宅の健康ケア課題,朝日新聞1998年1月12日 1面

めぐりきた鎮魂の日,朝日新聞1998年1月17日

阪神大震災今日3年:仮設住宅あと1年半,朝日新聞1998年1月17日

府内の仮設住宅なお265世帯,朝日新聞1998年1月17日

孤独死と自殺:過去一年38人,ひとりじゃない。復興住宅,祭り,趣味,「声をかけあおう」朝日新聞2000年1月6日大阪版 29面

阪神大震災,朝日新聞2002年1月11日

Kobe Group offers a model on housing for the elderly, Editorial, Asahi Evening News, OPINION, 13 July 1999, page 8 [English]

Okinawa : Food for life, Japan News, 2000 (ON-LINE Publication).

Weak appetite in elderly ties to hormone, in Science News, 2001 (ON-LINE Publication).

あ と が き

　1995年1月17日に起こった阪神大震災のニュースは，結核研究所のHIV/AIDSの調査出張にでていた北タイのチェンライから，バンコックに飛行機で戻り，帰国する前に1泊したホテルで，当日知った。テレビのCNNチャンネルで，NHKが英訳もつかずに日本語そのまま，緊急ニュースとして流れていた。NHK神戸が被災地の様子を初めて報道できたメディアであった。当時，海外にいる日本人観光客は，「あの人は日本人らしい」と思っても，せっかく海外に来てまで……とお互いに声をかけない，という姿勢が一般的であったと思うが，その日は全く違っていた。すぐに「あなたは日本人ですか」と声を掛け合い，「死者の数は2,000人らしい」，「さっき聞いた最新情報では3,000人だ」，「5,000人だ」，「家はみんな壊滅らしい。大災害だ」と，情報交換を積極的に行っていた。私もすぐに北大阪・千里の実家と大阪市西区の祖母の自宅に国際電話をしたが，通じなかった。現地の電話線は破壊されており，残された線も混雑していた。

　翌日の夜タイを発ち，19日に成田国際空港に着いた。その足で東京駅から新大阪まで，震災後復旧した第1便の新幹線にのった。震災から3日目に当たる。新大阪から西側の路線が復旧するには数ヶ月かかったが，東側はこの3日目に再開できた。その様子を詰め掛けたメディアが取材していた。

　実家に到着すると，両親とも無事である姿を見て安心したが，家の中の混乱に驚いた。玄関の近くで，母に，「もう3日も経つのに，なんでこんな大事なものがまだ床に落ちてるの!?」と言いながら，散らかったものの中から，震災の10日前に大往生した愛犬ルーシーの写真を拾い上げた。これは，我々には大事な写真であるはずだった。というのも，その正月に帰省したときにルーシーの最期を見届け，家族でルーシーの思い出に浸っていたのである。しかし，後にして思えば，そのまま生きながらえても震災で落ちてきたものの下敷きになっていたかもしれない。あの時に安らかに見守られて眠

り，弔うことができたのでよかったのかもしれない。母には，「この3日間，一生懸命片付けてきたけど，まだそこまで手がまわらないのよ。拾っておいてちょうだい。砕けたガラス食器類とかを先に片付けないと危ないでしょう。東ヨーロッパの高級ワイングラスも英国のティーカップも全部割れて，捨てたのよ」と言われ，もっとひどい状態であったことを今更ながら悟った。

　余震はまだ続いていた。家を出てからも実家には一応私の部屋があったので2階に上ってみると，そこも物が散乱していた。ほとんど本ばかりであったが，その1部屋の荷物を拾い上げて足場をつくるだけでも，丸3日間かかった。家の他の部屋の片づけを手伝う余裕もないまま，私はまた東京の職場に，日常の世界に戻った。もっともひどく被災した地域を訪れる余裕もなかった。

　それまでは地震を感じても，「揺れているな，また地震か」くらいなもので，恐ろしく思ったことはなかったし，小学校の防災訓練でも「大事なことである」という実感も大して持っていなかったと思う。しかし，この余震を体験してからは，地震があると緊張する。余震は本震より震度は小さいが，すでに本震でダメージを受けている建物は余震の打撃で崩壊することもあり，危険であるという。

　東京に戻ると，もちろん阪神大震災が深刻な災害であることは知られていたが，一方，それが，ニュースの1つで，通り過ぎていくものでもあり，関西での押し迫ってくる問題という雰囲気とは比にならなかった。テレビをみながら「本当に日本でこんなこと起きてるの？」と言う同僚たちに驚いた。この時に感じた「わかってもらえない」という感情は，被災地の方々がもっと強く感じておられたことであろう。そして，その3月に地下鉄サリン事件という大事件がおこり，阪神大震災は，ますます東京の人々の記憶から消えていった。

　1月の震災以来，私は週末にできるだけ帰省し，片付けの手伝いをするようにしたが，家の中は3月になってようやく片付いた。震災で壊れたところを修理改築するのはその後のことだが，とりあえずは散乱状態でなくなった。母は，「もっとひどく被災したところを見ないとだめよ。連れて行って

あげるから。被災地も大変だから，ただ見に来るだけの人ははっきり言って迷惑なのよ。おトイレの問題もあるしね。ボランティアとして行かないと」と言った。母の母校でもある神戸女学院に私も通学した日々に毎日乗った阪急電車神戸線はまだ不通だったので，阪神電車に乗った。交通機関が限られていたので混雑していた。皆，動きやすい服装で運動靴だった。いわゆる震災ルックだ。スーツ姿の人など誰もいない。おしゃれな神戸の街でみかける服装の人もいない。電車は震災で線路に受けたダメージに注意しながらゆっくり走っているので，平常より長い時間がかかった。神戸三宮までは開通しておらず，甲子園駅からはバスに乗り換えた。

　電車では，吊り革を持って立ち，窓の外を眺めながら，破壊された街並みが，電車に乗っているのに延々と，半永久的に続くかのような様子にショックをうけた。圧倒的な光景に涙を抑えることができなかった。空爆で破壊された日本の街を私個人は知らないが，被災した神戸の街並みを見て，なぜだか，その50年前にタイムスリップをした感覚に襲われた。もちろん，私は1945年にはまだ生まれていなかったし，戦後どころか高度成長期も超え，世界銀行の最後の融資を受け，東京オリンピックも終わったあとに生を受けた世代なのだが，戦争で空襲をうけた街に降り立った感覚を覚えた。これは，本書の研究のフィールドワークのために1998年から神戸に入り，被災高齢者の方々から1918年の神戸の洪水や，1945年の神戸の空襲の体験と比較しておられる話を聞きはじめる前のことである。

　そのとき私は，以前に見た若き日の祖父のセピア色の写真を思い出した。原爆が落ちた後の広島にたたずんでいた祖父・菅田栄治の写真だ。祖父の追悼文集を読むと，勤務していた大阪大学の同僚であった先生が一文を寄せてくださっていたが，広島原爆投下の情報を聞くとすぐに，「自分の目でこの歴史的事実をみなければいけません。さあ，いますぐ見に行きましょう」と祖父がさそったので，一緒に見に行かれたそうだ。そこで，自分たちの専門である科学技術，エレクトロニクスをもって日本の発展に貢献し，世界のトップに持ち上げるために働こうと決意したそうだ。そして，世界最高超圧の電子顕微鏡を開発する。

　原爆といえば，母方の祖母の一番下の弟，山本克弘は，長崎の原爆で亡く

なっている。島根からわらじを履いて東大にいった曾祖父と同じところで学びたいと，東大法科に入学が決まっていたが，上の息子たちを兵隊にとられた曾祖母が，文系だと兵隊に取られるし，東京だと空爆をうけるかもしれないと説得した結果，長崎医大に行き，2年のときに被爆死した。その悲報を聞いて曾祖母は寝込み，敗戦後，上の息子たちが捕虜としてシベリアに強制労働に連れていかれ，帰ってこられない間に亡くなったそうだ。

父方の祖父の弟，大谷篤蔵もカザフスタンに抑留の身となったが，ドイツ語が話せることがわかると翻訳部に移されたので命をながらえることができたらしい。新年家族会などでは，森鴎外と共に衛生学を学びに官費留学し，鴎外の「独逸日記」にもでてくる先祖，丹波敬三の話や，仲のよかった祖父・大谷憲吉との思い出話をしてくれた。阪神大震災で篤蔵大叔父は，須磨区の自宅が半壊し，入院した。大学名誉教授で聡明な人であったが被災が引き金で認知症を患い，1年後に亡くなった。

私は，2006 年春，国連と九州大学アジア総合政策センターの合同ミッションでカザフスタンにいき，エイズ対策プロジェクトを視察したが，その際に，シベリア南端の，かつて戦争捕虜日本人によって建てられた音楽堂や道路，そして日本人墓地を訪れる機会があった。半世紀以上前に，このようなところに連れてこられ厳しい労働に従事させられた人々のことを思った（『世界の社会福祉年鑑 2006 年』（萩原康生・松村祥子・後藤玲子・宇佐美耕一 編集代表，旬報社，2006）にて担当した「第二部　カザフスタン共和国」に執筆の機会を得たので，そちらもご覧いただければ幸いである）。この研究は，九州大学 P & P（教育研究プログラム・研究拠点形成プロジェクト）「アジア地域における人間の安全保障の観点による社会開発の新たなフレームワークの研究」として継続することになった。

震災の年の5月末，新しい職場・世界銀行に入行するためワシントンDCに移った。そこで中国などアジア諸国の仕事に携わるための出張の行き帰りには，東京ではなく大阪経由にしてもらい，絶えず帰省の機会を得た。そのころ，日本や中国というアジアの人口高齢化の課題を目にし，なにか高齢化に関する研究がしたいと思っていたところ，住民の高齢化の進んだ神戸の被災地のニュースを見た（中国の高齢化については，拙著『国際保健医療政策から

みた現代中国』(九大アジア叢書8，九州大学出版会，2006年刊行予定）でも取り扱っている)。早速，ロンドンのGail Wilson博士にメールを送ったところ，大変興味をもっていただき，この長い旅路がはじまったのである。予定よりずっと長い年月がかかったが，これも忍耐強く付き合ってくださったGail Wilson博士のおかげであり，深く感謝している。

　神戸の仮設住宅のフィールドに入っていくのは，必ずしも簡単なことではなかったが，日本キリスト教海外医療協力会（JOCS）の大川記代子保健師が，1人で入っていき，孤独な，長い時間をかけた祈りと仕事のために住民から得た信頼があったので，それによって筆者も入っていくことができたことは本文にも言及している。彼女の住民への，とくに問題をかかえた方々への接し方を観察すると，神谷美恵子氏の「癩者に」という詩を思い出し，その姿に重なるものを感じた。神谷氏は母のゼミ・卒論の指導教官であった。大川さんは岡山の長島愛生園に通い，神谷美恵子氏について学ばれたということが後でわかった。この詩を最後に掲げて，むすびの言葉にかえたい。

　　「癩者(らいしゃ)に」

　光うしないたる眼(まなこ)うつろに
　肢(あし)うしないたる体になわれて
　診察台の上にどさりとのせられた癩者よ
　私はあなたの前に首(こうべ)をたれる。

　あなたは黙っている
　かすかに微笑んでさえいる
　ああ　しかし　その沈黙は　微笑は
　長い戦いの後にかちとられたものだ。

　運命とすれすれに生きているあなたよ
　のがれようとて放さぬその鉄の手に
　朝も昼も夜もつかまえられて

十年，二十年と生きて来たあなたよ

なぜ私たちでなくてあなたが？
あなたは代って下さったのだ
代って人としてあらゆるものを奪われ
地獄の責苦を悩みぬいて下さったのだ。

ゆるして下さい，癩のひとよ
浅く，かろく，生の海の面に浮かびただよい
そこはかとなく　神だの霊魂だのと
きこえよき言葉あやつる私たちを。

心に叫んで首をたれれば
あなたはただ黙っている
そしていたましくも歪められた面に
かすかな微笑みさえ浮かべている。

神谷美恵子　著作集 9 『遍歴』みすず書房，1980 年

索　引

あ行

アクションリサーチ action research 138

アクター，行為者 actor　23，24，36，72，86，92

アメリカ United States of America USA　7，8，10，27，29，32，34，35，39-41，50-52，53-55，83，97，169

アンケート調査 questionnaire survey　67-71，88，105-113，152，176

生きがい *ikigai* (meaning of life, purpose of life, worth living)　24，185-188，215-217

イギリス United Kingdom UK　8，10，14，17，36，38，47，49，58，81，83，86，144

医療福祉制度 health and welfare system　13-14，61-64

インタビュー interview　61，63，65，68，71-72，81，82，85，88，92，96，100，132，270

インフォーマルケア informal care　43

疫学 epidemiology　27，30，41

エスノグラフィー ethnography　ⅰ，2，63，71-77，77-83，84，87，92，96，101，145，147-151，247，250

エンパワメント empowerment　49，218，219

オリジナリティー originality　24，260-261

か行

階級社会 class society　45，59

解釈 interpretation　84

回答選択式設問 multiple-choice questionnaire　70

回答率 response rate　68，70

外部者 outsider　83，164

確率サンプリング probability sampling　72

仮設住宅 temporary shelter　ⅰ，17，19，20，22，25，29，35，36，44，62，63，67-71，77，105-113，119-142，191，247

家族 family　1，2，4，11-13，15，16，23，24，41，42，51，53，139，203-208，230，233-236，263

過程 process　22，23，24，106，138，139，262

間接観察 indirect observation　64

キーインフォーマント key informant　249，268

記述回答式設問 open-ended questionnaire　70

キャパシティビルディング（組織的な能力の開発）capacity building　48

行政 public administration　17，23，44，106，108，153，166，175，178，191，250，252，256

グラウンデッド・セオリー grounded theory　84，85

グループホーム group home　19，73，201，220

研究者 researcher　33，232

研究者バイアス researcher bias　90

研究上の問いかけ research question

ii, 2, 22-23, 72
研究の枠組み research framework 58
健康促進 health promotion 78-79, 152-153, 181-184, 261
健康福祉 health and welfare 23
現地化 going native 88
恒久住宅 permanent housing ⅰ
高層マンションビル high-rising apartment building 18, 23, 143-144, 241, 256, 262
高齢化社会 aging society ⅰ, 1
高齢者介護 11-13
高齢者のケア care for the elderly person 22, 42, 43, 134, 249, 252, 263
コーディング（コード化）coding 92-101
固定化したデザイン fixed design 62
孤独 loneliness 42, 130, 185-186, 200-202, 202-203, 251-252, 259, 260
「孤独死」isolated death, lone death ⅱ, 24, 39, 49, 50, 52, 100, 101, 115-117, 137, 225-246, 260
コミュニティ community ⅰ, 17, 19, 22, 23, 24, 30, 41, 42, 44-45, 47, 48, 49, 50, 58, 62, 63, 72-77, 80, 96, 100, 104, 106, 126, 136, 137, 164, 181-184, 194, 230, 236-241, 252
コミュニティケア community care 16, 17, 24, 42
孤立化 isolation 35, 45, 47, 50-55, 56, 58, 126, 129, 146, 193-199, 205, 211, 263
コレクティブハウジング collective housing 134, 141, 194, 215
混合手法 mixed methods ⅰ, 62
コンテクスト（文脈）context ⅰ, ⅲ, 23, 57, 62, 67, 94, 97, 102, 247, 260
コントロールサンプル control sample 71

さ行

サイズ size 22, 255-257, 262
「寂しい」という感情 loneliness ⅱ, 22, 23, 191-223, 251-252
参加観察・参与観察 participant observation 63, 73
サンプリング sampling 63, 65, 67, 69, 71, 101, 104, 105
ジェンダー gender ⅵ, 6-10, 12, 16, 23, 42, 53-55, 77-81, 96, 140, 170-172, 218-221, 250, 254-255, 260
ジェンダー分析 gender analysis ⅱ, 23, 114, 250
シカゴ熱波 Chicago heat wave 39-40, 41, 50-52, 53-55, 57
時系列分析 time-series analysis 91
試験的調査 pre-test survey 70
自然災害 natural disaster 25, 34, 57, 263
自治会 self-governing body 139, 153, 232, 248, 249
自治会長 73, 76, 166, 193, 270
実証研究 evidence-based research 29
質的研究 qualitative research ⅰ, 62, 83
質的手法 qualitative methods ⅰ
質的データ分析ソフト qualitative data analysis computer software ⅰ, ⅲ, 61-62, 66, 92-101, 233, 260, 294-295
社会政策 social policy 23, 36-41, 46, 57
社会調査士 85
社会的弱者 vulnerable people 41, 50, 121, 123, 127, 135, 219
社会的接触 social contact 41
社会的入院 social hospitalization 15
社会保障 social security 5, 14-15, 103
シャドーイング shadowing 75
住民 residents 17, 23, 76, 86, 134,

索　引

136, 164
障害者 disabled person　26, 53, 127, 135, 139, 149-150, 158, 232
シルバーハウジング silver housing　18, 72, 73, 76, 81, 143, 151, 176, 187
事例研究（ケーススタディー）case study　i, ii, 1, 5, 6, 22, 61, 63, 103, 209-210, 247
事例報告 case report　27
人口高齢化 population ageing　2-17, 54, 61, 106, 143-144, 232, 246, 247
人口変換 demographic change　4, 54
震災用語 disaster vocabulary　24, 228-230, 260
人種問題 racial issue　50-51, 59, 83, 259
心的外傷後ストレス障害（post-traumatic stress disorder: PTSD)　28, 33
スキル skill　22, 48, 180
住まい housing　1, 5, 18-19, 23, 45-50, 96, 106, 115, 134, 206, 255-257
生活再建 life reconstruction　2, 16, 26, 27, 34, 45, 46, 82, 141, 175-178
生活支援委員 Life Support Adviser: LSA　48, 72, 138, 143, 149, 159, 168, 179-180, 206, 212, 219, 251, 253, 254, 256, 270
生活復興 life reconstruction　i, 56, 62, 67, 81, 82, 106, 139, 192, 230
生活保護 public assistance　35, 103, 232
生活保障 life security　55, 232
成功のめやす measure of success　ii, 92, 175-178, 191, 211, 261
政策 policy　5, 23, 36-41, 46, 57, 70, 106, 175-178, 232, 250, 260
脆弱性 vulnerability　25, 26, 34, 41, 42, 56, 121, 263
脆弱性分析 vulnerability analysis　41

精神保健 mental health　35, 55, 57, 106, 107, 136
セーフティネット safety net　46, 51
説話, 語り narratives　84
選択した記憶 selective memory　90
選別的に払う注意 selective attention　89
ソーシャルワーク social work　38, 180, 219, 256, 263

た行

妥当性 validity　87, 103
探索的研究 exploratory research　i, 62, 72
知への貢献 contribution to knowledge　24, 260-261
直接観察 direct observation　64, 73
つながり connection, relationship　41, 47, 50-55, 100, 223, 229
低所得者 low-income person　i, 22, 23, 135-136, 139, 259
ディスコース分析 discourse analysis　ii, 23, 39, 63, 65, 84, 92, 102, 260
データ対話型理論　84
テキストデータ transcription　65
ドイツ Germany　7, 8, 10, 14, 17
都市化 urbanization　1, 13, 57, 246
独居高齢者 older person living alone　44, 55, 101, 106, 108, 124, 152, 185-188, 218, 232, 247, 252
友達づくり making friends　24, 54, 130, 133-134, 153, 219, 250
トライアンギュレーション triangulation　87, 88, 101, 103

な行

内部者 insider　83, 164
内容分析 content analysis　64, 87
二次分析 secondary analysis　i, 2, 23

ニュータウン newtown 47, 152
人間的接触 human contact 24, 100, 157
ネットワーク network 35, 41, 53, 106, 263

は行

パートナーシップ partnership 48, 249, 260
バイアス bias 69, 71, 72, 86, 89-92, 146, 251
パターン・マッチング pattern matching 91
話 story 73
ハリケーン hurricane 25, 28, 55-57
犯罪 crime 52, 54, 59, 157
反応性 reactivity 90
反応バイアス respondent bias 90
批判的老年学 critical gerontology 24, 251
兵庫県被災世帯健康調査 Hyogo public health survey i, 63, 67-71, 84, 87-88, 105-113, 182, 260, 296-298
貧困 poverty 25, 26, 41, 42, 44, 45, 51, 53, 103, 193, 259
フィールドノーツ field notes ii, 61, 64-84, 87, 88-92, 94, 96, 98, 104, 267
フィールドワーク field work i, iii, 2, 27, 65, 72-78, 83, 88, 91, 98, 119-120, 134, 136, 193, 250, 260, 268-269
福祉 welfare 39, 45, 104, 230
復興住宅 public reconstruction housing i, 18, 19, 22, 44, 105-113, 143-189, 191, 247
ふれあい *fureai* (human contacts, interaction, making friends) 214-215
フレキシブルデザイン flexible design 62
文献レビュー literature review 23, 25, 59
文書分析 document analysis 64
ボランティア volunteer 48, 53, 58, 64, 69, 73, 77-78, 82, 86, 133, 137, 139-141, 142, 156, 178-181, 230, 253, 262

ま行

民生委員 welfare commissioner 16-17, 48, 73, 86, 89, 90, 101, 104, 139, 152, 157, 159, 189, 219, 231, 248, 270
メディア分析 media analysis i, 2, 23, 37-38, 41, 58, 63, 64-67, 83, 86-87, 96, 105, 118, 145-147, 172-175, 177-178, 270-293, 299-300
メモ memo 89, 96
門番の役割を持つ人 gatekeeper 78

ら行

ラポール rapport 45, 90
リーダーシップ leadership 48, 49, 56, 63, 72, 73, 74, 80, 81, 103, 161-165, 176-178, 252, 253, 260
リーチアウト reach out 48
量的手法 qualitative methods i, 62, 63, 83, 105-118
理論的サンプリング theoretical sampling 65, 72
連携 *renkei* (coordinated collaboration, partnership) 61, 101, 165-170

QSR NUD*IST Vivo (NVivo) i, iii, 61-62, 66, 92-101, 233, 260, 294-295

著者略歴

大谷　順子（おおたに・じゅんこ）

大阪大学大学院人間科学研究科教授。大阪大学東アジアセンター長（海外拠点上海オフィス）。大阪大学総合学術博物館教授・大阪大学適塾記念センターオランダ学研究部門 教授兼任。
大阪大学歯学部卒。ハーバード大学修士課程修了。Master of Public Health：MPH（国際保健）及び，Master of Science：MS（人口学）。ロンドン大学衛生熱帯医学大学院（LSHTM）Health Policy Dept. 及び，ロンドン大学経済政治大学院（LSE）Social Policy and Administration Dept. 博士課程修了。Ph.D. 取得。
世界銀行，世界保健機関（WHO）など国際機関勤務後2005年帰国，九州大学准教授・大阪大学准教授を経て，現職。
専攻は，国際保健・人口学，社会開発学，地域研究，研究方法。

事例研究の革新的方法［新装版］
―阪神大震災被災高齢者の五年と高齢化社会の未来像―

2006年11月10日　初版発行
2015年 9 月25日　新装版発行

著　者　大　谷　順　子
発行者　五十川　直　行
発行所　一般財団法人　九州大学出版会
　　　　〒814-0001 福岡市早良区百道浜 3-8-34
　　　　九州大学産学官連携イノベーションプラザ 305
　　　　電話　092-833-9150
　　　　URL　http://kup.or.jp/
　　　　印刷・製本／大同印刷㈱

Ⓒ Junko Otani, 2015　　　　　　　ISBN978-4-7985-0167-3